MINZUDIQU
WENHUACHUANGYILVYOUYE
LILUN YU SHIZHENGYANJIU

民族地区

文化创意旅游业理论与实证研究

孙丽坤 著

民族出版社

图书在版编目（CIP）数据

民族地区文化创意旅游业理论与实证研究 / 孙丽坤著 . — 北京：民族出版社，2021.8
ISBN 978-7-105-16486-8

Ⅰ. ①民… Ⅱ. ①孙… Ⅲ. ①民族地区—文化产业—产业发展—研究—中国 ②民族地区—旅游业—产业发展—研究—中国 Ⅳ. ① G127 ② F592.7

中国版本图书馆 CIP 数据核字（2021）第 163690 号

民族地区文化创意旅游业理论与实证研究

策划编辑：欧光明
责任编辑：张海燕
封面设计：金　晔
出版发行：民族出版社
地　　址：北京市东城区和平里北街 14 号
邮　　编：100013
电　　话：010-64228001（汉文编辑二室）
　　　　　010-64224782（发行部）
网　　址：http://www.mzpub.com
印　　刷：河北鑫兆源印刷有限公司
经　　销：各地新华书店
版　　次：2021 年 9 月第 1 版　2021 年 9 月北京第 1 次印刷
开　　本：787 毫米 ×1092 毫米　1/16
字　　数：230 千字
印　　张：16
定　　价：80.00 元
书　　号：ISBN 978-7-105-16486-8/G・2196（汉 1060）

序 言

王凯①

党的十七大报告指出，实施重大文化产业项目是推动科教兴国的重要战略举措之一，十七届六中全会又进一步提出“加快发展文化产业，积极推动文化产业与旅游等产业融合发展”② 是当务之急。文化产业已经纳入国家发展战略布局，给我国文化与旅游业融合发展提出了更高的要求。

我国民族地区旅游资源丰富，文化产业发展迟缓，旅游与文化产业融合尚处于初级阶段。因此，解决民族地区文化旅游产业创新模式和发展机制是带动民族地区经济持续健康发展的重要举措，对实现民族地区产业结构调整及产业升级换代意义重大。

在我们这个时代，文化越来越成为民族凝聚力和创造力的重要源泉，越来越成为综合国力竞争的重要因素，越来越成为经济社会发展的重要支撑，丰富精神文化生活越来越成为我国人民的热切愿望，文化在综合国力竞争中的地位和作用更加凸显，增强国家文化软实力、中华文化国际影响力要求更加紧迫。③ 这个重要论断表明，文化在国家历史和世界历史中的比重正在日益加大，在很大程度上可以说，我们的时代正在成为一个文化的时代。从“十二五”规划期开始我国把大力发展旅游业作为产业结构优化升级的战略目标，但这只是表

① 王凯，中国人类学民族学研究会民族旅游专业委员会副主任、北方民族大学教授。

② 评论员：《牢牢把握文化发展主动权——五论深入推进文化体制改革》，载《人民日报》，2010年10月1日。

③ 叶朗：《我们已经进入一个文化时代》，载《新湘评论》，2012（1）。

明：随着产业结构升级，旅游业的发展机会来了，但由于旅游经济还没有成为中国经济的主要形态，旅游业也就难以构成经济学界研究的主题。文化旅游产业自身发展演化的复杂过程需要学界和企业共同研究与引领。

孙丽坤所著的《民族地区文化创意旅游理论与实证研究》一书是旅游产业发展研究的一部力作。选题之前，她曾主持了国家民族事务委员会项目“延边朝鲜族自治州旅游可持续开发研究”、中央高校自主预研项目“民族地区文化旅游产业创新模式与机制系列研究”、与同江市政府合作项目“同江市赫哲族文化创意旅游开发研究”、与铜仁科学院合作项目“铜仁市文化产业与旅游产业融合发展”、与岫岩满族自治县龙潭镇合作项目“龙潭镇农业旅游创意开发研究”等相关民族地区旅游问题的研究。这些项目为她出版本书提供了丰富的资料。

本书写作过程中她搜遍了国内相关研究著述，同时多次赴黑龙江省同江市、贵州省铜仁市武陵山片区、内蒙古自治区巴林右旗、辽宁省岫岩满族自治县、吉林延边朝鲜族自治州图们市等，通过对上述地区典型个案的缜密研究，为民族地区文化创意旅游业融合发展理论及实践做出了开拓性的贡献。这必将丰富该研究领域。

孙丽坤根据多年从事旅游规划与旅游营销策划的丰富经验和知识，对文化创意旅游融合问题的研究不仅停留于抽象的理论层面，而且扩展到具体操作层面。

本书借鉴国内外文化旅游的相关前沿理论与研究方法，采用定性与定量相结合、理论与案例相结合的研究方法，围绕民族地区文化创意发展的理论和方法，以民族地区文化资源开发为主导，对文化创意旅游的前沿相关理论与案例进行深入研究和分析，着重反映部分民族地区文化创意旅游融合开发情况，熟练地驾驭丰富的实证材料、综合多门相关学科的知识、层层深入地作出独到的论证。

民族地区由于地理环境复杂，同时受历史、经济、社会等因素制约，文化旅游产业发展相对滞后。本书通过对旅游业发展这一典型案例的细致描述和分析，将旅游开发和文化创意融合起来论述，有效开发民族地区特色文化创意旅游产品品牌；保护和挖掘文化旅游资源，克服民族地区文化旅游资源开发中产生的负面影响，从而实现文化创意旅游产业的可持续健康发展；丰富和发展了民族地区文化创意旅游融合发展理论。

希望本书的出版进一步丰富民族地区文化创意旅游发展的理论与实践研究，为文化旅游产业管理者和实践者制定相应的旅游产业管理政策与发展战略提供一定的有效的科学依据，本书可供旅游管理、文化经济建设等领域的科研人员、相关行业管理人员及有关决策部门的深思，共同去追求创意文化的魅力。

2019 年 5 月于银川

目 录

第一章　引　论

民族地区文化创意旅游业融合发展，是一个新课题和新任务，深入研究可以推动民族地区优秀传统文化创造性转化、创新性发展。同时，对民族地区优秀文化走向世界具有重要的意义。

习近平总书记指出："实现中国梦，是物质文明和精神文明均衡发展、相互促进的结果。没有文明的继承和发展，没有文化的弘扬和繁荣，就没有中国梦的实现。"[①] 只有坚定中国特色社会主义道路自信、理论自信、制度自信、文化自信，才能实现中华民族伟大复兴的中国梦。[②]

深入挖掘和阐发传统文化的时代价值，大力实施文化内容创新、形式创新、业态创新，极大增强价值引导力、文化凝聚力、精神推动力，才能为文化事业发展进步、为实现"两个一百年"奋斗目标和中华民族伟大复兴的中国梦提供不竭精神动力和强大文化保障。[③]

我国是一个统一的多民族国家，如何促进少数民族文化的传承与发展，推动中国梦的早日实现，需要增强文化软实力，而加快推进少数民族文化传承发展，搭建创新交流平台，则为中外文化交流互鉴，推动民族地区文化"走出去"传播中国精神和中国智慧、促进人类文明进步带来难得的历史机遇和广阔

① 习近平：《文明交流互鉴是推动人类文明进步和世界和平发展的重要动力》，载《求是》，2019（9）。

② 习近平：《决胜全面建成小康社会　夺取新时代中国特色社会主义伟大胜利——在中国共产党第十九次全国代表大会上的报告》，载《人民日报》，2017–10–28。

③ 习近平：《决胜全面建成小康社会　夺取新时代中国特色社会主义伟大胜利——在中国共产党第十九次全国代表大会上的报告》，载《人民日报》，2017–10–28。

空间。[①]

旅游业，国际上称为旅游产业，是凭借旅游资源和设施，专门或者主要从事招徕、接待游客并为其提供交通、游览、住宿、餐饮、购物、文娱六个环节的综合性行业。

民族地区经济发展相对落后，但自然和人文资源丰富，具备发展旅游经济的优势，其中旅游经济是经济发展的主要来源，少数民族文化具备文化创意基础，鉴于创意旅游是在旅游体验的基础上注入了创意的元素，因此，系统推进民族地区文化创造性转化、创新性发展，丰富其人文精神、道德理念，将有效促进民族地区传统文化与现代文化的相融相通，推动文化的传承创新。目前，民族地区发展亟须产业转型升级，发展民族地区文化创意旅游业是当务之急。这些都是当前我国和国际社会非常关注的重要课题。

针对上述问题，本书借鉴国内外文化创意与旅游业融合相关前沿理论与研究方法，采用定性与定量相结合、理论与实际相结合的研究方法，围绕民族地区文化创意与旅游业融合发展的理论和方法，重点以国家重点扶贫区武陵山片区的铜仁市、辽宁省岫岩满族自治县、内蒙古自治区巴林右旗、吉林省延边朝鲜族自治州及所辖的图们市、黑龙江省同江市的文化旅游资源开发为个案，从创意文化与旅游业融合发展相关前沿理论切入，进行旅游学和文化学的交叉研究与分析。

首先，利用民族地区政府和旅游部门档案文件及大量田野调查资料，考察分析在经济全球化和现代化背景下以及在民族旅游业的推动下，民族地区政府、企业和民间人士各种社会力量交叉叠合对创意文化和旅游融合开发、对非物质文化遗产资源进行提炼与创意。

其次，寻求少数民族典型地区创意文化旅游产业可持续发展模式，重点对武陵山片区的贵州省铜仁市、内蒙古自治区巴林右旗、辽宁省岫岩满族自治

① 评论员：《牢牢把握文化发展主动权——五论深入推进文化体制改革》，载《人民日报》，2010年10月1日。参见韩宁：《以高度的文化自觉推动民族地区文化繁荣发展》，载《实践》（思想理论版），2013（6）。

县、吉林省延边朝鲜族自治州图们市、黑龙江省同江市创意文化产业和旅游业融合机制、创意旅游业市场运作与政策调控进行研究，对创意文化与旅游资源再造的过程进行描述，对其中的影响要素做相对系统的分析。

本书尝试通过具体的个案田野调查、描述与研究，揭示创意文化与旅游业融合开发与文化传承之间的关系，探讨民族地区创意旅游业融合、渗透、自我发展、自我更新和变迁转型的机制。

第一节　研究背景

一、研究背景

随着经济全球化和知识经济时代的到来，文化创意产业作为文化、科技和经济深度融合的产物，凭借其强大的知识外溢性、独特的产业价值取向、广泛的覆盖领域和快速的成长方式，正在成为全球经济和现代产业发展中的新亮点而被誉为21世纪的黄金产业，其发展规模与水平已成为衡量一个国家或地区综合竞争力的重要指标。[①] 从国家战略角度看，我国对文化产业的发展具有一定的政策支持。《国家“十三五”时期文化发展纲要》中提出文化是民族的血脉，是人民的精神家园，是国家强盛的重要支撑，坚持“两手抓、两手都要硬”，推动物质文明和精神文明协调发展，繁荣发展社会主义先进文化，是党和国家的战略方针。[②] 2009年《文化产业振兴规划》的推出，意味着文化创意产业成为国家层面的战略性产业，对我国经济发展具有举足轻重的作用。2014年《关于推进文化创意和设计服务与相关产业融合发展的若干意见》中，对推

① 刘邦凡、冯颜利：《加快发展文化产业，增强文化产业整体实力和竞争力》，见《理论与改革》，2020（6）。

② 新华社：《国家“十三五”时期文化发展规划纲要》，载《人民日报》，2017-09-13。

动文化创意产业和相关产业的进一步融合提出了更具体的要求和目标。同时，针对我国文化创意产业发展过程中出现的难点和痛点，意见提出，要以改革创新和科技进步为动力，增强创新动力，优化发展环境以此带动文化创意产业和旅游业的发展。意见中提到要“重点发展文化创意、出版发行、影视制作、广告、印刷复制、文化会展、演艺娱乐、数字内容和动漫等产业，加大扶持力度，完善产业政策体系，实现跨越式发展”①。

国家制定了保护、利用我国传统文化，发展文化旅游产业的一系列战略措施。随着国家西部大开发战略的实施，民族地区也加快了旅游产业开发的步伐。最具优势的旅游资源得到了部分开发，旅游产品受到欢迎，社会价值也日趋显现。

国家要提高文化产业规模化、集约化、专业化水平，推动文化产业成为国民经济支柱性产业，这让我们看到文化创意产业发展的黄金时代已经到来。在国家对发展文化创意产业的日益重视下，各省市掀起了大力发展本地区文化创意产业的高潮。经过几年的发展，国内已经形成了以北京、上海、广州、深圳等为代表的文化创意产业集群发展相对成熟的城市。就在沿海省市如火如荼的文化创意产业发展之时，民族地区文化创意产业也在悄悄萌发。

长期以来，民族地区由于历史、经济、社会等综合因素的制约，与沿海及发达地区相比，相对闭塞，经济社会发展明显滞后。正是由于传统经济社会发展制约因素的存在，使民族地区保存了许多传统文化和人文景观，成为国内外旅游市场上具有高品位的旅游吸引物。因此，保护和挖掘文化旅游资源，消除开发中的负面影响，是实现旅游产业健康、持续发展，建设和谐社会要着重解决的问题之一。②在旅游经济发展进程中，文化和旅游密不可分，只有将旅游和文化全面融合，促进传统文化发展和旅游产业升级，才能实现真正意义上的文化和旅游产业的互利互惠、文化兴盛、旅游强盛的最终目的。

---

① 新华社:《国务院关于推进文化创意和设计服务与相关产业融合发展的若干意见》，载《中国文化报》，2014-03-17。

② 王素娟:《我国文化创意产业发展中涉及的主要法律问题》，载《科技管理研究》，2012（7）。

发展民族文化创意旅游产业不仅可以实现旅游业从单纯的资源开发型向生态经济型的转变，而且对实施超常规、跨越式发展将起到至关重要的作用。文化旅游的人文内涵，是对民族文化的历史传承，同时拥有面向未来的可持续发展的视野。总体上，近十年来，文化创意旅游产业有众多成功个案，文化保护有较多积极典型，但文化保护和开发的矛盾依然严峻；创意经典频现，但总体水平亟待提升。特别是文化开发和商业化运作、媒体监督等亟待重新建构等。

文化时代，就是一个创意的时代。文化旅游业是一项文化性很强的产业，是旅游者为了追求文化享受才进行的旅游活动。文化是旅游业的灵魂，旅游是文化的重要载体，旅游的优势体现在市场，文化的优势体现在内涵。[①] 文化与旅游互为因果、相互依存、相互促进，旅游产业和文化产业相互融合，共同繁荣。旅游业是一种文化经济，其在一定程度上也是一种文化产业。

文化创意产业的研究是对民族地区产业研究的进一步探索和对文化创意产业理论的补充与完善，具有很高的理论价值和实践意义。

二、研究目的

目前，国外已经有很多学者从各自的角度对民族文化旅游可持续发展进行了研究，分析民族旅游的发展对该地区经济发展、文化变迁与环境变化的影响，并在此基础上对民族文化旅游的可持续发展提出了有效的建议。

国内学术界对民族文化旅游的研究总体上处于快速推进的发展阶段。相关的系统研究成果尚不多见，且多以主观的定性研究与叙述为主，尤其是涉及民族旅游创意产业可持续发展的研究更为少见。因此，本书结合民族地区案例点文化旅游资源作为参照对比，以期进行较为全面的理论探讨，以民族学、艺术学、旅游学、产业经济学等相关理论为指导，对少数民族文化创意产业进行多学科交叉研究，在借鉴国内外文化创意产业成功经验的基础上，试图找到一条

① 裴钰：《文化旅游不是吃祖宗饭》，载《旅游纵览》（行业版），2011（4）。

少数民族传统文化和现代创意相结合的更好道路，旨在探讨适合少数民族文化创意产业发展特点的对策，以促进少数民族文化创意旅游产业的健康发展，实现从文化旅游与创意产业融合，到产业升级换代发展，最后到整个旅游经济的跨越式发展。本书突出理论性、科学性与可操作性，以进一步丰富民族地区文化创意旅游融合理论，为文化旅游产业管理者和实践者制定相应的旅游产业管理政策与发展战略，提供一定的有效量化科学依据。

三、研究意义

文化创意被视为实现经济良性发展和增长的重要驱动力，各个国家都在不断探索能够充分利用文化创意驱动力的经济模式和产业形态；旅游业正日益成为我国经济发展的支柱型产业，具有“朝阳产业”“幸福产业”之誉。进入21世纪以来，产业融合、信息化和生态化正成为全球产业发展的三大趋势。在这一背景下，基于文化创意的新兴旅游业态打造，即旅游创意产业的趋势成为必然选择。基于产业融合视角探索文化创意和旅游融合的路径和机制、讨论产业融合后的变化，具有更大可能、更重要的理论意义和实践意义。

我国是统一的多民族国家，根据第6次人口普查结果，汉族人口占95.1%，少数民族人口占8.49%，各民族大杂居、小聚居的分布格局已经形成。但欠发达地区少数民族及民族地区的发展绝不只是特定区域少数人的局部发展问题，而是影响全国稳定发展的全局性问题。民族发展是民族和谐的基础，是国家和谐发展的表现。民族旅游作为一种特殊的旅游形式，既能弘扬民族文化，也能给民族地区带来巨大的经济效益和社会效益，目前对民族地区创意旅游融合研究正逐渐成为学术界关注的热点。随着民族旅游业的转型升级，探索文化创意和旅游融合发展路径和机制更是有着不可忽略的重要意义。

本书在民族文化旅游研究的基础上，着重探讨部分民族地区创意旅游融合过程中的创新与实践，以期对促进民族地区经济发展和社会和谐提供有益借鉴。

第二节 研究思路

在全球经济文化一体化的大潮冲击下，文化多样性的意义越来越被人们所重视。生物多样性有利于物种的优化和选择，利于其更好地生存；文化多样性也有益于促进文化的提升和整体的进步。维护文化多样性，保护民族文化特性，关系到自身的存在价值。文化的多样性对人类社会的生存和繁荣的重要性各国学者已经达成共识。如何维护民俗和民族文化的多样性，为学术界所关注和探讨。旅游作为一种文化传播和渗透深广的实践活动，尤其体现了全球化和地方化、民族化运动之间的张力，是研究当代全球化现象的一个较好的切入点。旅游是一个全球化的综合载体，它把多样性的文化置于全球通行的大市场中，市场传播通行的经济规律和规则，以强大的力量冲击多样性的文化生态；同时，旅游又是一个努力体现多样性、制造异质性的空间。这样两个方向的影响使民俗旅游村的文化变迁更加复杂。

我国目前的城市化进程，也使农村的空间在缩小，村落脆弱的保护屏障逐渐被拆除和剥离，只在较为偏远的民族地区，为了民族认同和地区认同，才极力维护民族文化的多样性。但是，正如这些地区的民族干部和文化学者意识到的，多样化的民族文化如果没有市场经济的激励和政府的保护措施，也将面临危机。在这种形势下，当地政府认为利用旅游开发实施民族文化遗产保护和管理地方文化多样性，是一种有效的途径。在政府监管、市场运行双重作用下，民族文化是如何借助旅游的契机恢复和发展传统文化，实现文化和经济转型的，这是本书所要关注的重要问题。

一是开展文化创意产业和旅游产业融合研究。文化创意产业是指依靠创意人的智慧、技能和天赋，借助于高科技对文化资源进行创造与提升，通过知识产权的开发和运用，产生出高附加值产品，具有创造财富和就业潜力的产业。

旅游创意能够给旅游活动注入无限的活力，旅游创意就是旅游业的生命。旅游创意是创意元素与旅游元素的结合，它具有科学性、创新性、艺术性，有市场价值等创意旅游的出现使旅游活动与体验经济之间形成了良性循环的关系。文化创意与旅游产业的融合将从根本上改变旅游要素或文化要素的单一增长模式，也将改变文化产业及旅游产业规模小、市场集中度低的问题，势必形成两大产业互动发展、互融共赢的新模式。

二是尝试拓展民族文化创意旅游的研究领域。重点对民族地区文化创意旅游融合开发进行较为深入、系统的探讨。通过对区域民族文化旅游资源的搜集和研究，把文化创意中可利用的资源应用于当地的旅游业，帮助旅游经济的发展。民族地区具有丰富的非物质文化遗产，选择优秀的民族文化在当前经济，特别是旅游经济中发挥作用，结合现实需要来保护和发扬民族文化。随着对民俗旅游认识的提高，旅游保护民俗文化遗产的作用受到了关注。因此，在现代化和经济全球化的新时期，拓展文化学、旅游学的研究与现实结合的路径，有更深一层的意义。

本书希望进行关切现实的田野调查和研究，通过对非物质文化遗产开发状况的深入探究，谋求民俗文化在旅游创意开发中的作用，研究创意旅游开发对民族地区传统文化的重建意义，探讨民族地区创意文化的知识产权保护途径以及在现代化和经济全球化进程中的自我创新发展道路。同时，也为民族地区创意文化旅游融合产业发展从实践中发现问题，总结规律，探索途径。

三是开展民族文化学与旅游学的交叉研究。本书试图从民族文化学角度，运用民族文化学的理论和方法进行旅游研究，特别是用民族学的田野作业方法，对民俗旅游村进行实地调查，在我国民俗学兴起之时，也是重视实地调查的。然而，总的来说，民俗学的研究是从重视文本研究的民间文学开始的，在后来长期的研究中都以文本为主；虽然也曾大规模地搜集民间文学资料，但由于各种客观因素的局限，搜集和研究工作往往脱节。随着学术研究的发展，田野作业的重要性被一再强调。但从整体上看，从田野工作出发的民族文化学研究，还很不够，对民族文化旅游的研究更是如此。关于民族文化旅游的研究迄今已有不少，但多停留于宏观角度的议论，缺少深入实地的考察，缺乏有说服力的具体例证和现实中的实况描述。一些研究脱离了具体旅游点的自然生态背景和文化背景，仅是通过对文献的梳理，或者是把文化学与旅游学两个学科的知识简单地拼合在一起，进行一种静态的、平面的研究。本书力求避免以往研究中的这些问题，希望通过实际个案的调查与研究，结合多学科方法研究复杂的旅游现象，为民族文化创意旅游领域的类似研究提供更多的案例参照。

现代科学是多学科渗透交叉的，而旅游是一种复杂的广泛存在的现象，隶属于综合性的边缘学科。从非旅游学的角度运用各种学术理论和方法研究旅游问题都是有价值的，并且是可行的。国内关于旅游的研究，长期主要局限于从经济和管理角度进行，从文化角度进行旅游研究的不多。本书希望拓宽旅游研究中单一的经济研究模式，使旅游文化研究的薄弱现状有所改观。

四是尝试建立民族地区文化创意旅游产业融合发展新的价值引领和产业换代。从世界范围看，发展中国家政府对民族旅游的干预强度都很大。我国旅游业长期实行政府主导型战略，旅游业的兴起和发展兴旺都是在政府的大力提倡和积极协助下进行的，各级政府都把发展旅游业当作振兴经济的手段，西部大开发中民族地区的民族文化旅游尤为多见。以往研究旅游多停留于经济效益表象层面的探讨，较少从文化创意开发的角度进行文化挖掘与价值引领进行讨论。本书以实际案例进行实践研究。

本书希望从民族文化创意开发角度切入，探讨民族文化旅游融合功能。其研究成果可望为政府进行民间文化管理和精神文明建设提供参考意见，也为政府制定管理城乡文化和促进民族地区发展的政策提供认识依据。

第三节　研究方法、研究创新与实验方案

一、研究方法

研究方法在实践中有不同的区分，但本书在谋篇布局上主要采取系统分析法。在具体的研究过程中，从国内外文化旅游产业发展和管理的综述出发，注意了三个方面的结合：一是采取规范研究和实证研究相结合；二是逻辑分析和案例分析相结合；三是定量分析与定性分析相结合。规范分析与实证分析相结合，在文化旅游产业上发展主要采用规范分析法，但在相关分析结论的说明上主要采用实证分析法。具体研究方法因研究内容而异。在民族文化旅游的发展过程中，必须全面、系统地把握各个利益主体的行为特征、利益诉求、矛盾问题等要素。因此，本书的研究，无疑要采用多学科交叉研究的方法，主要涉及文化学、艺术学、经济学、社会学、心理学、地理学、管理学等学科理论与相应的研究方法。采用整体和个体相结合的研究方法并以多个民族地区比较典型的个案分析为实例展开。通过对这些地区的田野调查法（实地调查、问卷调查及对旅游管理等相关部门的访谈调查）构建旅游可持续发展的数据库；运用统计学等多种分析方法，综合运用系统动力学以及旅游可持续开发等理论，并将共性的研究和民族文化旅游发展的具体实践相结合，坚持从普遍到特殊，再从特殊到普遍的研究逻辑。在分析国内外文化创意产业的基础上，探讨民族地区文化创意旅游产业融合模式。并在此基础上提出关于民族地区文化创意旅游产业可持续发展的建设性措施。

二、研究创新

（一）理论创新

梳理相关文献，并进行进一步的归纳总结，形成本书探讨文化创意产业与传统旅游业融合发展的理论基础。同时，汇总近年来的政策性文件和规划文本，确定研究主题所处的社会背景和经济环境。本书在文化创意产业和旅游产业融合的实践中，结合传统理论和现代经济发展特征，构建产业融合模式。

（二）研究视角创新

本书的主要研究对象为“文化创意旅游业”这一新型的旅游业态。作为一个新兴产业形态，无法通过单一的理论研究和案例分析进行全面的解析，本书以产业融合为切入点，探讨了旅游创意产业发展相关的技术、企业、市场及外部规制等重要因素。在此基础上，结合相关的产业融合理论和民族地区旅游创意产业融合发展实践案例，进一步分析和引导产业融合发展的方向和趋势。本书的研究视角是促进旅游创意产业这一新兴业态的融合发展。

（三）方法上有突破和创新

采取规范研究和实证研究相结合、逻辑分析和案例分析相结合、整体和个体相结合的研究方法。具体研究方法因研究内容而异，体现方法和手段创新。

（四）应用创新

根据多年从事旅游规划与旅游营销策划的丰富经验和知识，对文化创意旅游融合问题不仅停留于抽象的理论层面，而且扩展到具体操作层面。收集和整理个案点实例和研究资料，不断丰富新数据，在此基础上，建立民族地区创意文化旅游业可持续发展的架构；通过实证分析，建立符合市场发展的民族地区文化创意旅游产业融合发展的最优化模式，探讨了具体的运行机制，并形成了实践方案。

三、实验方案

2000—2018 年，笔者结合民族旅游持续发展课题，围绕持续旅游等方面进行了一系列的探索，在国内刊物和会议上发表了一批论文，出版了相应的专著，这些论文使笔者的研究广度、深度有了拓展。

2019 年 5 月笔者前往内蒙古巴林右旗进行实地观察和深入访谈，并在巴林右旗走访了政府、文化旅游局、旅游公司、查干沐沦苏木等有关部门，查阅和搜集了相关的文献资料。除了本书所关注的景区内的调查，还对相关项目附近的县区进行了参照调查。

2015 年 1 月、2016 年 8 月、2018 年 9 月笔者三次前往辽宁省岫岩满族自治县龙潭镇进行实地观察和深入访谈，并在龙潭镇走访了镇政府、鹿圈村和梨酒村等有关部门，查阅和搜集了相关的文献资料。

2016 年 1 月、2016 年 6 月、2017 年 1 月笔者三次前往黑龙江省同江市做实地观察和深入访谈，并在同江市走访了市政府、文化局、旅游局、旅游公司、街津口、八岔赫哲族乡镇等有关部门，查阅和搜集了相关的文献资料。

2014 年 5 月至 2019 年 7 月，笔者先后多次到所选择的田野考察点进行调研，其中在 2014 年 12 月、2017 年 7 月、2018 年 12 月、2016 年 12 月四次前往武陵山片区贵州省铜仁市进行实地观察和深入访谈、走访农户等，并在铜仁市走访了市政府、科学院、文化局、旅游局、旅游公司、江口县、印江土家族苗族自治县、松桃苗族自治县、沿河土家族自治县、玉屏侗族自治县等有关部门，查阅和搜集了相关的文献资料，多次展开田野调查。

2013 年 3 月、2014 年 5 月笔者两次前往吉林省图们市进行实地观察和深入访谈，并在图们市走访了政府、城建局、旅游局、旅游公司、月晴镇、凉水镇等有关部门，查阅和搜集了相关的文献资料。除了本书所关注的景区内的调查，笔者还对相关项目附近的县区进行了参照调查。

2000—2019 年，在内蒙古自治区巴林右旗人民政府、贵州省铜仁科学院、黑龙江省同江市人民政府、吉林省图们市旅游局和辽宁省岫岩满族自治县龙潭镇等政府的资助下，课题组展开了“文化创意产业与旅游业的融合发展系列研究”的基础工作。各种资料来源为本书提供了较为可靠而翔实的数据资料和理论支撑。对于这些，本书依据了一定的使用原则。关于地方民俗传统和旅游开发后文化产业发展主要源于笔者的田野访谈和参与性观察。在田野调查的基础上，多方利用各类文献资料参照印证。此外，本书在使用资料时还注意结合不同时段的材料，对于民族文化资料的使用，尽可能结合当地的特殊性、地域文化的影响，对之进行分析和取舍。

田野调查中的访谈和观察资料，包括非物质文化创意开发模式，旅游开发后，传承人情况、民俗旅游村的文化传承及其发展、村民对文化变迁的态度和应对、村民对创意旅游开发的看法和参与旅游的状况、创意文化旅游业发展个案、当地文化旅游资源的开发状况等调查，整理撰写了10多个调查报告，共50余万字。田野调查中获得的村史、村民私人记录和其他文字材料约5万字。

2014年始，笔者先后获得了铜仁市科学院、同江市政府、图们市旅游局等6个研究项目，多次奔赴相关地区参加旅游经济的调查，获得了横向对比资料；2018年主持中央高校自主预研项目“民族地区创意文化旅游融合研究”，这是本书在论述中的参照系统和背景资料。

本书以贵州省铜仁市、黑龙江省同江市、吉林省图们市、辽宁省岫岩满族自治县和内蒙古自治区巴林右旗等地为典型个案研究区。这些区域大多是少数民族聚居地，在文献中创意旅游开发记载较少；而近期旅游开发后的社会文化状况的相关记载也不多。因此，本书主要使用田野调查资料，同时尽可能利用相关的文献资料。这些资料主要是地方文献，资料比较有针对性，是在专门调查基础上整理的资料，相对完整地反映了以上地区的社会历史状况。

政府文件和政府工作人员的访谈资料的使用，是以往学术研究中较为少见的。本书希望通过大量的地方文件及相关的访谈，以了解政府和企业的发展建设意图和指导思想及其具体措施。

本书运用这部分资料揭示政府对旅游开发的态度及具体的导向和措施，在使用中，将对应相关文件，以田野观察和深度访谈证实其中的虚实。

本书力求综合和参照使用所获各种资料。在对多次调查所获资料和其他相关材料进行通观对照的基础上，努力梳理各类问题的脉络，寻找现象之间的内在联系，提升研究问题的普适性，并形成实践方案。

第一，收集、整理个案点实例和研究数据，增加新数据，在此基础上，建立民族地区创意文化旅游业可持续发展的架构。

第二，通过实证分析，建立符合市场发展的民族地区文化创意旅游产业发展的最优化模式。

第三，借鉴国内外有关创意文化旅游业发展的最新成果，提出针对民族地区文化创意旅游业开发的模式和项目方案。

本书在民族旅游研究成果的基础上提出很有价值的问题，根据多年从事旅游规划与旅游营销策划的丰富经验和知识，对文化创意旅游融合问题不仅停留于抽象的理论层面，而且扩展到具体操作层面。

第二章　文化创意产业理论

第一节　基础理论

一、3T 理论

3T 理论是创意经济发展的重要基础理论，在创意产业的发展理论中，最早由美国城市社会学家理查德·佛罗里达于 2002 年在其《创意阶层兴起》这一经典著作中提出的。他认为，只有通过有效地利用技术（technology）、人才（talent）以及拥有足够的宽容度（tolerance），创意产业才能高速发展。其中技术是中心因子，它能使高科技聚集，是区域创新的基础；人才指接受过良好教育的人，是经济发展创新的关键动力；宽容则为区域的开放性、包容性，为吸纳创意人才提供良好环境。一个国家或城市若要发展创意经济，应同时考虑“3T”要素，“3T”相辅相成，是创意产业发展的必要条件。[①]

每项要素对于吸引创意人才、激励创新和促进经济增长都是必要的，然而就其自身而言是不充分的，因为这意味着一个真正意义上的创意中心必须同时具备这三点要素。

① 李薇:《基于“3T”理论的国外创意产业发展路径研究》，载《生产力研究》，2013（3）。

二、体验经济理论

西方学者约瑟夫·派恩和詹姆斯·H. 吉尔摩在19世纪末提出，体验经济时代已来临，并进一步提到“体验”就是“每个人以个性化的方式参与其中的事件”。托夫勒在《未来的冲击》一书中最早将体验与经济联系起来，他认为，消费者需求的个性化、多元化趋势会日趋明显，因特网的迅速普及为消费者个性化需求的主张提供了强大的技术支持，并以“制造业—服务业—体验业”的产业演进逻辑来说明新的需求产生导致经济繁荣的规律，[①] 吉尔摩则以“产品—商品—服务—体验”提出了价值递进说。[②]

三、产业融合

产业融合是指不同产业或同一产业不同行业相互渗透、相互交叉，最终融合为一体，逐步形成新产业的动态发展过程。产业融合可分为产业渗透、产业交叉和产业重组三类。融合也是将一个或多个元素的聚合，不同事物融为一体的过程。

产业融合已经不仅仅是作为一种发展趋势来进行讨论，当前，产业融合已是产业发展的现实选择。理论分析表明，产业融合是在经济全球化、高新技术迅速发展的大背景下，产业提高生产率和竞争力的一种发展模式和产业组织形式。它所产生的效应是多方面的。[③]

欧盟委员会在《电信、传媒和信息技术部门的融合及其对走向信息社会的规制含义绿皮书》中将产业融合定义为“是技术网络平台、市场和产业联盟与

---

① ［美］B. 约瑟夫·派恩、［美］詹姆斯·H. 吉尔摩：《体验经济》（修订版），夏业良等译，2页，北京，机械工业出版社，2008。

② ［美］阿尔文·托夫勒：《未来的冲击》，蔡伸章译，20页，北京，中信出版社，2006；孙明泉：《“体验”的经济价值及其产业发展》，载《中州学刊》，2009（5）。

③ 钱小林：《产业融合理论分析》，载《湖南科技学院学报》，2011（2）。

合并三个角度的融合”①。该书的定义可以说有一定的延展性，其中涉及了产业融合管理问题的相关阐述，具有延伸和引导价值。

我国学者马健先生研究认为，“产业融合较为准确和完整的涵义可表述为：由于技术进步和放松管制，发生在产业边界和交织处的技术融合，改变了原有产业产品的特征和市场需求，导致产业的企业之间竞争合作关系发生改变，从而导致产业界限的模糊化甚至重划产业界限”②。

四、企业动力机制

动力机制是发展动力的根源。市场动力机制是指各个经济主体在对其经济利益的追求过程中形成的促动机制，这种追求是在市场经济条件下形成的。市场动力机制的形成基础是经济利益，因此，经济利益是市场得以运行的原动力，是市场运行机制的核心。

将动力机制理解为，“创意开发系统与其所处的旅游环境系统各要素相互影响、相互作用融合而产生的使自身发生某种行为具有内在驱动力的各种方式、方法的总和”。③

企业动力机制是使企业和职工都有应获利益和应负责任，激励职工把企业目标的实现和企业主人积极性的发挥融合在一起，形成企业发展的巨大推动力。企业运行的动力，来自企业内部不同行为主体对自身经济利益的追求。企业的动力机制，就是通过激发企业内部的利益动机而形成企业经济运行所必需的动力。企业动力机制的实质就是通过一定的经济利益机制，充分调动与发挥企业职工的积极性、主动性和创造性。

---

① European Commission. Green Paper on the Convergence of Telecommunication, Media and Information Technology Sectors, and the Implications for Regulation, 2010.

② 张建刚、王新华、段治平：《产业融合理论研究评述》，载《山东科技大学学报》（社会科学版），2010（1）。

③ 张建刚、王新华、段治平：《产业融合理论研究评述》，载《山东科技大学学报》（社会科学版），2010（1）。

五、产业关联理论

Leonief于1936年首次在《美国经济体系投入产出的数量关系》中阐述了产业关联理论，并一直致力于探讨和分析产业关联理论，将产业关联理论变成一门新的学科。随着学术界对产业关联理论的探讨，产业关联理论的理论体系逐渐形成，也从静态投入产出模型发展升级到了动态的投入产出模型。基于产业关联理论，经过数据分析和大量的案例研究，王琪延、徐玲认为，产业的融合只能发生在相互关联的产业当中，所以研究产业的融合发展，需要基于产业关联理论进行分析。①

六、新经济增长理论

美国经济学家保罗·罗默（Paul M. Romer）是新经济增长理论的代表人物之一，他强调的是对于整个经济社会外物效应的创新及新思想。

自20世纪80年代中期以来，随着保罗·罗默和罗博特·卢卡斯（Robert E. Lucas）为代表的“新增长理论”的出现，经济增长理论在经过20余年的沉寂之后再次焕发生机。罗默对知识、技术的内生化、② 卢卡斯把人力资本引入内生变量，这些都成为新经济增长理论（new economic growth theory）的重要内容之一，是把新古典增长模型中的“劳动力”的定义扩大为人力资本投资，即人力不仅包括绝对的劳动力数量和该国所处的平均技术水平，而且还包括劳动力的教育水平、生产技能训练和相互协作能力的培养等，这些统称为“人

① 王琪延、徐玲：《新编统计学教程》，28页，北京，中国人民大学出版社，2013。

② Paul M. Romer. Increasing Returns and Long-Run Growth. The Journal of Political Economy, 1986, 94(5).

力资本”。[①] 保罗·罗默 1990 年提出了技术进步内生动力增长模型，他在理论上第一次提出了技术进步内生的增长模型，把经济增长建立在内生技术进步上。[②] 他认为，生产要素主要由新思想、人力资本、非技术劳动和资本四种要素构成，其中经济增长的最主要因素是新思想。新思想要素与其他要素不同，具有特殊性，它的模型收益呈递增趋势。所以，新知识在生产过程中存在产生规模经济效益的效果。[③]

七、创意产业和文化创意产业

（一）创意产业

所谓创意产业，是一种在全球化消费社会背景下发展起来的，推崇创新、个人创造力、强调文化对经济的支持与推动的新兴的理念、思潮和经济实践。创意产业，又称创意经济、文化创意产业等，是建立在精神产品生产基础上的，注重人的创造性资源的开发与利用的产业。[④]

（二）文化创意产业

文化创意产业是一种在经济全球化背景下产生的以创造力为核心的新兴产业，强调一种主体文化或文化因素依靠个人（团队）通过技术、创意和产业化的方式开发、营销知识产权的行业。文化创意产业最早由台湾地区提出，其定义是：“源自于创意或文化积累，通过智能财产的形成与运用，具有创造财富与就业机会潜力，并促进整体生活环境提升的活动。”[⑤]

文化创意产业主要包括广播影视、动漫、音像、传媒、视觉艺术、表演

① Robert E. Lucas. On the Mechanics of Economic Development. Journal of Monetary Economics, 1988(22).

② Paul M. Romer. Endogenous Technological Change. Journal of Political Economy, 1990, 98(5).

③ 杨依山、杜同爱、武鹏飞：《内生经济增长理论与模型的界定、发展及其评价》，载《山东财政学院学报》，2013（1）。

④ 厉无畏：《创意产业导论》，37 页，上海，学林出版社，2006。

⑤ ［美］理查德·E. 凯夫斯：《创意产业——艺术的商业之道》，孙绯等译，8 页，北京，新华出版社，2004。

艺术、时尚、玩具、游戏、工艺与设计、雕塑、环境艺术、广告装潢、服装设计、软件和计算机服务等方面的创意群体。①

（三）创意产业与文化创意产业的关系

创意产业与文化创意产业都属于知识密集型产业，在内涵和外延上基本相近，只是在概念描述、产生背景上侧重点不同，国际上的流行提法是创意产业。仅从外延上分析，文化创意产业更接近于文化产业，主要包含创意产业中以文化内容为主要产品和服务的部分，应作为创意产业的子范畴。我国以北京为代表的北方地区多称为文化创意产业。②

第二节　国内外相关文献评述

一、国外研究

到目前为止，国外对创意产业、文化创意产业的定义主要有几种观点。其思想先驱是德国著名思想家熊彼得，早在1912年，他就明确指出，现代经济发展的根本动力不是资本和劳动力，而是创新。2001年英国出台了《创意产业图录报告》，将创意产业正式定义为“源于个体创意技巧及才干，通过知识产权的生成与利用，而有潜力创造财富和就业机会的产业”③。但是将其作为国家产业战略，则是英国创意产业特别工作小组于1998年提出的。被称为创意产业之父的英国经济学家约翰·霍金斯在其《创意经济：如何点石成金》一书中，将创意产业界定为其产品均在知识产权法的保护范围内的经济部门。他认为，

① ［美］理查德·E. 凯夫斯：《创意产业——艺术的商业之道》，孙绯等译，8页，北京，新华出版社，2004。

② 华正伟：《我国创意产业集群与区域经济发展研究》，29页，东北师范大学博士学位论文，2012。

③ ［德］约瑟夫·熊彼得：《经济发展理论》，贾拥民译，67页，北京，商务印书馆，2000。

版权、专利、设计和商标，这四个部门共同构建了创意产业和创意经济。[①]这个定义扩展了英国政府提出的创意产业的内涵，把属于自然科学中各个部门的专利研发活动也纳入创意产业，有效地解决了创意活动中科学与文化艺术相分离的问题，同时把创意产业从产业层面提到整个经济系统更新与变革的层面。英国学者戴维·思罗斯比（David Throsby）认为：所谓文化创意产业，就是将抽象的文化直接转化为具有高度经济价值的“精致产业”。[②]有关创意城市的研究方面，有两部代表性的著作，分别是英国学者查尔斯·兰德利的《创意城市：如何打造都市创意生活圈》和美国学者理查德·佛罗里达的《创意阶层的崛起》。两者的研究，强调了分类和城市成长与创新发展的关系，对城市形象塑造、发展定位及城市的表现形式进行了阐释，认为城市就是需要大量的艺术、服务业，只有不断的经济活动，才是城市成长的活力和源泉。城市管理者和市民共同创造转变的典范，对可行的创意方案充满信心，同时提供沟通、创造财富与创意的平台，才有可能让城市脱胎。[③]

对于创意主体的研究由来已久，学者们着重探讨了艺术家和专业技术人员对于创意产业发展壮大的意义，以及对于城市经济发展的贡献。

20世纪80年代，沙伦·朱金（Sharon Zukin）在分析阁楼文化时就明确指出，城市先锋是城市经济增长的先导力量，其中包括艺术家、手工艺者、音乐人等各种文化生产者，他们集聚在城市的边缘地带，正是这些人的集聚、成长，成为驱动未来城市经济增长的创意群体。[④]沙伦·朱金的研究虽然具有划时代的意义，但是仅仅将艺术家和专业技术人员视为未来精英阶层的后备力量，却忽视了民间也存在无数创意人才的现实。

---

① ［英］约翰·霍金斯：《创意经济：如何点石成金》，洪庆福、孙薇薇、刘茂玲译，22页，上海，上海三联书店，2006。

② ［英］戴维·思罗斯比：《经济学与文化》，王志标、张峥嵘译，75页，北京，中国人民大学出版社，2011。

③ ［美］理查德·佛罗里达：《创意阶层的崛起》，司徒爱勤译，440页，北京，中信出版社，2010；［英］查尔斯·兰德利：《创意城市：如何打造都市创意生活圈》，杨幼兰译，377页，北京，清华大学出版社，2009。

④ ［美］沙伦·牛金：《城市文化》，张廷佺、杨东霞、谈瀛洲译，320页，上海，上海教育出版社，2006。

理查德·佛罗里达则首次将创意群体独立出来，将其视为社会的一个独立阶层。他认为，在21世纪，创意阶层已经崛起，已经成长为城市经济增长与发展和创意产业园区形成及发展的根本动力。创意阶层的崛起改变了现有的积极发展格局，也重塑了新的社会形态。理查德·佛罗里达在其《创意阶层的崛起》一书中，将创意阶层定为从事需要创意的职业的人，包括科学家和工程师、诗人、艺术家、设计师、卫生及法律从业者、高科技和知识密集型行业的从业者。这类人才通常与众不同，年轻、富有个性、勇于创新、价值观独特是他们的共性。而对于创意阶层发展要素的研究，佛罗里达提出了“3T模型”，即创意人才的培养、创意技术的培育以及城市文化的包容。佛罗里达的“3T模型”为创意城市吸引创意人才，提高城市的竞争力，刺激经济发展提供了新的理论支撑。①

对于文化创意产业的研究，国外已经有了相对成熟而系统的研究成果。

（一）文化创意产业概念界定

文化产业的概念，首次出现于霍克海默（M. Horkhemier）和阿多尔诺（T.W. Adono）的《启蒙的辩证法》一书。②理查德·E.凯夫斯（Richard E.Caves）基于文化经济学的视角，对创意产业的概念进行了界定。③季克洛斯（Towse Ruth）认为过去20年来知识和人力资本作为后工业时代经济增长动力被广泛重视，加之知识产权法律的实施，使得创意产业高速发展，这一巨大变化使得那些过去被称为文化产业的产业与艺术产业一并被称为创意产业。④

奥克利（Oakley）认为，当涉及更宽泛的文化领域，“文化创意产业”与

① ［美］理查德·佛罗里达：《创意阶层的崛起》，司徒爱勤译，440页，北京，中信出版社，2010。

② ［德］霍克海默，［德］阿多尔诺：《启蒙的辩证法》，洪佩郁、蔺月峰译，245页，重庆，重庆出版社，1990。

③ ［美］理查德·E.凯夫斯：《创意产业——艺术的商业之道》，孙绯等译，8页，北京，新华出版社，2004。

④ Towse Ruth. Creativity, Copyright and the Creative Industries Paradigm. KYKLOS, 2010, 63(3): 461–478.

“创意产业”具有相同含义。[①]

（二）文化创意产业理论发展研究

理查德·凯夫斯力图构建创意产业的文化经济学，提出了相对狭隘的创意产业概念，他认为创意产业是“提供我们宽泛地与文化的、艺术的或仅仅是娱乐的价值相联系的产品和服务”[②]。

（三）产业创意发展影响研究

日本1996年颁布了《21世纪文化立国方略》，提出了要将日本建成世界第一知识产权国家的伟大构想，将文化创意产业作为其重点发展战略。为促进文化产业顺利发展，政府不仅在政策上予以鼓励，而且还特地编著了如《知识产权法》《文化振兴基本法》等几部法律书籍，以适应形势的发展，政府和民间企业还共同融资，以保障文化产业的发展壮大。[③]

韩国也是较早重视发展文化创意产业的国家之一。在吸取了经济危机的教训之后，韩国政府于1998年颁布了《文化产业发展推进计划》的发展战略，主要内容包括：提高全国的民众对于文化产业的认识，制定了近期的文化发展方略，巩固文化创意产业的基础设施建设；制订和实施最新的人才培养计划，努力开拓和提高文化创意产业的国际影响力等。

美国文化创意产业发展侧重版权业发展，从20世纪70年代开始实施了版权战略，对版权业加以保护，完善版权制度，形成了详尽的法律保护系统，以不断激发创意者的创作热情，使产业发展迅速。

英国是世界上最早提出创意产业的国家。目前增长速度是国民经济增速的两倍，创意产业的发展以伦敦为主，不断超过其他服务类行业。

---

① K. Oakley. Include Us Out: Economic Development and Social Policy in the Creative Industries. Cultural Trends, 2006, 15(4): 255–273.

② 周强：《文化创意产业的关联方式研究——基于文献综述的思考》，载《福建商业高等专科学校学报》，2013（6）；［美］Richard E. Caves. Creative Industries: Contracts Between Art and Commerce. Harvard University Press, 2002。

③ 史丽华：《日本文化产业发展的几个特征》，载《理论与现代化》，2005（5）。

二、国内文化创意产业研究现状

国内对于文化创意产业的相关研究起步较晚，研究的成果重点聚焦于以下五个方面。

一是文化创意产业概念界定。金元浦对比分析创意产业、文化产业、文化创意产业，梳理出这三者的主要异同。[①]

二是文化创意产业链研究。我国学者近年来对文化创意产业的界定也有不少的研究。丁俊杰在对文化创意产业发展进行观察与思考后认为，文化创意产业是建立在全球化、新经济、科学与艺术、技术与文化等新条件下，在广义文化范畴内，以创作、创造、创新为根本手段，以文化内容、创意成果为核心价值，以知识产权实现或消费为交易特征，为社会创造财富并提供广泛就业的一种新的产业形态。[②]张京成、刘光宇提出了创意产业的特点及两种存在方式，他们认为，文化创意产业应是“那些具有一定文化内涵，来源于人的创造力和聪明才智，并通过科技的手段和市场化运作可以被产业化的活动的总和”，并将其分为工业设计类、软件服务类、建筑装饰类、展演出版类、影视艺术类、流行时尚类、广告企划类和运动休闲类。[③]姚东旭在文化创意产业的界定与意义中认为，文化创意产业不是传统国民经济统计意义上的产业概念，而是产生于新技术条件下，对产业链的分解重组，是渗透于产业链的各个环节的产业。[④]李书群在文化创意应如何传承民族文化的讨论中指出，文化创意是指依靠个人的知识、技能、天赋，通过科技与艺术的手段，以创意为核心，对文化资源进行的创造、重构和提升。基于产业竞争力的角度分析驱动文化创意产业发展的主要影响因素，并进一步分析文化创意产业链研

---

① 金元浦：《文化创意产业的多种概念辨析》，载《同济大学学报》(社会科学版)，2009(1)。

② 丁俊杰：《对文化创意产业发展的观察与思考》，载《大市场》(广告导报)，2006(9)。

③ 张京成、刘光宇：《创意产业的特点及两种存在方式》，载《北京社会科学》，2007(8)。

④ 姚东旭：《文化创意产业的界定与意义》，载《商业时代》，2007(3)。

究的价值。[①] 文嫮和胡兵研究了文化创意产业的价值链创造机制，指出融合机制是促进文化产业和旅游产业融合的内在动力机制和运行体系。[②] 由少平则认为要从制度建设和社会参与方面促进文旅机制融合。[③]

三是文化创意产业发展影响因素研究。刘艳飞指出，人才资源、市场需求、制度环境、基础环境是推动文化创意产业发展的关键因素。在此基础上，她构建出文化创业产业影响因素框架。[④] 张炜和姚海棠指出，政策环境和文化环境对北京文化创意产业的发展起着关键性的作用。[⑤]

四是文化创意产业的集聚水平发展研究。姚林青以北京市文化创意产业的集聚水平为研究对象，应用区位熵和 Hoover 系数法测算北京市文化创意产业集聚水平变化。[⑥] 尹宏梳理了文化创意产业不同集聚阶段的演化机制和演化动力，进一步将其总结为文化创意产业演化的城市效应。[⑦] 姜照君和吴志斌构建了耦合度模型与耦合协调度模型，并基于耦合互动的视角对两者的耦合度和协调度进行测度。

五是特定目的地案例分析。[⑧] 翁旭青回顾了杭州文化创意产业发展的几个主要阶段，指出影响文化创意集聚过程的主要经济要素。[⑨] 叶倩倩和曹冰倩归纳总结了无锡市文化创意的主要融资渠道，进一步指出了文化创意的主要融资模式。[⑩] 钱楚齐选择了杭州市文化创意产业集群的发展态势为研究对象，进

① 李书群：《在文化创意中传承民族文化》，载《实事求是》，2009（11）。

② 文嫮、胡兵：《中国省域文化创意产业发展影响因素的空间计量研究》，载《经济地理》，2014（34）。

③ 由少平：《理念融合、机制融合、创新融合》，载《人文天下》，2019（1）。

④ 刘艳飞：《发展文化创意产业的关键影响因素分析》，载《江苏商论》，2009（36）。

⑤ 张炜、姚海棠：《试析北京市文化创意产业的影响因素》，载《北京社会科学》，2011（3）。

⑥ 姚林青：《北京市文化创意产业集聚区的发展与集聚水平研究》，载《经济与管理战略研究》，2012（3）。

⑦ 尹宏：《文化创意产业集聚的空间演化研究》，载《四川师范大学学报》（社会科学版），2013（2）。

⑧ 姜照君、吴志斌：《文化创意产业集聚与城市化耦合的实证研究——基于系统耦合互动的视角》，载《中国传媒大学学报》，2016（2）。

⑨ 翁旭青：《杭州文化创意产业集聚发展实证研究》，载《北方经济》，2010（5）。

⑩ 叶倩倩、曹冰倩：《文化创意产业融资模型研究——以无锡市为例》，载《现代商贸工业》，2011（22）。

行了实证分析。[①]

综上，学术界对文化创意产业的研究已从概念界定到产业发展模式分析，再到产业集聚研究，推动了文化创意产业的蓬勃发展、产业融合的逐步深入。

① 钱楚齐：《中国文化创意产业集群发展实证研究》，载《商场现代化》，2017（1）。

第三章　文化创意产业与旅游产业融合

第一节　产业融合

一、国外起源

产业融合最初的概念是马克思在《资本论》中提出的分工问题，只有分工可使工作内容更加细致化，从而提高效率，将已经分散的工业重新整合。①随着第三次技术革命，产业融合理论研究不断被认知，但概念界定的表述各有侧重。

工业革命的爆发，生产力和生产关系发生了重大变革，出现了产业融合的相关概念，其中最早源于美国学者罗森博格（Rosenberg，1963）对美国机械设备业演化的研究。罗森博格通过对美国机械设备业 1840—1910 年的产业演化与变革情况分析，认为在高度一体化的生产体系中，一些机械设备被制造出来，专门用于生产满足用户需求的各类终端产品。②但是，直到 19 世纪中期，一个独立的、专门化的机械设备业才开始出现。罗森博格认为，这种独立化的过程主要在钻孔、打磨等通用机器制造技能等众多产业中的广泛应用，才使得这些通用机器独立化为机械设备业，他进而把这种产品功能和性质完全

① Karl Marx. Das Kapital: A Critique of Political Economy. Gateway Editions, 1961: 45–52.

② N. Rosenberg. Technological Change in the Machine Tool Industry: 1840–1910. The Journal of Economic History, 1963(23).

无关的产业因采用通用技术而导致的独立化过程称为技术融合（technological convergence）。[①] 随着数字化技术在信息通信领域的广泛应用，“数字融合”现象得到关注。尤菲（Yoffie）将产业融合定义为“采用数字技术后原来各自独立产品的整合”[②]。欧洲委员会指出，产业融合是“技术网络平台、市场和产业联盟与合并三个角度的融合”[③]。

产业融合作为经济现象出现，始于20世纪70—80年代，是由信息处理技术和通信技术的革新和发展所推动的，新技术的出现及广泛应用，加快了产业之间的渗透融合以及产业内部结构的优化创新。

二、国内评述

国内关于产业融合研究是近几年的事情，主要集中在概念梳理、产业融合动因、构成和产业融合机制与运作模式的研究等方面。

（一）关于产业融合概念的研究

厉无畏认为，在产业融合的过程中，新的产业或者出现产业新的增长点是产业融合的特点。厉无畏还认为：“产业融合是通过资源、市场、技术等相互渗透、交叉、重组，使不同产业实现融合形成新兴产业的动态过程。”[④]

周振华对产业融合的概念进行了研究，认为不同产业之间的产业边界为了适应发展会缩小，有时还存在产业边界消失的现象。同时，他还认为数字融合是产业融合的基础，并对产业融合的现象、本质等方面进行了研究。他还探讨了以技术融合、业务融合和市场融合为基本内涵的产业融合是如何改变传统产业分立和纵向一体化的形式，形成新的分工混业和横向一体化的形式，并导致

① N. Rosenberg. Technological Change in the Machine Tool Industry: 1840–1910. The Journal of Economic History, 1963(23).

② D.B. Yoffie. Competing in the Age of Digital Convergence. California Management Review, 1996, 38(4).

③ European Commission. Green Paper on the Convergence of Telecommunications, Media and Information Technology Sectors, and the Implications for Regulation. http://www.ispo.ece.be, 1997.

④ 厉无畏、王慧敏：《产业发展的趋势研判与理性思考》，载《中国工业经济》，2002（4）。

传统产业边界模糊化和经济服务化趋势、产业间新型的竞争协同关系的建立以及更多的复合经济效应。①

何立胜指出，产业融合主要通过技术创新和制度创新两个层面对产业的内在竞争力和外在竞争力发生作用，推动产业竞争力的不断提高，产业融合促使产业转型不是一般的路径调整，而是重大的路径转换，需要信息基础设施建设和研究开发与教育的投入，需要提供产业变革的制度平台，需要构造产业融合的组织载体，需要开拓产业融合与产业转型的有效途径。②

（二）关于产业融合动因和构成的研究

杨颖指出旅游产业融合的动因来自三个方面，即旅游的体验性、闲暇的二重性以及经营者对经济性回报的追求。③

陈家海通过对信息数字化在制造业部门内引起的行业间边界模糊和非信息类技术引起的产业融合问题进行了探讨，并结合各个产业性质的特点，分别提出了广义产业融合的四种基本类型，即需求关联型、工艺关联型、销售关联型和制造业服务化产业融合观点。④

芮明杰、胡金星认为产业是一个由技术、产品、企业与市场等要素构成的系统，产业融合是开放产业系统中不同产业构成要素之间的相互竞争与识别。产业融合的原则包括功能与结构、定性与定量等判定，定性识别方法主要采取序参量判断法来提取构成要素分析，定量识别方法需要相关量化数据支撑，主要有赫芬达尔指数、熵指数和网络分析方法。⑤

董桂玲对动漫产业和旅游业产业融合的动力系统进行了客观分析，探讨了产业融合的动因，指出动漫业和旅游业之间融合的动力系统是由三个子系统构成——推力子系统、引力子系统、支持力子系统，这三个子系统共同推进产业

① 周振华：《信息化进程中的产业融合研究》，载《经济学动态》，2002（6）。
② 何立胜：《产业融合与产业转型》，载《河南师范大学学报》（哲学社会科学版），2006（7）。
③ 杨颖：《从业态多样性现象透视旅游业转型发展——以旅游业与创意产业融合为例》，载《旅游论坛》，2008（3）。
④ 陈家海：《产业融合：狭义概念的内涵及其广义化》，载《上海经济研究》，2009（11）。
⑤ 芮明杰、胡金星：《产业融合的识别方法研究——基于系统论的研究视角》，载《上海管理科学》，2008（6）。

融合的发展。[①]

李美云对产业融合给出了狭义与广义两种概念。狭义概念指数字技术发展过程中两种及以上产业的界限被打破，产业间阻碍变得模糊；广义概念指广泛的内容和范围或产业的演化发展。[②]

张海燕和王忠云从产业融合发展的角度，指出技术进步促进了民族文化创意旅游产业的形成，而从产业构成要素的角度来看，技术进步通过作用于创意这一核心要素的变更而推动民族文化创意旅游产业的发展。[③]

侯兵、周晓倩则基于微观的角度对产业融合进行研究，提出了文化产业与旅游产业的产业水平评价指标，对各地区文化产业和旅游产业融合发展水平进行了分析和评价。[④]

（三）关于产业融合机制和运作模式的研究

黄细嘉和周青提出，旅游、文化产业融合发展的前提是构建以融合路径、模式、动力为核心的产业融合机制，并且融合其发展方式、整合其开发的资源、对其保障机制进行协调配套是旅游融合产业协调发展的关键。[⑤]

张海燕等在研究旅游产业与文化产业融合运作模式的过程中，提出了两者融合的主要推动力，即旅游产业与文化产业的有机融合，是在产业内外驱动因子的推动和引导下，以产业构成中的行业共同体为基础，以协作和联合为主导，构建动力机制。还提出了运作模式的具体实现形式和相应的运行对策。[⑥]

翁钢民和李凌雁以全国 31 个省、市、区 2005—2013 年旅游与文化产业的相关数据为依据，运用耦合协调度模型和探索性空间数据分析方法，探索中国

---

① 董桂玲：《动漫业和旅游业产业融合的动力机制研究》，载《经济研究导刊》，2009（32）。
② 李美云：《论旅游景点业和动漫业的产业融合与互动发展》，载《旅游学刊》，2008（1）。
③ 张海燕、王忠云：《基于技术进步的民族文化旅游创意产业发展研究》，载《贵州民族研究》，2010（6）。
④ 侯兵、周晓倩：《长三角地区文化产业与旅游产业融合态势测度与评价》，载《经济地理》，2015（11）。
⑤ 黄细嘉、周青：《基于产业融合论的旅游与文化产业协调发展对策》，载《企业经济》，2012（9）。
⑥ 张海燕、王忠云：《旅游产业与文化产业融合运作模式研究》，载《山东社会科学》，2013（1）。

旅游与文化产业融合发展的耦合协调度和空间相关性。①

随着供给侧改革的不断深化，产业融合出现了众多的变化，文化的多样性和异质性对旅游者极具吸引力。

第二节　文化创意产业与旅游产业融合

产业经济学原理告诉我们，产业链具有“整合延伸、集聚互补”机制。整合延伸机制，将生产业务上具有关联性的企业整合在一起形成链条式关系，发挥各自优势，增加各个企业的总产出。集聚互补机制，将具有互补性的企业个体聚合为整体力量，增强整体竞争力。文化产业与旅游业正是通过产业链的“整合延伸、集聚互补”机制进行融合发展。

一、创意和旅游融合

创意俗称“点子”或“主意”，它是科学、思维与艺术的完美结合，科学性、思维性与独创性是创意的基本元素。旅游创意就是创意元素与旅游元素相融合后产生的具有市场价值并富有创造性的主意。在旅游活动日趋个性化和多样化的今天，旅游者“求新、求奇、求特”，注重体验参与的特点日趋增强，在创意理念的引导之下，将智力因素和思想火花与原有资源完美结合，通过重组、整合原有的静态旅游要素，并加以模型化和动态化来重新定位和推出，可以进一步增强原有产品、服务的体验性和吸引力，以适应不断更新的市场需求，并且充分彰显旅游的魅力。“资源有限，创意无限”，旅游创意能够给旅游活动注入无限的活力，它就是旅游业的生命。旅游创意是创意元素与旅游元素

① 翁钢民、李凌雁：《中国旅游与文化产业融合发展的耦合协调度及空间相关分析》，载《经济地理》，2016（1）。

的结合，它具有科学性、创新性、艺术性，有市场价值等创意旅游的出现使旅游活动与体验经济之间形成了良性循环的关系。创意旅游在旅游体验的基础上注入了创意的细胞，正是创意能吸引更多旅游者前来体验消费，留下更为深刻的回忆，最终形成创意旅游的可持续发展。

文化创意产业和旅游产业融合，主要是新的创新要素在产业融合经济发展中的互相作用。由此，新经济增长理论对文化创意产业和旅游产业融合经济发展起到了助力和促进作用。

二、文化创意产业与旅游产业融合理论

关于创意旅游作为文化创意产业和传统旅游业结合的新型经营模式，给全球各地区的文化创意经济及旅游经济提供了创新性思路和实现手段。最早提出在传统旅游业中引入文化创意元素的是约瑟夫·派恩和詹姆斯·吉尔摩，他们在《体验经济》中对文化创意旅游产业的定义为：经营者在文化创意旅游产业中，不断进行创意思维，使旅游者加深体验，引发新的经济价值。还提出在体验消费时代，文化旅游产业中的供应商之间的激烈竞争会引导他们把产品供应提高到一个新的阶段。经营者利用创意手段和过程，通过引导游客体验去完善自己来创造新型的经济价值。①

而创意旅游这一概念则是由理查兹和雷蒙德（Richards and Raymond）最早提出的，两人将创意旅游定义为：在旅行过程中通过积极参与、学习体验从而达到发展旅行者创意潜能的活动。也有部分学者认为创意旅游实质上来自于文化旅游概念。②

理查兹和威尔逊（Wilson）都认为创意旅游这一概念作为文化旅游的延伸正在广泛运用。还认为创意旅游的最大特点在于主动地学习而非被动观赏，在

① ［美］B. 约瑟夫·派恩、［美］詹姆斯·H. 吉尔摩：《体验经济》（修订版），夏业良等译，2 页，北京，机械工业出版社，2008。

② G. Richards, Raymond. Creative Tourism. ATLAS News, 2000(23).

实现个人自我发展的同时也促进了经济发展。①

兰德利（Landry）和格涅多夫斯基（Gnedovsky）认为制造业和传统工业的衰落意味着经济急需新的收入源泉，文化创意旅游作为一个全球性品牌，是一个有着巨大收入潜能的产业，可通过现代化管理、城市推广、旅游基础设施建设来推广。②

布恩一世（Booyens）和罗杰森（Rogerson）认为文创旅游是旅游学科应当不断扩展的领域，而现有的文创旅游模式尚未充分挖掘出旅游产品和创意产业融合所能带来的经济效应，并有针对性地提出了开发全面的创意旅游产品组合和规划创意区域发展等建议。③

尹贻梅认为旅游产业的体验性和参与性特征，以及显著的产业连带效应，使其能够与文化创意产业完美融合，并通过湖南张家界旅游创意产业发展的先例提出了集群式旅游创意产业发展模式。④

高朦认为文化创意产业与旅游产业的融合可采用渗透式、延伸式和重塑型三种发展模式，以文化创意产业和旅游产业为纽带，构建新型产业组合，吸引游客前往，进而加快旅游产业的发展。⑤

李静用 SOM 网络定量地模拟分析对文化创意产业与乡村旅游产业这两个产业融合发展的各影响因素。⑥

关于创意产业与民族地区旅游研究，周智生指出，多元化民族特色由于承载着更多的信息、知识，带给游客更多的想象空间，发掘这一特点会带来可观的效果。他还指出，类似丽江的诸多西部多民族交错聚居区在文化旅游二次创

---

① G. Richards, J. Wilson. Developing Creativity in Tourist Experiences: A Solution to the Serial Reproduction of Culture. Tourism Management, 2006, 27(6).

② C.L. Andry, M. Gnedovsky. Strategy for Survival: Can Culture be an Engine for St. Petersburg's Revitalisation. Unpublished Discussion Paper, 1997.

③ I. Booyens, C.M. Rogerson. Creative Tourism in Cape Town: An Innovation Perspective. Urban Forum, 2015, 26(4); 徐丹丹、孟潇、卫倩倩：《文化创意产业发展的文献综述》，载《云南财经大学学报》，2011（2）。

④ 尹贻梅：《创意旅游：文化旅游的可持续发展之路》，载《旅游学刊》，2014（3）。

⑤ 高朦：《文化创意产业与旅游产业融合发展机制研究》，载《经贸实践》，2017（10）。

⑥ 李静：《文化创意产业与乡村旅游产业的融合发展研究》，载《管理世界》，2017（6）。

业过程中突出自身区域主体民族文化特色的同时，必须要重视非主体民族文化资源的保护与开发，让各民族都能在旅游开发中得到协调发展。[①]

张海燕等人指出，受互联网时代的驱动，企业之间商业模式的竞争已经成为主流，而在信息时代，旅游产品自然也可以搭上互联网的便车，由此，互联网具有引导文化旅游商业模式创新的作用。[②]

李剑认为，文化创意产业能够推进传统产业升级，是存量激活与增量优化的双赢。还认为推动传统产业改造关键在于融合发展，具体表现在要素结构、产品结构、产业结构、产业形态、经营方式和发展方式六个层面的改造。[③]

综上所述，目前对文化创意旅游产业的研究大致存在以下两点缺陷：首先，对文化创意旅游产业还没有统一确切的定义；其次，文献研究的内容比较单一，大多是从产业的宏观层面或者是从文化创意产业与旅游业的某一产品结合点进行研究的，缺乏系统性的研究。因此，需要更加全面、系统的理论体系和实践运作，以深入探讨文化创意旅游产业。

三、文化创意产业与旅游产业的关系

文化创意产业与旅游产业紧密结合、互动发展，是新时期经济社会发展的必然趋势。

（一）从研究角度看

文化创意产业和旅游产业同属于服务业，两者融合，能够促进经济发展，具有很强的市场竞争力。就目前研究来看，两者的融合主要体现在某一产品上的交融，这是由文化创意产业的特征和旅游产品的特点所决定的。

---

① 周智生：《多元文化资源整合与区域文化旅游创新发展——以云南丽江为例》，载《资源开发与市场》，2007（1）。

② 张海燕、龙丽羽：《基于互联网的民族地区文化旅游商业模式创新研究》，载《贵阳学院学报》，2016（12）。

③ 李剑：《民族地区文化创意产业推进传统产业改造路径探索——以藏羌彝文化产业走廊为例》，载《新西部》，2017（4）。

文化创意产业突出的特性是高附加值和创意性，而旅游业最大的特点是产品的综合性和体验性。因此，从创意角度看，文化创意产业发展中，文化始终是基础，而创意能够将其进行延伸，是以创意作为核心发展文化创意产业的。从文化角度看，文化是旅游的灵魂，旅游是文化的最好载体。文化主要承载对旅游资源进行文化艺术元素创造、重构以及提升，形成高附加值的创意旅游产品，并向大众提供，满足感性需求。在这里，文化创意突出的核心是创新，当它与旅游产业融合，即凸显了文化内涵和创新能力。而旅游产业更多的是经济价值的呈现，是经济发展不可或缺的增长点。因此，文化创意旅游产品在消费的同时，会使产品市场竞争力更强。而创意又具备科技开发成分，所以科技能够促进两个产业的互相交融与渗透，同时，旅游资源的禀赋特征决定了旅游是吸引物，而其创意是丰富旅游的吸引物，必将使其更具有积极的价值，虽然目前还缺少科学的测量评价，但其产业成长性表明，文化创意与旅游融合发展是一个新兴的产业，其发展潜力是巨大的。

（二）从产业发展实践层面看

文化创意产业的实践性表现在对文化创意旅游产业的科学管理，以及从事文化创意旅游企业的经营能力两个方面。在两个产业融合发展与实践中，两个产业集聚，形成一种规模化经济，必然促进产业竞争力的提升，而目前在大城市中，创意产业发展处于良好阶段，当两者互相渗透的时候，会重新构筑最有创意性的产品，从而能丰富旅游产品的种类，促进产业的良性发展，使经济具有更大的效益。同时，文化体验越强，其体验经济会使产业收入达到翻倍增长，通过创意文化带动旅游产业发展，逐渐形成一个文化创意旅游产业的系统成长过程，形成新的增长极并使相关产业链辐射延伸。

因此，要树立“文化创意、旅游产业”的观念，进一步探索文化创意旅游产业融合发展的爆发力，明确文化创意和旅游业融合发展的合适模式，当两者融合发展时，产业的互补性、互渗性将使新产品脱颖而出，其独特的体验性能够满足人们增长的精神和文化需求。在未来需要寻找更加适合融合发展的路径，使两者真正走向深度融合，不断提升旅游者的体验性与满意度。

第三节　产业融合路径

在经济社会飞速发展的时代，在企业对经济利益的追求、科学技术创新、企业间的竞争与合作，市场供给、政府导向、消费者观念的改变、产业之间的联系度等的推动下，产业融合发展呈现多种新型融合类型。同时由于产业自身的特点不同、发展阶段不同等原因，产业与产业之间的融合路径也有所不同。对于文化创意产业与旅游产业的融合路径，笔者认为文化创意产业与旅游产业融合路径主要由产品生产创新融合路径、市场销售融合路径及产品服务功能融合路径三个方面构成。同时在产业融合形成的过程中，产业融合并不是单一路径各自作用形成的结果，有时还需要多种路径同时作用、互相推动才能形成文化创意产业与旅游产业新产品及新融合类型的形成。

一、生产创新融合

文化创意产业与旅游产业的业务融合路径研究的基础是企业为运营主体。在企业是运营主体的条件下，由于旅游企业与文化创意企业的业务特点及各产业的特性等原因，企业之间经常会出现业务上的合作项目，旅游企业需要的是文化创意企业中文化、创意、技术、设计等服务；而文化创意企业需要的则是旅游企业宣传、旅游消费量等服务，这些直接使旅游企业与文化创意企业合作性更强，更加紧密。通过这样的业务合作，可以打造文化创意产业园区、主题公园、旅游演艺等文化创意旅游产品。

应用产业链整合延伸机制促进文化旅游产品生产。在旅游业六要素中，“吃、住、行”是文化产业与旅游业在生产环节融合的辅助元素。文化创意与旅游业中的“吃、住、行”融合，能展示地方特色文化，强化游客对旅游地的文化体验，增加旅游产品的文化内涵，提高游客的享受感，增强游客的满意度，提升当地旅游业的吸引力。

二、文化资源创新融合

文化资源创新融合也称作文化载体融合，民族地区文化创意产业向旅游产业的资源融合路径开发，主要是指文化创意产业中的地理位置、旅游资源、交通条件等资源元素，按照旅游产业发展的规律和特点，开发旅游产品；旅游产业向文化创意产业的资源融合路径开发，主要是指旅游产业中的文化资源、创意开发等要素，按照文化创意产业的发展规律，来进行文化创意产品的开发与创造。

旅游业是满足人们精神需求的产业，其核心要素是“新、奇、特”等旅游资源（产品）。当两种路径可以相互转换时，就构成了文化创意产业与旅游产业的路径融合。传统旅游资源（产品）大多是人文古迹或自然景观的原生态展示，旅游形式较为单一。而现代文化旅游产品，是从当地文化资源、旅游资源的特点出发，使旅游业产业链中的不同环节融入文化产业的创意创新理念中，开发出不同类型、独具吸引力的旅游产品（服务），给旅游者带来不同的旅游体验，可以形成新型的文化创意旅游产品，满足消费者多样化的需求，扩大市场份额，提升旅游业的竞争力，提高文化创意旅游衍生产品的品质。

三、产业链整合延伸

产业链整合延伸机制在文旅融合中体现为关联融合，利用产业链纵向、横向整合延伸机制，寻找文化产业与旅游业相交叉、相关联环节作为产业融合突破口。运用产业链整合延伸机制，利用文化元素创新旅游业产品，拓宽旅游产业链。文化产业向旅游业不断提供创意产品和智力服务，将文化元素融入旅游产品和旅游服务中，提升其文化内涵和附加值，如旅游演艺、主题餐饮、主题住宿、旅游纪念品等，既丰富了旅游内容，满足了游客多样化需求，又拓展了文化产业发展空间。旅游业向文化产业延伸，不仅丰富了旅游产品，扩大了旅游业的内涵和发展空间，同时也拓展了文化产业的发展空间，拓宽了文化产业创造效益的渠道，扩大了文化产业经济效益。以旅游业为基础，通过对文化创意产业与旅游产业融合路径研究，对文化创意的分行业与旅游产业融合产品进行研究，基本可以得出几种文化创意旅游衍生产品，大致包括工厂创意景点化、文化创意设计园区、文物博览产业、文化创意动漫业、旅游文化休闲业态、体育文化旅游的改造、农耕休闲旅游文化主题园、特色文化街区、乡村生态旅游文化创意小镇等。

四、技术创新融合

（一）技术融合

技术融合最早主要表现为生产过程和技术的融合，从两者关系来看，是在生产过程中融合技术。从广义上来说，主要指一种生产过程被大多数产业所采用，但是信息时代，产业融合指信息技术之间相互融合和发展、信息技术与其他产业技术之间的渗透和融合。技术融合首先是市场竞争力的增强，以及能够使新市场发生结构性的改变。技术的创新通常是产业发展的重点，同时，随着技术的创新和发展，还需要不断整合人、财、物和管理，开发新产品，替代原有产品和服务，技术融合性才能有更强的竞争能力。

（二）文化创意旅游产品融合

文化创意旅游产业融合发展的关键因素是创新技术。由于旅游产业的发展需要借鉴新兴产业的资源、创新、技术等特点来创造出具有发展潜力的新型旅游产品。而文化创意产业则是具有创新设计、创新技术等特点的产业，所以技术融合路径是旅游产业与文化创意产业相融合路径的必要方式之一。

1. 开发创意文化旅游纪念品

旅游纪念品是承载旅游地文化气息的旅游商品，是旅游景点的象征性产品。游客在旅游地购买旅游纪念品的目的是为了回味与分享在旅游过程中所体验到的文化气息，回忆旅游经历。旅游纪念品因为蕴含着得天独厚的旅游地特色文化信息而吸引游客。因此，旅游纪念品设计因融入旅游目的地独特文化内涵而别具一格。政府要鼓励创意制作符合地方风情的文化旅游纪念品，把旅游纪念品设计成景区的形象代表。

2. 非物质文化遗产资源创意产品

提高旅游产品文化内涵，把非物质文化遗产资源融入文化旅游产品，提升旅游产品的文化内涵；对传统技艺类非物质文化遗产，通过生产性保护方式，合理利用；对传统表演艺术类非物质文化遗产，一方面注重原生态展示，另一方面运用声、光、电等现代科技手段，创新表现形式（演绎编排），打造成为独具地方特色和市场效益的文化旅游产品，还可以拍成电影，并与视频网站合作进行线上传播。文化创意旅游产品也是需要科学技术的研发，才能更好地发展。所以，要使文化创意产业与旅游产业更好地融合及持续发展，必须要注重科学技术的研发。

3. 打造文化创意旅游产品品牌

根据当地文化资源的独特性，集中力量打造集文化产业和旅游业为一体的核心品牌项目，依靠核心品牌项目并向外延伸（依靠产业链的作用），完善产业内部架构的配套设施，实现文化产业和旅游业共同发展。

五、市场销售融合

在市场化进程中，文化创意产业和旅游产业各自产品的销售都是通过技术、资源、业务等方式，通过市场来传递的。文化创意产业作为新兴产业，需要在市场上占有一定的份额，在其他产业已经占领市场的情况下，需要与企业其他产业相融合，打开产品市场，提供消费者供给，提高消费者的需求。所以不管从哪个方面进行分析，市场融合都是文化创意产业与旅游产业融和中必要的路径之一。

六、产品服务功能融合

融合产物主要是消费者需求的新型产品与服务，对于消费者来说，在实际融合过程中，产生更符合市场需求的服务，而且只有当竞争被不断激化，产业间的竞争规制才会逐渐趋于同步，才能进一步为产业融合扫清障碍。

由于文化创意产业与旅游产业的功能融合的产物主要是消费者需求的新型产品与服务，所以对于消费者来说，融合产品与服务的功能融合成为文化创意产业与旅游产业融合的一个方向。在文化创意产业与旅游产业的实际融合过程中，功能的融合路径能够更贴近消费者的需求，产生更符合市场需求的服务与产品，这样既能占据市场的主动性，加快产品的研发与升级，又能够提高企业的经济收入，促进产业市场多结构、健康发展。

第四章　文化创意旅游是民族地区特色化转型之路

民族地区文化创意资源丰富，但文化创意旅游产业发展比较薄弱。鉴于民族地区文化创意对旅游产业发展的重要作用，本章从民族地区文化创意产业与旅游产业融合发展的角度，对民族地区文化创意旅游产业融合后的竞争力进行理论研究。

第一节　民族地区文化创意产业

文化创意产业具有强烈的辐射带动和融合效应，对改造传统产业和优化现有产业具有一定价值。在今后一段时间，也需要借鉴沿海城市所产生的文化创意经验，使民族地区的文化创意产业和旅游产业实现融合发展，提升民族地区文化创意旅游产业竞争力。

一、民族地区特色文化创意产业

民族地区不仅具有发展文化创意产业的独特性，而且其旅游资源具有一定的比较优势，可以形成一定意义上的支柱产业，因此，围绕旅游产业可以带动其他产业的发展，这是民族地区产业结构调整优化的一个重要路径。

民族地区文化创意资源丰富，民族传统文化、非物质文化资源都可以成为文化创意旅游发展的基础条件，民族旅游资源的开发和利用，体现了人和自然的和谐相处关系，也体现了民族间的包容与开放，发展民族旅游产业，前景向好，市场需求、区域辐射力和影响力强大，未来发展潜力不可估量，能够促进民族地区的经济发展，实现少数民族群众的就业，使其获得稳定的收入和改善生产生活条件，并能最大限度地对旅游资源进行保护和利用，最终形成民族地区可持续健康发展的一种新格局。

民族地区各级政府和企业已经从文化创意和文化旅游融合竞争力中找到新的经济发展目标，但如何把握创意文化带来的商机，转变思想观念，大力发展文化创意旅游业，则是民族地区实现特色化转型之关键。

（一）特色文化

民族地区虽然交通环境不便，自然条件也相对恶劣，但是民族文化特色鲜明，既有丰富多彩的自然资源，也有绚烂多姿的民族风情，还有神秘的宗教文化。长期以来，由于复杂的地理环境，使各少数民族之间既独立又相互依存。

少数民族特色文化与华夏文化相比，既有共性，又有个性，其文化的特殊性，主要通过特有的地域风光和多民族文化体现。各民族特征各不相同，非物质文化丰富，各民族依然保存各自独有的语言、风俗及一些日常习俗，由于自然地理环境的差异和历史上经济发展水平不平衡，使民族地区的特色文化呈现地域性差异。

（二）特色文化创意产业

大多数民族地区有着发展文化产业的得天独厚的优势条件，民族文化是少数民族的特色属性，是民族文化旅游形成垄断性、独特性、唯一性、创新性产品的设计元素，特色文化具有的个性化、稀缺性、稳定性特点，构成了特色文化创意产业核心技术力，也是发展特色文化创意产业的基础。培养和发展民族地区文化创意产业，是民族地区重新培育新的经济增长点的需要，有利于民族地区经济结构调整和生产方式的转变，可助推文化创意产业集群的发展。

二、文化创意产业发展迫切需要解决的问题

民族地区的文化创意产业虽然有一定的发展，但与发达地区相比，差距相对较大。受地域环境等因素的影响，产业成长比较缓慢，伴随着国家“十四五”发展规划的出台，相信有更多的民族地区首先将把发展文化创意旅游产业列为规划的重点，在不久的将来，民族地区文化创意旅游产业，必将形成一定的发展规模。

民族地区创意产业刚刚起步，必须构筑全方位的人才培养及良性的商业机制，建构多元的创意产业政策支持体系，打造完整的创意产业价值链，实现品牌化经营。仅仅形成规模是不够的，还必须转化成多元产品以多次实现价值的意识和能力。因此，在发展中必须注重整个产业价值链的形成和延伸，从创意产业链的价值形式和知识形式两个方面对产业链上互补性产品进行整合，形成民族地区文化优质品牌。

（一）经济发展的内在动力和后劲不足

民族地区主要依靠固有的土地、矿藏和森林等资源来维持基本经济发展，也因此造成了环境的污染，资源越来越短缺，致使民族地区整体经济发展实力内在动力和后劲不足，生存环境日趋恶化，亟待寻找新的经济增长点。

（二）特色文化危机

民族地区互相模仿，在城市化进程中缺失自我，大规模拆建，导致民族地区的“千城一面”，“南方北方一个样，大城小城一个样。民族地区出现特色危机”。对于民族地区来说，失去最宝贵的民族文化，就失去了可持续发展的能力。

（三）缺乏信息技术支持

在民族地区的偏远乡村，信息化所要求的通信、网络、水电、交通等基础设施还不完善，其传统产业的信息化技术障碍更加突出，在信息技术条件下，任何的文化创意产业的发展都必须依托高新技术。民族地区文化创意产业发展滞后的一个主要原因就是缺乏高新技术创新，没有将高新技术与经济发展有效

融合。只有实现突破性融合，才能在激烈的市场竞争中具有可持续的发展能力和后劲。

（四）产业发展滞后

民族地区整体经济发展水平较为落后，产业层次低端，文化创意产业与新技术结合创新产业数量少，没有形成产业群，整体配套资源、要素整合不够，致使产业发展落后。

（五）市场需求不稳定

民族地区用创意来挖掘民族文化资源市场严重不足，没有培养目标市场、没有形成顾客品牌，市场需求和竞争较弱，文化创意产业链也不完整，没有提升消费结构，缺少文化产业份额。民族地区要实现新一轮的发展，必须转变发展方式，为民族地区的创意发展提供新的视角和路径，以充分利用文化创造力来推动民族地区创意事业的发展。

第二节　民族文化创意产业保民族旅游发展

目前，我国民族地区文化旅游事业总体上呈现上升与发展的态势，但是在快速发展的过程中还存在诸多现实问题，还没有引起相关部门的重视。普遍认为文化旅游经济过于泡沫，经济价值与指标软性，未能从转变经济发展方式、调整产业结构的高度来认识文化旅游产业的重要作用。[①]

一、文化创意旅游诠释文化特色

对民族地区特色文化进行提炼，设计创意特色旅游形象，开发区域整合型模式，形成系统开发的创新品牌，使该产品具有个性化、稀缺性、稳定性、强

① 中国民主建国会中央委员会：《制定全国文化旅游业发展规划》，载《江淮日报》，2013-06-07。

度高的特点。民族文化旅游开发缺乏创意，就会缺乏市场卖点，好的创意可以为民族文化旅游创造出无穷的市场潜力，旅游创意是民族文化旅游产品开发的核心，可以使民族文化旅游形成垄断性、独特性、唯一性。旅游产品的文化开发元素，也是发展民族文化特色创意旅游的基础。而民族文化则是旅游创意的源泉，是旅游创意的基本要素，两者互为融合，相得益彰，共同构成了独特的民族文化创意旅游产品。

二、文化创意是民族地区旅游产业可持续发展的灵魂

近年来，民族文化发展呈现时代的特征。旅游是文化性很强的经济产业，文化是旅游的灵魂，旅游具有的文化特质能够引导旅游产业以文化为内涵发展。民族文化是民族地区经济发展的重要因素，能够引领民族地区旅游可持续发展，促进民族地区经济转型升级。民族地区只有充分利用自己独特的自然文化和人文文化资源，才能够在旅游产业转型中持续发力，并随着文化创意旅游的发展，通过文化创意旅游产业走出一条新的旅游经济发展之路。

三、文化创意旅游助推产业特色化

民族地区需要不断地塑造自己的个性化文化，建立特色鲜明的创意产业体系，实现创意产业转型发展，为民族地区带来新的机会。

（一）文化创意旅游融合创新功能

以文化创意旅游产业推进民族地区传统产业的改造，必须通过产业融合发展的方式，将文化创意产业所具有的信息、技术、创新、文化等元素扩散到传统旅游产业的生产、组织过程中，从而优化传统旅游产业要素的配置方式，进而在产品结构、产业结构、产业形态、经营方式、发展方式等层面对传统产业进行改造，提升传统旅游产业的附加值。

（二）文化创意旅游形成新兴产业链

以文化创意产业推进民族地区传统产业的形态改造，主要通过两者之间的融合，促进新的产业形态的出现。文化创意产业本身并不具有明显的产业边界，它先与传统产业融合发展，借助耦合效应而产生新的经济业态。如民族节庆产业与旅游产业融合而出现的民族文化旅游业；会展产业与少数民族传统农业、手工业结合而产生的民族产品博览会；文化旅游业与传统农牧业、制造业结合而产生的体验式生态农业、民族特色衍生品产业；养生产业与制造加工业、旅游业结合而产生的健康产业与休闲产业；等等。另外，民族风情村旅游、民族工艺品加工、民族服饰设计、民族旅游应用软件、民族乐器制造、民族文化影视等都是新的经济业态。

四、文化创意旅游提升了文化资本价值

文化创意能够将民族地区取之不尽、用之不竭的无形资源进行财富转化，其文化、历史等符号必将成为文化特色开发取之不尽的源泉。文化创意产业具有显著的创新扩散效应，在开发民族文化旅游商品中，通过大量的游客体验和购买来实现对民族文化的形象化传播。因此，文化创意旅游无形中提升了文化资本的价值。

中共中央《关于深化文化体制改革　推动社会主义文化大发展大繁荣若干重大问题的决定》指出，加快发展文化产业，推动文化产业成为国民经济支柱性产业，发展文化产业是社会主义市场经济条件下满足人民多样化精神文化需求的重要途径。积极发展文化旅游，促进非物质文化遗产保护传承与旅游相结合，推动文化产业与旅游等产业融合发展，增加相关产业文化含量，延伸文化产业链，提高附加值，发挥旅游对文化消费的促进作用。

文化创意旅游具有塑造民族地区文化个性和推动民族地区特色产业体系建立的功能。文化创意旅游产业内涵丰富，借鉴发达城市文化创意产业经验，梳理自身优势产业和特色资源，逐步完善文化管理体系，完全可以构建具有自身

文化历史传承的创意旅游产业体系，不仅为民族地区文化创意旅游产业提供了新的发展策略和视角，也是民族地区实现特色化转型的有效路径。[①]

（一）文化创意促旅游产业转型

发展文化创意旅游有助于传统旅游创新发展，加快推进旅游与文化深度融合，构建新的旅游产品结构，促进民族地区旅游产品向特色化、品牌化转型，大力发展文化创意旅游产业，对于民族地区旅游产业实现战略性转型，增强文化“软实力”具有一定意义。

（二）文化创意与旅游的深度融合

1. 文化创意旅游促进民族地区文化主题化

少数民族地区创意产业刚刚起步，必须构建多元化的文化创意产业政策和管理支持体系。实现创意文化和旅游的相互融合、共同发展，构建文化创意产业链，积极培育龙头企业，实现品牌化经营，形成民族地区文化优质品牌。

2. 提升对外文化交流与宣传的有效性和影响力

民族地区在对外推广文化创意旅游优质品牌时，一要突出文化元素提炼，增强文化底蕴，渲染人文色彩，扩大宣传范围，实现文化交流与产品推广的相互促进；二要提升文化创意旅游对外宣传中的特殊功能，要适应国际文化市场发展需要，拓宽“走出去”和“引进来”渠道，提高民族文化的国际影响力，实现由产品输出向人才、创意输出的转变，将创意旅游思想贯穿到宣传推广的全过程中。

① 中国共产党第十七届中央委员会第六次全体会议：《中共中央关于深化文化体制改革　推动社会主义文化大发展大繁荣若干重大问题的决定》，载《人民日报》，2011-10-26。

第五章　民族地区文化创意旅游产业园区发展

民族地区发展文化创意旅游产业园区是特定环境的需要，目前发展建设中尚存在共性和个性问题，需要从理论上对创建民族地区文化创意旅游产业园区进行解读，并构建民族地区文化创意旅游产业园区发展模式。

党的十九届四中全会决议指出："发展社会主义先进文化、广泛凝聚人民精神力量，是国家治理体系和治理能力现代化的深厚支撑。必须坚定文化自信，牢牢把握社会主义先进文化前进方向，激发全民族文化创造活力，更好构筑中国精神、中国价值、中国力量。要坚持马克思主义在意识形态领域指导地位的根本制度，坚持以社会主义核心价值观引领文化建设制度，健全人民文化权益保障制度，完善坚持正确导向的舆论引导工作机制，建立健全把社会效益放在首位、社会效益和经济效益相统一的文化创作生产体制机制。"①

建立民族地区文化创意旅游产业化园区，充分发挥其集聚、引领、示范效应，吸引资金进入文化创意园区投资，这对于增加民族地区传统文化产品的附加值、优化文化产业结构、构建文化产业发展链、提升文化产业发展水平和文化企业的国际竞争力具有重要的战略意义。

将民族地区最具有文化价值引领的非物质文化博物馆等尽快引入产业示范园区，形成旅游产业集群，为民族地区文化创意旅游产业化园区良性发展提供物质基础。

① 《中国共产党第十九届中央委员会第四次全体会议公报》，新华社，2019-10-31。

第一节　民族文化创意旅游产业园区解读

民族地区文化创意旅游产业园区异军突起，在一定程度上促进了该地区文化创新、文化产业与旅游产业的融合发展。但由于民族地区文化创意产业起步晚、基础弱，在发展中也面临一些问题。“十四五”期间，民族地区需要更好地发挥文化创意旅游产业园区的引领示范作用，进一步加快文化创意与旅游产业融合发展。

一、民族地区文化创意旅游产业园区发展现状

截至2019年底，民族地区尤以滇、海文化创意旅游产业集聚区发展最优，主要集中在昆明、丽江、海口、三亚等地，在影视、会展、艺术表演及文化旅游等行业独具特色，这些文化创意旅游产业集聚区的出现，极大地带动了全国文化创意产业的发展，值得其他民族地区开发文化创意旅游产业园区时学习借鉴。内蒙古、新疆和西藏等自治区目前在建、待建的重点文化创意旅游产业园区比较多，但是由于诸多现实问题，产业园区发展速度缓慢。

二、存在的共性问题

民族地区文化创意旅游产业园区发展仍然存在产业资金短缺、基础设施薄弱、创意园区无创意等问题。集中体现在以下几个方面。

（一）缺乏高屋建瓴的文化产业创意规划

1. 科学合理规划不够，多头管理

多年来，民族地区并没有把文化产业发展当成重要的抓手，文化成果转化

为文化旅游产品系统梳理不够，缺乏科学合理的规划设计，也缺乏专门的管理人才。现有文化创意旅游产业园区目前存在多头管理现象，在不同的少数民族区县，文化创意旅游产业园区的管理还没有统一口径。

2. 创新能力弱

一是自主创新能力较弱。由于专业人才的匮乏和现代经营理念的缺失，不少文化创意旅游产业园区现代化产业体系不健全，对少数民族非物质文化展示零散、碎片化。挖掘非物质文化遗产不够，缺乏统一、系统的文化品牌与综合展示，文化价值与实用价值没有统一；缺乏参与性、娱乐性、知识性于一体的多元化的文化创意精品、民族文化创意项目和产品。少数民族饮食、服饰、居住、祭祀、婚庆、渔猎、节庆、“非遗”文化八大文化体系展示地点零散、展示形式简单，且缺乏创意、提炼、升华，致使文化企业实力偏弱，开发的文化创意精品少，项目同质化严重，导致严重的无序竞争，创新驱动力有待增强。

二是协同创新能力较弱。长期以来，严格按照上级要求工作，基层始终没有系统化创意设计。民族地区相对封闭，与外界联系较少，特别是产学研协同创新不够，文化创意产业共同体未能有效形成。

（二）产业布局失衡

民族地区最具有产业集群特征的文化产业，是以非物质文化工艺品生产为主，其产业化发展还停留在私人作坊式手工阶段，经营和销售没有合适的渠道，旅游创意工艺品受开发局限，品种少、质量差、产量低，产品远远达不到市场化要求，与国家文化产业发展大趋势要求相差甚远。

虽然企业被完善的服务设施和低廉的租金吸引入园区，但是没有合理的规划，文化活动场所零散，大量少数民族文化遗产亟待进一步系统整理、挖掘、认证、复原保护和创意开发。文化企业之间相互依托关系松散，没有形成文化发展产业链。整体文化园区设计概念化，园区投资、管理、生产与组织缺乏科学论证和实践经验，园区投入与收益之间不成正比。

（三）园区严重同质化

民族地区部分园区主要模仿大城市发展成型的园区进行规划和设计，因此园区同质化现象普遍严重。名为创意园区，实则缺乏创意。园区文化形象设计没有突出自身文化底蕴，文化产品一味抄袭和模仿，这类园区反而不利于发展，很快在经营竞争中被“人无我有，人有我优”的特色优质园区取代和淘汰。

（四）园区地产业称雄

民族地区出现了文化创意旅游企业不做创意和科技企业、不搞科技的现象。这也是高质量文化供给不足、文化旅游企业实力偏弱的原因。一些文化创意产业园区单纯售卖概念，没有扎实的产业支撑和稳健的融资渠道，更有个别文化创意旅游产业园区在优惠政策下去拿地，去从事房地产开发。从长远来看，建设园区的目的不是发展文化创意旅游产业，而是通过占有土地来扩大地产的份额，整个园区当中地产的利润超过了旅游和其他产业收益，地产化现象严重，这也是目前文化旅游产业园区发展中必须注意的乱象。

（五）园区营销渠道单一

少数民族文化旅游产业园区缺乏创意策划，还没有构筑具备国际性、前瞻性、市场吸引力宣传手段，对园区品牌塑造缺乏长远规划，园区营销方式方法滞后。园区产业要素和配套工程体系不够健全，园区产业竞争力不强，整体营销环境不能满足园区发展需求。

三、文化创意旅游产业园区发展模式

在民族地区文化创意旅游产业园区，产业发展体系主要是以旅游作为主导，其中融合了文化创意产业和现代服务业而形成的一个创新旅游发展体系。在这一创新体系支撑下，包括民族文化旅游开发、民族文化主题公园、非物质文化遗产旅游、民族文化特色表演、民族文化保护与传播、民族文化休闲旅游、民族书画艺术展示、民族文化会展、民族文化娱乐活动、民族文化旅游商品或文化旅游纪念品以及相关娱乐配套设备及用品的生产经营等。

（一）政府主导型

地方各级政府可以借助发展民族地区文化创意旅游产业园区的机会，合理规划产业园区，使产业园区形成示范效应，充分发挥政府的行政能力，对园区管理执行坚持规划、定位和发展战略，始终如一，保障园区可持续发展。

（二）市场开发模式

在市场经济条件下，民族地区文化创意旅游产业的发展，产业资源的配置必然受到市场力量的调配，必须时时刻刻关注消费者对文化创意旅游产品的体验过程，提供必要的服务，逐渐形成旅游吸引力，保证文化创意园区的发展。

民族地区文化创意旅游产业园区的发展，必须依靠市场自身的调控能力和作用，逐渐形成企业自发的产业集群或园区建设模式，在提升园区文化内涵中保护少数民族文化资源，使之发展成为特色创意园区，从而促进少数民族地区文化创意旅游产业转型升级。

（三）产学研合作模式

集政府、企业和科研院校等多方力量，能够为民族地区文化创意旅游产业园区发展提供完备的支撑与条件，而文化创意旅游产业园可以有效整合文化创意产业的产学研等多方面功能，实现园区的创新功能，并通过园区企业营业来实现这种功能。民族地区文化创意产业园区发展过程中，可以通过文化创意产业园自身的文化创意和属性，构建合适的文化体验模式，吸引消费者前来，保障园区健康、可持续发展。在民族地区，可以通过将文化创意旅游产业园区与民族村寨建设结合，形成园区基地、创意场所等，为游客创造亲近少数民族文化创意旅游产业的良好氛围。

第二节　培育文化创意旅游产业园区品牌

突出民族文化特质，以文化创意旅游产业园区品牌为抓手，不断开发系列反映民族文化特征的文化创意旅游产品，满足消费者的文化需求。通过专门的管理协调机构进行特有的运行机制和园区组织管理。发挥民族地区文化优势，实施“文化+旅游”发展战略，创新文化创意旅游发展模式，利用互联网，加大市场宣传力度，培育园区品牌，不断吸引各方投资，形成文化创意旅游产业发展的新局面。

一、提升园区规划与建设标准

严格制定与规范实施园区建设标准化模式，以规划的同江赫哲族文化创意旅游产业园区为例，该园区完成了中国同江赫哲族文化展示中心总体策划与规划，注重优化园区布局与园区功能定位，高屋建瓴，强势推进赫哲族非物质文化遗产展示、博物馆循环展示、赫哲族祭祀仪式活动等。全面而动态地展示赫哲族文化，构建立体化文化旅游宣传体系，建立科学系统的企业运作模式和对外合作运行机制，将园区资源集聚，开展科技创新，发展优势文化旅游产品，逐步实现专业化分工、协作机制，建立最优化支撑服务保障体系。

二、实施特色文化旅游群项目建设工程

实施民族地区特色文化旅游产业项目建设工程，要在资金、财政、土地等相关政策方面，扶持项目建设。民族地区有着悠久的历史、璀璨的文化和丰富的物产，包含农耕文化、非物质文化、宗教文化等多元化文化，支持开发民族地区特色优势产品，不断形成文化旅游产业集群，以保障民族地区特色文化创意旅游园区健康发展。

三、构建文化创意旅游产品

根据市场需求，需要用新的思维和理念指导民族地区文化旅游产业向深层开发，以同江市为例，在编制《同江市“十三五”文化与创意产业发展规划》

过程中，通过组织相关人员，按照“创意品牌化、布局区域化、经营集约化、生产标准化”的要求，突出赫哲族渔猎文化与创意设计在建筑和街区的体现，重点建设八岔村和街津口村镇文化示范区，发展优质文化特色名镇。通过文化和渔猎产品融合创意，塑造独特的渔猎生产文化模式，也成为对赫哲族文化的新的旅游体验视角。其中“鱼皮画”产品的创意开发，能够从多个方面展示赫哲族渔猎文化，是未来旅游创意产业园区主要利润点。

四、创新游憩体验方式

文化创意旅游产业园区要实现快速发展，关键在于不断创造具有体验价值的创意文化新产品，满足消费者日益增长的体验需求。

以赫哲族文化创意旅游产业园区为例，其在开发中就是以赫哲族生态旅游和民族文化为根基，充分利用民族、地缘优势，发挥本地的生态景观特色，创意求新，合理布局，最大限度地发挥旅游资源的潜能，提高对投资者和旅游者的吸引力，把两乡赫哲族旅游建设成风格独特、环境优美、生态良好、内容丰富、设施完备、服务完善的一流观光休闲度假养老胜地。在旅游业的发展上，体现保护第一、开发第二的方针，遵循享受自然的同时要为保护自然做贡献的宗旨，坚持自然环境与特殊文化社会环境都属于人类宝贵遗产的理念，全力树立全新生态旅游理念。同时当地抓住国家关注赫哲族发展的机遇，推广“中国赫哲冬捕第一乡”等旅游品牌，力争通过五年的努力，到2025年达到两乡镇旅游线路基本成熟、基础设施和景点设施基本完备、服务接待水平显著提升的目标，年均接待游客10万人以上，实现旅游收入8000万元，成为全省著名、全国知名的文化产业园区。①

① 同江市人民政府：《十四五旅游业总体发展规划》，2020。

五、提升园区产业驱动力

在民族文化创意产业园区平台建设中，一定要着力打造一两个具有核心吸引力和市场前景的文化主题项目，凝聚人气，引爆市场，为园区的发展创造良好的市场基础。

以编制完成的《铜仁市文化旅游产业园区发展规划》为例。该规划以梵净山文化旅游开发为核心，将园区打造为铜仁的旅游名片，需要有一两个吸引力强的文化景点带动，本项目在深入挖掘园区的民族文化资源中，创新传承文化，提出了“民族生态文化 + 旅游”的模式，在少数民族文化创意基础上，既关注了文化和梵净山生态环境之间的关系，又考虑所在地资源较富集，文化底蕴深厚，地质文化、古建筑文化、农耕文化等多种文化在此汇集，以旅游业发展为契机，科学开发利用文化资源，有利于促进地方文化的传承与弘扬。将江口县、松桃苗族自治县、印江土家族苗族自治县的重要节点为主要启动项目，推动了园区的系列文化工程建设，使园区成为文化旅游产业集聚区，构建了梵净山旅游新模式。

六、整合文化旅游产业聚集要素

文化创意旅游产业园区内在体系建设应该以文化旅游体验为核心，从软件到硬件多方面进行完善与提升。以旅游六要素为核心，完善配套体系，形成集“吃、住、行、游、购、娱、体、学、疗、悟”于一身的完善的产业要素体系。[①]

还以同江市为例，在“同江赫哲族文化创意旅游产业园区项目”中，通过对同江赫哲族旅游发展现状的梳理，了解民族地区产业集聚的基本情况，围绕一个中型城市，打造创意文化核心景区，围绕赫哲族居民生产、生活特征，规

① 郑斌、刘家明、杨兆萍：《基于“一站式体验”的文化旅游创意产业园区研究》，载《旅游学刊》，2008（9）。

划游客体验区。以“民族文化传承体验和自然生态体验”为诉求点，以赫哲族文化体验理念，深挖赫哲族饮食、服饰、居住、祭祀、婚庆、渔猎、节庆、“非遗”文化八大文化旅游体系，全部采用赫哲族文化元素，突出其品牌和精神品质，形成原创性高附加值有核心竞争力的项目，逐渐带动区域内游客旅游、购物和休闲，以旅游园区发展带动其他产业发展。

七、多渠道整合营销

尽量选择多种营销渠道，传播文化创意旅游产业园区的特色品牌，抓住消费热点，多渠道开展宣传活动。在媒体融合时代下，可以选择“创意＋整合营销”的传播模式打造品牌知名度。从全国范围来看，民族地区文化创意产业园要想在园区竞争中突围，就要打造具有一定知名度、美誉度的园区，强化对园区的品牌塑造。

八、创新文化创意旅游产业园区商业模式

文化创意旅游产业园区，应以“面向用户、消费体验”为核心，使少数民族地区文化创意旅游产品实现“一站式体验”，[①] 通过消费达到双赢。

各级政府应大力提供优惠政策和资金支持，搭建文化旅游产业的旅游平台，不断带动相关产业迅速发展，实现园区专业化管理；建立产权中介服务平台，推进作品传播和无形资产的市场化和产业化，开辟新的投融资模式和管理机制。

① 郑斌、刘家明、杨兆萍：《基于“一站式体验”的文化旅游创意产业园区研究》，载《旅游学刊》，2008（9）。

第六章　民族地区非物质文化遗产旅游创新开发策划案

非物质文化遗产也是一种旅游资源，但不是所有的非物质文化遗产都适合进行旅游开发。本章通过对旅游及创业产业与非物质文化遗产关系的分析，指出了怎样合理开发及利用非物质文化资源的有效路径，并对文化资源与旅游融合进行研究。

第一节　非物质文化遗产研究综述

非物质文化遗产作为一个民族古老的生命记忆和活态的文化基因库，代表着民族普遍的心理认同和基因传承，是民族智慧的象征。民族地区创造了许多非物质文化遗产，为全人类提供了宝贵的精神财富。但现代化快速发展的社会环境，既对民族地区非物质文化遗产造成了一定的冲击，同时也让人们看到了它的另一种价值，作为一类具有旅游价值的文化资源而存在，故而对其进行旅游开发意义重大。

一、内涵及研究现状

关于“非物质文化遗产”的定义，联合国教科文组织 2003 年的《保护非物质文化遗产公约·总则》中做了如下界定："非物质文化遗产指被各社区、群体，有时是个人，视为其文化遗产组成部分的各种社会实践、表演、表现形式、知识和技能及其有关的工具、实物、工艺品和文化场所。各个群体和团体随着其所处环境、与自然界的相互关系和历史条件的变化，使这种代代相传的非物质文化遗产得到创新，同时使他们自己具有一种认同感和历史感，从而促进了文化多样性和人类的创造力。"非物质文化遗产主要包括："①口头传说和表述，包括作为非物质文化遗产媒介的语言；②表演艺术；③社会风俗、礼仪、节庆；④有关自然界和宇宙的知识和实践；⑤传统的手工艺技能。"[①] 正如《世界文化多样性宣言》中指出的那样："文化多样性对人类来讲，就像生物多样性对维持生态平衡那样必不可少，从这个意义上讲，文化多样性是人类的共同遗产，应当从当代人和子孙后代的利益考虑予以承认和肯定。它要求人们必须尊重人权和基本自由，特别是尊重少数人群体和土著人民的各种权利。任何人不得以文化多样性为由，损害受国际法保护的人权或限制其范围。"[②]

《世界文化多样性宣言》充分反映了人类社会尊重多元文化发展格局，尊重文明社会成就已经成为联合国各成员国的一致共识，表明了人类社会需要的是一种和谐、协调的氛围，而人类的和谐应当是在这样一种民族文化交融的基础上实现的。

根据有关资料，20 世纪 60 年代后，"非物质文化遗产"的概念才开始出现。1972 年 11 月 16 日在巴黎通过的《保护世界文化遗产和自然遗产公约》[③]、联合国教科文组织于 1989 年 11 月在巴黎通过了《保护民间创作建议案》和 2003 年 10 月 17 日联合国教科文组织第 32 届大会通过了《保护非物质文化遗产公约》，这是迄今为止联合国有关非物质文化遗产保护的一系列重要的文件。文件内容旨在保护以传统、口头表述、节庆礼仪、手工技能、音乐、舞蹈等为

① 《保护非物质文化遗产公约》，联合国教科文组织第 32 届大会文件，2003-10-17。
② 《世界文化多样性宣言》，联合国教科文组织第二十次全体会议根据第 IV 委员会的报告通过的决议，2001-11-02。
③ 《保护世界文化遗产和自然遗产公约》，联合国教育、科学及文化组织第十七届巴黎会议，1972。

代表的非物质文化遗产。至此，“非物质文化遗产”的概念基本得到规范。[①]

2004 年 8 月，第十届全国人大常委会第十一次会议通过关于批准我国政府加入《保护非物质文化遗产公约》的决定，标志着我国非物质文化遗产保护工作与国际社会的有机接轨，以及世界范围内保护非物质文化遗产工作的深入推进，“非物质文化遗产”概念已经在我国被广泛接受和确认。[②]

党的十八大以来，以习近平同志为核心的党中央多次强调传承发展中华优秀传统文化的重要性。习近平在党的十九大报告中指出，中国特色社会主义文化源自于中华优秀传统文化，发展中国特色社会主义文化必须坚持马克思主义，加强文物保护利用和文化遗产保护传承，推动中华优秀传统文化创造性转化、创新性发展。[③]

国外不少学者的研究主要涉及文化遗产旅游的旅游价值，对遗产旅游的含义、发展、价值、意义、文化遗产与旅游的关系，文化遗产旅游者对游览方式的旅游体验，非物质文化遗产保护等，并取得了可喜的成果。

瑞卡特（G. Richards）从消费者的角度来研究开发非物质文化遗产旅游的价值。她指出，为了适应人类的偏好差异，就要注意转向非物质文化遗产的吸引力，非物质文化遗产旅游可被定义为一种过程，或者作为一种产品。为了在旅游动机和非物质文化遗产旅游之间建立一种联系，人们必须了解动机的形式。[④]

美国的戴伦・蒂莫西对非物质文化遗产旅游的含义、发展、价值、意义等进行了深入的探讨，以多元化的视角探讨了发达国家与发展中国家非物质文化遗产旅游的特征、开发与保护机制，阐释了政治、权力、文化等因素对非物质文化遗产真实性的影响。[⑤]

---

① 《保护非物质文化遗产公约》，联合国教科文组织第 32 届大会文件，2003-10-17。

② 中南财经政法大学：“非物质文化遗产保护与知识产权”国际研讨会（简报），http://www.privatelaw.net.cn/new，2007-04-21。

③ 习近平：《决胜全面建成小康社会　夺取新时代中国特色社会主义伟大胜利——在中国共产党第十九次全国代表大会上的报告》，载《人民日报》，2017-10-28。

④ G. Richards. Cultural Tourism in Europe. CAB International Wallingford Publishing, 1996.

⑤ 李菡静：《世界遗产与民族地区经济发展》，8 页，云南大学硕士学位论文，2010。

沃尔（Walle）讨论了有关思想形态与文化旅游的问题，他认为文化旅游者对他们游览方式的理解会影响到自身的旅游体验，文化旅游研究者可通过考察游客的理解方式进行有关旅游者的研究。①

雷克斯·内特福特（Rex Nettleford）基于非物质文化遗产流失及衰亡等现象，提出非物质文化遗产保护的基本观点。②

泽维尔·格雷夫（Xavier Greffe）从不同案例研究中提出非物质文化遗产保护的具体策略。③

近年来，我国对非物质文化遗产保护和旅游开发给予了高度重视。尹小珂、宋兰萍认为非物质文化环境是旅游产业发展的重要根基，要建立一套既可源头控制，又能末端治理，有防有治、防治结合的非物质文化旅游对策体系。从我国的国情出发，制定积极稳妥、切实可行的保护与经营政策、措施与构想，保护和经营好非物质文化遗产。④

张瑛、高云以云南民族歌舞为例，指出政府应通过加强立法工作，积极推进产业化等行政管理措施，实现少数民族非物质文化遗产保护与旅游开发利用的双赢。⑤

梁保尔、马波认为非物质文化遗产旅游利用应该体现原真性，包括遗产的形式和设计、材料与实质、利用与作用、传统与技术、位置与环境、精神与感受，所以在非物质文化遗产资源利用时，要充分考虑还原布局、装饰、周围环境、形式与设计、材料与实质、传统与技术、位置与环境、精神与感受等形态要素，传承一份包括氛围、载体、客体在内的具有充分完备的原真性的非物质

① AH. Walle. Habits of Thought and Cultural Tourism. Annals of Tourism Research, 1996, 23(4).

② Rex Nettleford. Migration Transmission and Maintenance of the Intangible Heritage. Museum Internation, 2004, 40(5).

③ Xavier Greffe. Is Heritage an Asset or a liability?. Journal of Cultural Heritage, 2004(5).

④ 尹小珂、宋兰萍：《小议非物质文化遗产的旅游开发与保护》，载《聊城大学学报》（社会科学版），2006（3）。

⑤ 张瑛、高云：《少数民族非物质文化遗产保护与旅游行政管理研究——以云南民族歌舞为例》，载《贵州民族研究》，2006（8）。

文化遗产。①

尹华光等通过定量与定性相结合的方法，评估了非物质文化遗产旅游开发潜力的指标体系及指标权重，为非物质文化遗产实施保护和开发奠定一定的理论基础。②

崔凤军、罗春培认为非物质文化遗产的旅游开发是抢救、保护非物质文化遗产的一条重要渠道，旅游能极大地带动对非物质文化遗产的保护，也是非物质文化遗产有效传承与保护的一条重要途径。③

贾鸿雁从环境的视角，采用案例研究的方法，对南京市民俗博物馆有关非物质文化遗产工作进行分析，探讨了旅游开发所形成的“次生态环境”对非物质文化遗产保护和传承的影响。④

通过对上述非物质文化遗产开发与保护文献的梳理和研究，发现非物质文化遗产保护与开发需要强大的经济力量支撑，而通过对非物质文化遗产旅游的开发，一方面引导我们充分认识其中的旅游价值，另一方面可以通过不断获得的经济效益，反过来促进非物质文化遗产的有效保护，更好地引导非物质文化遗产旅游开发走向可持续的发展道路，两者相辅相成，互为促进。发展民族地区旅游业也是民族地区非物质文化遗产保护的一种模式，能够促成民族地区非物质文化遗产的传承与发展。

非物质文化遗产的濒危性和特殊性，使学术界对其研究大多侧重于理论方面，具有较强的可操作性、可行性、实践性的研究还较为少见，尤其是对于非物质文化遗产元素的提炼更为缺乏。对于构建型创意产品开发模式，构建相应的产品发展体系一直是近年来国内外学术界、业界讨论的热门话题。

---

① 梁保尔、马波：《非物质文化遗产旅游资源研究——概念、分类、保护、利用》，载《旅游科学》，2008（2）。

② 尹华光、彭小舟、于洁：《非物质文化遗产旅游开发潜力评估指标体系的构建》，载《湖南大学学报》（社会科学版），2009（11）。

③ 崔凤军、罗春培：《旅游与非物质文化遗产的保护》，载《法制与社会》，2006（10）。

④ 贾鸿雁：《旅游开发与非物质文化遗产的保护和传承——环境视角的实证研究》，载《湖南商学院学报》，2010（4）。

二、旅游与非物质文化遗产的关系

首先，非物质文化遗产是一种重要的潜在的旅游资源。从旅游客体来看，非物质文化遗产承载着民族的文化基因，体现着特定地域内人们适应自然、乐观的生活智慧与独特的审美情趣。通过对非物质文化遗产的欣赏和理解，可以领略到地方民间文化精华，把握地方文脉，深入体验地方文化；从旅游主体来看，非物质文化遗产作为地方传统文化的重要组成部分，恰好满足了人们“怀旧”“体验文化”的心理需求，从大量的现实案例来看，非物质文化遗产借助一定的物质载体，可以成为旅游资源吸引广大游客；从旅游个体来看，旅游经营者通过开发、营销非物质文化遗产，能够宣传、推介区域文化，并从中获取收益。所以说，非物质文化遗产是一种重要的潜在的旅游资源，其潜在的价值可以通过定量与定性相结合的评估指标体系来予以确认。

其次，旅游业的发展有利于保护和弘扬非物质文化遗产。从某种意义上来说，非物质文化遗产的旅游开发利用过程也是对非物质文化遗产的抢救过程。改革开放以来，我国的旅游业获得了前所未有的发展，旅游资源的开发已出现你追我赶的可喜局面。对于非物质文化遗产的旅游开发，大多坚持了整旧如旧的原则和保护优先的原则。许多非物质文化遗产，在旅游开发中获得了人们更多的了解和更加旺盛的生命力。如纳西族的东巴文化、傣族的泼水节和蒙古族的那达慕大会等。从另一个角度来说，旅游收入的增多，有利于非物质文化遗产的保护。在发展中国家，特别是尚未脱贫致富的国家和地区，国家很难拿出钱来修葺和保护文化旅游资源，大多数国家和地区只能采用以开发促进保护的办法。

由此可见，非物质文化遗产与旅游的关系极其密切，这就要求我们构建非物质文化遗产旅游开发模式，从具体某种或某类非物质文化遗产中，鉴别出哪些非物质文化遗产适宜于文化旅游开发，哪些非物质文化遗产不适宜于旅游活动，以及哪些非物质文化遗产虽可以将旅游作为一种选择但是需要慎重管理的。只有厘清了这些问题，才能对非物质文化遗产的旅游开发和后续管理工作提出具体的指导意见。

三、非物质文化遗产与创意产业的关系

“创意产业”指依靠个人的知识、智慧、技能、灵感、天赋，通过科技与艺术这两大手段，对文化资源进行创造、重构、嫁接和提升并与其他产业融合生产出具有文化艺术元素的高附加值的产品与服务，以满足人类感性需要和理性精神需求的产业。

由于非物质文化遗产包含的丰富内涵，恰恰是创意产业开发的基础和先决条件，创意产业能够实现非物质文化遗产资源的整合与配置，对少数民族非物质文化遗产的稀缺性、稳定性和可持续性进行提炼开发，是对非物质文化资源的优化，使生产和消费环节获得了极高的附加值，其文化经济实践活动，可以实现非物质文化遗产的保护、抢救、合理利用和传承发展。

一方面，非物质文化遗产适宜进行创意开发。非物质文化遗产的原创性决定了其具有独特性和唯一性以及不可再生性、不可替代性、稀缺性。随着科技的发展与全球化进程的加快，许多非物质文化遗产都面临消亡的危机，有的已经消失。非物质文化遗产正在削弱与消亡的现实，更加凸显了非物质文化遗产的稀缺性。而恰恰是非物质文化遗产的这种稀缺性和不可再生性使其具有了经济价值的增值性，成为最能体现文化差异性的文化资源，并具备了进入文化产业、成为文化资本的潜质。①

另一方面，非物质文化遗产可以赋予创意产业长久的生命力和实现创意经济的发展。非物质文化遗产，因其在人类历史中的不可复制性而呈现的独一无二性使其成为促进文化产业发展的重要的文化资本。李昕从某个角度说，非物质文化遗产的保护为文化产业的发展提供了某种内驱力，使创意经济具有可持续的生命力，是民族地区脱贫致富的良好选择。同样，创意开发是最具有低碳

① 李昕：《全球化视域下的非物质文化遗产保护》，载《东岳论丛》，2010（8）。

特征的绿色旅游开发。[①]

由此可见，非物质文化遗产与创意产业关系极为密切，非物质文化遗产从文化资源转化为文化产品，这一研究大有可为。

民族地区需要建立自己的非物质文化遗产创意产业发展模式，形成自身发展的驱动力，并逐渐进入创意文化经济阶段。在大部分民族地区，文化产业还处于刚刚起步的状态，甚至有些地区几乎没有发展。或者说，在大部分民族地区，即使现在许多人认识到了文化产业的市场前景与价值，但是由于各种原因，这些地区没有形成自己的品牌，没有多少从事文化产业工作的企业，即使有一些文化产品，也没有形成产业，不能获得巨大的产业价值，更没有对其他产业的发展产生活跃、拉动作用。

第二节　非物质文化遗产保护与开发

一、非物质文化遗产保护情况

近年来，非物质文化遗产的保护和开发日益受到政府以及民间企业的重视，保护与开发工作得到了很好的开展，丰富了人们的文化生活。

2011 年《中华人民共和国非物质文化遗产法》正式实施，其中第三条规定："国家对非物质文化遗产采取认定、记录、建档等措施予以保存，对体现中华民族优秀传统文化，具有历史、文学、艺术、科学价值的非物质文化遗产采取传承、传播等措施予以保护"；第四条规定："保护非物质文化遗产，应当注重其真实性、整体性和传承性，有利于增强中华民族的文化认同，有利于维护国家统一和民族团结，有利于促进社会和谐和可持续发展"；第五条规定："使用非物质文化遗产，应当尊重其形式和内涵。禁止以歪曲、贬损等方式使

① 李昕：《全球化视域下的非物质文化遗产保护》，载《东岳论丛》，2010（8）。

用非物质文化遗产。”这说明我国政府在指导非物质文化遗产传承时特别强调真实性、整体性和传承性，维持与延续其原真的形式与内涵。非物质文化遗产的传承具有开放性和社会性，是维护国家统一和民族团结的大事情。[①]

二、保护传承文化遗产

保护传承文化遗产，要坚持保护为主、抢救第一、合理利用、加强管理的方针，以更好地传承历史文化。

（一）依法加大保护力度

认真开展对非物质文化遗产的认定、记录、建档等工作，增强文物管理法制意识，遵守地方政府非物质文化遗产代表性项目名录的管理办法及《中华人民共和国非物质文化遗产法》的有关规定。

1. 加强文物资源调查

开展民族地区文物资源调查，全面廓清文物资源状况，落实文物登录制度，完善文物调查、申报、登录、定级和公布程序，建立统一规范的文物基础数据库。加强普查成果的管理和利用，及时核定公布本行政区域相应级别的文物保护单位和不可移动文物名录，依法划定公布文物保护单位的保护范围和建设控制地带，依法制定文物保护单位的不可移动文物的具体保护措施。建立全区文物资源总目录和文物数据信息资源库，逐步向社会提供文物信息共享服务。

2. 加强文物资源分级分类保护

切实加大民族地区文物保护力度，以少数民族有文物分布的乡镇和街道，乡镇政府和街道办事处要明确人员负责文物安全。文物安全形势严峻的地方，经属地公安机关、文物部门联合评估后，可结合当地实际，在点多面广、重要的文物保护单位设立派出所或者警务室，配备专职人员，加强重点保护。[②]

（1）加强不可移动文物保护。进一步加大各级文物保护单位的维护、修缮

① 《中华人民共和国非物质文化遗产法》，载《中国文化报》，2011-02-26。

② 《中华人民共和国非物质文化遗产法》，载《中国文化报》，2011-02-26。

力度，对存在重大险情的文物保护单位，及时开展抢救性保护，加强文物日常养护巡查。

（2）加强可移动文物保护。实施馆藏文物修复计划，逐步实施珍贵文物保护修复工程，实施预防性保护工程，完善博物馆文物收藏单位的文物监测和调控设施。实施经济社会发展变迁物证征藏工程，征集中华人民共和国成立以来反映经济社会发展的重要实物，以记录时代发展，丰富藏品门类。[①]

3. 加强城乡建设中的文物保护

将文物行政管理部门列入城乡规划协调决策机制，成员单位按照多规合一的要求，将文物保护规划相关内容纳入城乡规划，加强历史文化名城村镇街区和传统村落整体格局、历史风貌的保护，文物分布相对密集地区要设立地下文物埋藏区，涉及文物保护单位建设控制地带和地下文物埋藏区的建设项目以及大型基本建设项目，开工前要进行必要的考古调查勘探，严格按照法律法规的规定办理相关手续，不可转移、不可移动文物，不得擅自迁移拆除，因建设工程确需迁移、拆除的，应当严格按照文物保护法律法规的规定办理相关手续，在开展房屋征收或者土地储备时，有关部门应当就征收和储备范围内的不可移动文物征求文物主管部门意见。

4. 加强历史文化名街名镇名村保护

以民族地区古城为核心，注重非物质文化原汁原味提炼，传承历史文化记忆痕迹，实施古城区的科学规划布局、系统性保护，保护传统格局和整体风貌，避免大拆大建。

5. 鼓励社会力量参与文物保护

发挥文物保护志愿者作用，指导和支持城乡群众自治组织，保护管理使用区域内尚未核定为文物保护单位的不可移动文物。鼓励向国家捐献文物及捐赠资金投入文物保护的行为，公平对待国有和非国有博物馆，加强对非国有博物馆的行业指导和专业服务，加强非国有博物馆规范化建设。增强全社

① 山东省人民政府文件：《关于印发曲阜优秀传统文化传承发展示范区建设规划的通知》，2017-12-31。

会文物保护法律意识和责任意识，完善政府主导、部门协作、社会参与文物保护的新格局。

6. 加强文物安全保护

实施文物平安工程，完善文物建筑防火和古遗址、古墓葬、石窟寺、石刻防盗防破坏设施，切实降低文物保护单位安全风险，落实文物管理单位主体责任，实行文物保护单位年度自检报告制度，健全全区、街、村（社区）三级文物安全管理网络，发挥街道综合文化站作用，完善文物看护员制度，确保文物安全。

（二）实施文化保护制度

一是制定保护修复计划，对文物进行创新性修复，保证文物的完整性与真实性。二是继续对文物进行摸底整理，进一步制定文物修复方案，核对少数民族地区的古建筑、碑刻、字画、金属文物等，对其进行系统评估和建档登记，确保文物修复的真实性和完整性。[①]

三、合理开发利用文物资源

（一）发挥社会教育功能

挖掘、研究文物内涵价值，以物知史，传播优秀传统文化，引领社会文明风尚。推出一批具有鲜明教育作用，能够彰显社会主义核心价值观的具有地方文化特色的陈列展览、文物影视宣传节目和图书等多媒体出版物。

（二）实施重点文物保护展示工程

以少数民族文化为核心，实施文化遗产保护利用提升工程，启动文化遗产拓展项目工程，全面推进重要遗产地的系统保护。重点推进古建筑、革命文物、文化遗迹等代表性建筑的保护利用，实现文物保护与延续使用功能，推进非物质文化等具有重大影响和示范意义的重点文物保护和利用工程。

① 《中华人民共和国非物质文化遗产法》，载《中国文化报》，2011-02-26。

（三）提升公共文化服务水平

完善博物馆免费开放运行绩效评估管理体系，提升博物馆陈列质量，通过联展、借展、巡展、合作办展等方式，促进馆藏资源、优秀展览的共享交流，提高藏品利用效率。支持引进弘扬优秀传统文化、红色基因文化等重大影响力的展览，提升展览馆的展览水平，鼓励举办原创展览，加强数字博物馆建设。

（四）促进经济社会发展服务

发挥文物资源在文化传承中的作用，丰富城乡文化内涵，彰显地域文化特色，优化社区人文环境，发挥文物资源在促进地方经济社会发展、壮大旅游业中的重要作用，打造文物旅游品牌，扶持文化旅游，培育以文物保护单位博物馆为支撑的体验旅游、研学旅行和传统村落休闲旅游线路，设计生产有较高文化品位的旅游纪念品，增加地方收入，扩大居民就业。

（五）大力发展文博创意产业

以文博单位和文化创意设计企业为主体，深入挖掘文化文物单位馆藏资源，推动文化创意产品开发。按照事企分开的原则，采用独资、以知识产权作价入股等方式，开办符合发展宗旨，以满足民众文化消费需求为目的的经营性企业，充分发挥各类市场主体作用，鼓励企业通过限量复制、加盟制造、委托代理等形式参与文博创意产品开发，鼓励和引导社会资本投入，努力形成多渠道投入机制，实施“互联网+文化文明”行动计划，推进文物资源数字化进程，支持和引导企事业单位通过市场方式让文物活起来，积极讲述文物故事，丰富人民群众的精神文化生活。

（六）合理适度利用

以保护文物为前提，以服务公众为目的，推进文物合理适度利用，文物景区，景点要合理确定游客承载量，国有不可移动文物不得转让抵押。

1. 突出少数民族文化特质，实施旅游精品战略

推出精品旅游线路，争创 5A 级旅游区和国家级风景名胜区，以非物质文化为轴心，构建古风古学旅游体验产品，以古建筑群、历史人文体验、休闲生态乡村度假、森林公园旅游等为支撑，打造修学之旅、文化遗产之旅、文化探

源之旅，积极开发礼品、纪念品、伴手礼、服装等高品位文化旅游商品。

2. 打造文旅创意融合品牌产品

遵循“文化是旅游的灵魂，旅游是文化的载体”的原则，推动文化资源宜游化开发，以文旅融合项目为载体，可以考虑依托现代尖端科技集科普、游乐于一体，营销 4D 场景互动体验模式重点建设，激活非物质文化遗产。

第三节　非物质文化遗产元素提炼与旅游开发模式

一、非物质文化遗产元素提炼

我国非物质文化遗产保护工作的方针是“保护为主、抢救第一、合理利用、传承发展”，合理的开发利用是积极保护非物质文化遗产的有效途径之一，而旅游在这方面发挥着十分重要的作用。因此，加快非物质文化遗产旅游开发的相关理论研究，形成具有普遍指导意义的开发模式体系，避免盲目的开发利用对非物质文化遗产造成的不利影响，是摆在研究者面前的一个现实和紧迫的问题。

二、文化创意的“越界”

“越界”通常指事物在发展过程中突破原有事物的范围或跨越其质的关节点生成新的事物。非物质文化遗产的越界是指通过元素提炼，在不同行业、不同领域的重组与合作，突破传统产业结构的质的界限，形成一种新的产业。

唯物辩证法认为，任何事物的存在和变化都会呈现量变和质变两种状态，事物在量变引起质变的过程中，其方式之一是：事物的成分的排列次序和结构形式的变化可以引起质变。这种情况普遍存在于自然界和人类社会，是不以人的意志为转移的客观规律。在社会领域中，劳动分工和生产技术构成的方式的变化，会引起生产在不同层次和速度上的发展。[①]一个僵化的经济活动组合方式与一个充满活力的组合方式，会造成不同质的经济效果。

文化创意产业的“越界”观念以及在此思想指导下进行的不同产业合理组合的实践和成果，正体现了唯物辩证法上述基本原理。

三、文化创意的情感与原汁原味的表现形式

情感是人对客观现实的一种特殊的反映形式，是人对客观事物是否符合自己需要所做出的一种心理反应。与认识过程不同，它不是直接针对客观对象本身，而是针对对象与主体之间的某种关系，所以它表现为对待客观对象的一定的主观态度。

艺术形式具有一种非常特殊的内容，即它的意义。艺术独有的“奇异性”有时被称作“透明性”，这是艺术具有符号性质的证明。时代的演进使人类社会已经进入符号消费时代。

符号消费最大的特征就是表征性和象征性，即通过对商品的消费来表现个性、品位、生活风格、社会地位和社会认同。在“符号消费”的过程中，消费者除消费产品本身外，还要消费这些产品所象征和代表的意义、情感，即对这些符号所代表的“意义”或“内涵”的消费。如果说消费的符号指的是通过消费来表达某种意义或信息的话，那么符号消费是将消费品作为民族地区非物质文化遗产的元素，它具有有机统一性、运动性、节奏性和生长性，形成了与生命的基本形式相类似的逻辑关系，是作为一种生命的符号呈现出来。从表面上看，民族地区有些非物质文化元素虽然很难直接参与旅游资源的构成，但绝不等于可以忽略它们的存在，由于各有其民族归属，各有其文化特征，因而他们之间的个人行为，必然超出了个人的范围，表现为一种民族间的和谐关系。

① 孙丽坤：《民族地区非物质文化与旅游产业价值增值研究》，载《大连民族学院学报》，2013（6）。

原汁原味只是一种表现，不是实际的做法，实际上需要对非物质文化进行现代解读。

四、资源整合提升，突出差异化

资源整合提升性开发模式必须遵循艺术创意的统一性和逻辑形式，是一种系统和连贯的开发过程，表现为对非物质文化遗产的资源整合、集中包装、提炼和升华，是通过一定符号元素提炼、重建、迁移和完善等措施，对其进行传承、保护、出售的开发模式。

所以，我国目前文化产业的发展，只有充分利用独特的非物质文化遗产资源为我们的文化产品附加丰富的文化符号价值，才能使我们的文化产业在国际竞争中占据一席之地。而创意文化常常选择非物质文化中使人兴奋，愿意参与的状态进行体验开发，而开发必须注重人类的多样情感，注重含义符号的创造特征。[①]

① 孙丽坤：《民族地区非物质文化与旅游产业价值增值研究》，载《大连民族学院学报》，2013（6）。

第七章　民族地区葡萄酒庄旅游线上营销策划

在中国两千多年的葡萄酒发展历程中，人们从未停止过对葡萄酒酿造技术的探索，然而真正意义上的规模化商业生产，则是从张裕葡萄酒公司的成立开始的。伴随着葡萄酒产业的飞速发展，葡萄酒庄旅游应运而生。

第一节　葡萄酒产区概述

一、葡萄酒产区

“葡萄酒庄园”这一概念源于法国，指一个独立的葡萄酒生产单位。从葡萄种植、栽培和采摘，到葡萄酒压榨、酿造、储存及灌装等，全部在自成一体的葡萄园基地内完成。与普通的葡萄酒酿造厂酿酒程序有很大差别，酒庄还可以体验园林风光和娱乐活动。

许多葡萄酒爱好者熟知的庄园一般设有地下酒窖、品酒室、酒廊、会员餐厅、园区休闲区、葡萄种植展示区等，通过葡萄酒投资服务、葡萄酒品尝培训、葡萄酒与艺术相结合、葡萄酒与餐式搭配，形成独具特色的葡萄酒庄经营模式，通过艺术化展示和举办与文化、艺术、金融、管理等相关的活动，向会员提供以葡萄酒为主题的高品质服务。

游客眼里的葡萄酒庄旅游，是通过参观葡萄酒产地和酿造工厂，停留一天或多天，获得体验和感受，包括品鉴葡萄酒、美食以及了解葡萄酒文化、生活方式的一系列活动。

随着葡萄酒热在中国的升温，中国人已不仅仅满足于在家喝葡萄酒，开始向往休闲生活，对酒庄的时尚文化充满了好奇，大众的葡萄酒梦想不自觉中推动了中国葡萄酒庄园的发展，酒庄投资趋之若鹜。这些酒庄通常设计风格不一、酿造工艺不同、酒品品牌差异、营销手段多样，构成了休闲旅游的新景点。

由于历史原因，中国葡萄酒业几经起落，20 世纪 90 年代中期以来发展迅速，经过多年品牌整合，民族地区目前主要有新疆、宁夏贺兰山等几大葡萄酒主产区。土壤条件的适宜、气候条件的优越，使渤海湾成为中国最早、最著名的葡萄酒产区。包括天山北麓北纬 44° 所产的酿酒葡萄成为世界三大酿酒葡萄黄金产区之一，包括南疆的焉耆、喀什、和田。天山天池的纯净雪水、富含钙质的沙砾土壤，4—9 月长达 1600 小时以上的日照时间，适宜的昼夜温差，主要种植赤霞珠、梅洛、蛇龙珠、霞多丽和雷司令等葡萄，其中赤霞珠占 70%—80%，形成了独特的天池产区。在宁夏贺兰山东麓，有非常罕见的适合酿酒葡萄生长的产区，可以与世界任何优良产区媲美，这里因其土质、气候、湿度赋予了葡萄酒完全不同的味道，这里种植有梅洛、赤霞珠、蛇龙珠、霞多丽等。21 世纪初，随着贺兰山东麓葡萄生产量的上升，逐渐确立了其全国最大酿酒葡萄产区的地位。

二、葡萄酒庄发展

在新疆地区，以占地逾 2 万公顷的新疆天山冰湖葡萄酒庄为代表，这里是新疆第一家葡萄酒庄。其以独特的地理优势、品质优良的葡萄，打造出了多款葡萄酒系列。目前，游客接待量日增，是新疆休闲旅游品酒的观光胜地。酒庄已先后获得全国农业旅游示范点、国家 3A 级景区、全国农业休闲旅游示范点。

沿贺兰山区葡萄酒庄众多，与旅游接待融合的有张裕摩塞尔十五世酒庄、巴格斯酒庄、兰一酒庄、源石酒庄、圣路易·丁酒庄、银色高地酒庄等。以西夏建筑风格为主的张裕摩塞尔十五世酒庄投资6亿元，是酒庄中的“领军者”，另一家贺兰山欧陆风格的巴格斯酒庄，设计为高端的葡萄酒体验式会所，其新建的巴格斯酒庄生态公园，有储存100吨冰葡萄的酒窖，比之集团公司化管理，更具私密性。

以上产区的酒庄旅游，为中国葡萄酒旅游产业发展注入新鲜血液和活力，形成了中国葡萄酒产业的发展规模和带有地域特点的葡萄酒文化。

第二节　发展酒庄的主要困境

在酒庄建设上，建筑设计、酒庄文化风格、运营模式、酒庄营销手段等基本上是舶来品。

一、酒庄规划设计模仿阶段

由于酒庄的建筑风格是一个很难清楚界定的概念，风格的形成与国家的历史、文化、宗教以及气候有着密切的联系。目前，民族地区葡萄酒酒庄发展处于探索模仿阶段，一种是设计规模小，以家庭式酒庄为主，侧重参观葡萄酒生产线，品尝葡萄酒，基本没有规划设计，所以游客群体单一，广告效能差；另一种是旅游综合体设计，以集团投资为主，侧重葡萄酒文化的全方位旅游，纵观四大主产区葡萄酒庄规划设计，由于设计师缺乏对本土酒庄设计理念的诠释，设计内容基本上延续了法国或者欧陆风格的设计，屋顶、墙壁和内部装修以欧式化为主，庄园设计没有概括地域特点和历史文化特征，因此，直接影响酒庄特色吸引力。

二、酒庄葡萄酒文化形象设计缺失

酒庄产业是依托地理环境、历史文化、经济发展的产物，由于民族地区酒庄创立初期，文化形象标识诉求不明确，没有很好地结合地方文化特征，对游客仅仅满足参与葡萄采摘、酿制等传统制酒工艺活动，更多的是展现国外酒庄文化，鲜有从当地种植葡萄的悠久历史和人文环境入手，将当地具有代表性的建筑材料、文化符号以及工艺技术等融入现代葡萄酒庄的设计中，也没有深入挖掘地域性葡萄酒文化，为游客展示极具民俗特征的葡萄酒庄，大多数酒庄的设计与文化体验过程更像一个舶来品，旅游开发后劲严重不足。

三、宣传及营销手段过时

民族地区由于独立性酒庄生产能力有限，受自身资金和宣传能力限制，对宣传推广方式了解不够，除当地报纸或电视台有限宣传以外，缺乏多渠道、全方位的媒介平台和网络新媒体宣传手段，无法被国内外消费者有效认知而形成品牌影响力，间接制约了酒庄的壮大和发展。

理论上说，民族地区葡萄酒庄园的营销方式和手段处于摸索阶段，具有个性的酒庄营销模式还有待建构。在营销手段上一直以传统型销售葡萄酒带动旅游营销，群体面小，处于高端消费层次，还没有走入大众化旅游消费阶段。加之有吸引力的酒庄旅游项目开发不足，产品单一，游客在酒庄停留时间短，体验性差，没有为旅游消费群体搭建以体验为核心的旅游产品。

四、经营管理混乱，管理人员奇缺

由于酒庄与旅游业融合发展是一个新生事物，民族地区在管理运作方面缺乏先进的理念，还没有形成一定的接待规模和良好的接待队伍。葡萄酒庄经营管理人才短时间内匮乏，中高级管理人员队伍亟须扩大，加之专门培训机构少，整体人力资源水平则需要进一步的提高。

第三节　酒庄旅游线上销售策略

挖掘民族地区地域文化内涵，积极致力于可持续型酒庄发展，启动新媒体营销，引进先进管理理念，创新酒庄营销模式，促进酒庄协调发展。

一、酒庄可持续发展型开发

以吸引力为开发条件，贯彻可持续开发，遵循生态循环型开发，与周围环境、农业产业、交通等条件结合，开发民族地区特色酒庄产品，特别是提炼酒品特色，形成区别其他酒庄的拳头产品；花大力气研究葡萄酒酿造技术，只有高品质的葡萄酒才是吸引消费者的重中之重，同时，配合其他旅游体验型产品，是酒庄可持续发展的不竭动力。

二、挖掘地域、历史文化，全方位发展大葡萄酒经济

民族地区葡萄酒产区大多历史文化厚重，应借助当地少数民族文化来推动酒庄品牌建设。首先，在形象设计方面，要突出个性特征，以地域文化带动葡萄酒产业，以文化开发带动产业链发展。其次，要采用多种宣传手段和促销方式，提升酒庄的知名度和美誉度，使游客从神秘体验开始，饱览周围大自然美好风光，感受文化色彩浓郁的葡萄酒庄文化，完成愉快的葡萄酒之旅，使葡萄酒庄真正成为与休闲旅游产业相结合的动态模式。同时，在种植、产业化发展方面走入大葡萄酒经济，增强酒庄企业品牌吸引力。

三、酒庄线上营销模式

随着新一代电子商务平台的发展，葡萄酒线上营销业务大规模出现，现阶段，越来越多的基于电子商务平台的企业开始把创新的触角延伸到组织、管理以及商业模式和酒庄企业的战略规划上。在电子商务和互联网领域产生的重要模式，是基于电子商务平台的中小企业的营销创新。

（一）酒庄线上营销的三大优势

1. 互动优势

酒庄网络营销与传统旅游营销方式相比具有一定的优势，最突出的特点就是互动性强。所谓技术上的互动就是运用多媒体技术创建具有复杂视觉效果和交互功能的新型网络营销，网络媒体的根本意义就是在于它颠覆了传统媒体传者与受众之间的严格界限，变单向传播为个人化的双向交流，给予了传者与受众转换角色的自由。网络营销充分考虑到受众们处理信息的意愿和动机，让受众在自发的心理驱动下接受信息，而不是像传统信息那样强制灌输。受众们不再是被动地接收信息，而是主动地掌握和控制信息，并参与到信息内容的传播之中。研究表明，网站的互动性会影响受众的喜好度、心理吸引和程度，还会影响到用户对网站的信任程度，网络营销的互动性更能增强消费者的好感度和参与度。

2. 时效优势

酒庄网络营销有助于旅游企业进行营销预算，节约企业营销费用。运用网络营销只需将旅游产品的信息输入计算机系统并上网，顾客便可自行查询，无需花大量的资金用于产品的介绍，使酒庄的营销费用大大降低。网络营销还有利于节约时间，减少营销过程的步骤。酒庄可直接将餐食、服务环境等图片上网供顾客查询，且电子版本的说明书等随时可以更新。酒庄网络营销可以为顾客提供大量的直观信息，使酒庄与顾客的联系及相互影响得到增强。同时，旅游营销过程没有时间限制，可以一直进行。酒庄的营销信息上网后，电子

“信息服务员”可一直进行工作。消费者经由网上的信息做出购买酒庄产品的决策。

3. 替代选择优势

酒庄网络营销工具的快速发展，使顾客可以利用这些工具快速地获取有关旅游产品或者服务的大量信息，搜索具有吸引力的替代产品所花费的时间和金钱将大大减少。也就是说，转换旅游产品的转换成本中货币和时间形式的成本大大减少，替代选择性大大提高。所以，酒庄企业必须在情感成本以及转换供应商的不确定性成本上做文章，从而提高总的转换成本。

开展酒庄网络营销需要准确地定位目标市场。从网络营销的市场区位来看，目前我国大中城市和沿海经济发达地区，以中高收入水平的人群为主，他们购买力强，受教育程度高，消费个性化需求比较强烈，而且这些地方信息发展更快，物流水平高。所以目前大中城市和沿海经济发达地区可以选择酒庄企业网络策略。

（二）酒庄网络营销模式

酒庄网络营销策略是通过利用网络技术，引导受众们参与传播内容，使其对旅游产品、品牌、活动产生了解、认同和共鸣，以达到文化传播双方交流的创新思维过程。这种优势是其他营销手段所不具备的。

1. 酒庄网络营销意义

任何新事物的出现都有一个适应的过程和认同期，目前多数酒庄的经营者更多考虑的是短期利益和自身利益，尽管有更新、更好的经营方式，也不容易被人们较快接受。综合考量现有的酒庄网络营销方法，其模式单一，营销方法简单。加之许多人的价值观念尚未充分建立，从消费者来说，不成熟的市场经济中出现的某些弊端使人们仍心有余悸，对新的东西总是过分理智化或带有一种不信任感，也不轻易接受新的营销方式。美国经济学家曾提出了“注意力经济”的概念，他们认为，在信息化社会中，信息已经是一种虚拟的经济资源，最稀缺的只是人们的注意力，可以说，在商业信息爆炸的网络经济环境中，酒庄网络营销的实质就是吸引消费者的注意力。如何创造条件实现购买欲望，抓住消费者就成为酒庄网络营销成功的关键，因此，酒庄网络营销新模式的研究对市场开拓具有现实意义。

2. 全方位网络营销

在网络营销上对酒庄热点话题进行有计划的内容设置，创新的内容和形式可以让网络营销迅速影响到数以千万的庞大网络用户群，在较短的时间内覆盖最大量用户，产生轰动效应。酒庄网络营销策略可以利用门户网站的首要新闻进行链接、转载、推荐、参与、评论等公开、大规模的显性形式，也可以通过个人博客、朋友推荐、小网站挂出链接、提供下载等隐性形式及微信、抖音、快手等新的传播方式，使旅游网络营销的内容成为话题的中心，从而为广告增添轰动效应。

（1）文化与事件营销

以政府牵头，在会同产业管理部门统一组织宣传的基础上，组织参加国内外葡萄酒博览会等大型推介活动。同时，酒庄有计划地策划、组织一些葡萄酒文化活动，扩大旅游人群，或者结合地方政府开展的公益活动，吸引媒体和葡萄酒爱好者的注意力，同时设计与自己品牌相关的系列文化产品，如T恤、帽子、运动器材、玩具等纪念品赠送给旅游者，使品牌的利用和文化营销的理念深入人心，完成经营活动，促进旅游销售，达到提升酒庄社会知名度和塑造企业形象的目的，这是一个适合酒庄旅游的营销方式。

（2）酒庄直销

以庄园为特色品牌进行直销，建立酒庄自己的营销模式。葡萄酒爱好者通过对酒庄的了解、认识，认同酒庄的价值观和葡萄酒文化，再进一步通过实地访问酿酒厂和产酒区，记住酒庄、了解产品特色，并最终落在对酒水的品牌认知上，从中喜好酒庄的某个品牌葡萄酒，并长期与酒庄合作，成为酒庄直销的长久客户。

（3）微信、直播等网站行销

网络营销可以通过门户网站的首页广告将信息推到受众面前，运用搜索引擎、广告、微信等形式将网民拉到信息面前，同时也运用酒庄自身的网站，展开系列活动。

建立酒庄网络平台，设计与网友互动的网络营销专案，邀请网友加入酒庄直播间，以便及时向网友传递优惠信息，如在假日推出全新的促销方案，请葡萄酒储存发烧友上线，引起其回应。这个效果比传统报纸广告效果好，网友更能注意来自直播线上好友的信息，酒庄要想创下单月销售多人的佳绩，网络营销十分重要。

3. 双向沟通，提供增值服务

（1）网络销售的开放性服务

网络销售以其开放性、共享性和互动性的特质迎合了大众的需求，具有较强的消费意识，目前其营销价值正在被认可。可以鼓励网络销售代言优质葡萄酒品牌，开展网上销售。

（2）与客户的双向信息沟通和增值服务

充分利用各种酒品体验营销方式在网络上进行品牌传播，不但可以大范围地传播旅游消费者所喜好的体验，吸引目标消费者，达到产品销售的目的，更能通过给予消费者人情化、感性化的体验，与旅游消费者建立一条特殊的情感纽带与沟通渠道。因此在进行网络营销创意时，必须基于顾客的角度及心态展开思考，应考虑如何让消费者主动地在最快、最顺畅的环境里得到他们想要得到的信息，并且留下一次愉快的感官及心灵的体验。

（3）零成本网络行销特点

运用网络平台服务客人，最大的好处就是相对于传统行销，成本几乎是零，不过因为网友的反映非常直接，活动品质一定要好，才有可能得到他们的青睐。通过网络行销员观察网友的行为，可以发现网友可以随时以停止询问表达自己对该活动没有兴趣，因此十分贴近他们的需求才能创造良好的业绩。酒庄精细化管理和全球品牌在线营销，带动酒庄市场开发，实现线上一体化“联姻”，所有酒庄与平台共同分享市场信息，进行多方面推广合作，共同开拓酒庄市场，实现全方位信息共享。

（4）在互联网上建立超级链接点

通过交互连接和网络环境等方式与其他热门网站进行链接，与相关的网站进行链接，建立内容共享的伙伴关系，在更多的网络用户面前展示产品，从而增加知名度。如果透过电话询问客人，若是让他们等待 10 秒钟，他们都会不耐烦地挂断电话，但网络平台的行销优势是：在视频上面，网友可以与其在聊天中购买。另外，通过与电子商务结合，利用社交关系的电子化和虚拟化，在人际信息交互的基础上实现商业关系的虚拟，即“人气”向“商机”的转化。

总之，就是要充分整合网络资源，运用所有能够运用的方法和手段进行酒庄网络营销，使得目标受众在网络中随时可以看见信息并参与活动。同时注重网络营销与传统媒体的相互整合，通过传统大众媒体进行信息发布，而在网络媒体上进行组织和参与。

4. 加强酒庄在线营销培训

网络营销人员必须进行良好的培训。过去服务人员面对客户的时间比较短，因此服务行为、态度可以不需要深度，在心理学上称为“service acting（服务饰演）”。若是长时间的服务，就必须把行为转换成“deep acting（深度饰演）”，需要有更深入的关怀，更深刻地介入顾客的情绪，因此酒庄销售人员的态度、行为，应该接受再训练，不但要重新调整服务心态，也必须对旅游服务内容更清楚，甚至酒庄企业也必须赋予他们更多的裁量权，当他们面对顾客的时候，能够更快承诺更多服务内容，达到贴心服务和顾客管理的目的。①

四、引进先进管理理念

建立会员汇聚的管理模式。庄园以葡萄酒产品为核心、目的是通过会员聚会，举办与葡萄酒相关的活动、竞赛，使酒庄品牌有一个推广的场地，能够近距离为会员服务，拉近和会员的感情，使会员熟悉葡萄酒的性能、葡萄酒文

① 孙丽坤：《方兴未艾的中国葡萄酒庄旅游》，载《大连民族大学学报》，2016（3）。

化，进而认知品牌，购买并委托酒庄利用酒窖为其储存大量葡萄酒。可借鉴高尔夫会员管理的成熟模式，建立强大的网络管理体系，形成对会员的多视角、全方位管理模式。[①]

① 孙丽坤：《旅游企业网络营销互动模式探讨》，载《江苏商论》，2010（6）。

第八章　内蒙古自治区巴林右旗沙巴尔台嘎查“一家亲牧家乐”精准脱贫创意策划

第一节　基本情况

一、自然情况

内蒙古自治区巴林右旗沙巴尔台嘎查位于查干沐沦苏木政府所在地，距旗政府所在地25千米，共有4个自然组，220户617人，常住179户459人。土地总面积20.9万亩，其中草牧场18万亩，耕地4800亩。大小畜存栏29800多头（只）。2019年，人均纯收入达到8400元。沙巴尔台嘎查总体地貌为草原、山峦相互交错，属于半丘陵地区，平均海拔400米，中温带大陆季风气候，年平均气温2℃—4℃，有效积温2400℃，无霜期90—120天。水资源丰富，沙巴尔台河在境内穿过，平均降水量为320—360毫米。交通便利，哈大线县道贯穿境内。①

二、发展建设现状

（一）少数民族特色村寨建设

为推进民族地区社会主义新农村、新牧区建设，从2009年起，国家民委

① 《巴林右旗人民政府文件》，2019。

与财政部开展了少数民族特色村寨保护与发展工作。2019 年 12 月，沙巴尔台嘎查被命名为第三批“中国少数民族特色村寨”。内蒙古自治区巴林右旗政府和国家民委非常重视此项工作，各地多方筹措整合资金，按照少数民族特色村寨建设要求加快建设步伐，各少数民族特色村寨发生了很大变化，特色村寨效果明显提升，建成后的特色村寨呈现一派新气象。通过特色村寨的建设，促进了民族地区经济发展，传承和弘扬了少数民族传统文化，增强了民族自豪感。建设规划实施后，可使沙巴尔台嘎查最终实现生态秀美、村庄整洁、产业富民、乡风文明的特色村寨。

（二）第一、二、三产业总体发展

近年来，沙巴尔台嘎查按照查干沐沦苏木“生态立镇、旅游活镇、产业强镇”发展思路，统筹规划、科学布局，发挥资源优势大力发展文旅产业和农牧业产业，强力推进脱贫攻坚。以项目建设为依托，实施“三到村三到户”项目资金，大力发展肉牛产业，支部引领建立了肉牛专业合作社，争取金融扶贫贷款 340 万元，新建标准化棚圈 2800 平方米、贮草棚 1800 平方米，引进优质基础母牛 800 多头。

实施“美丽乡村”和“一事一议”项目，加强特色小镇建设，按清代建筑风格新建和改造房屋 46 处，新建农牧民培训活动中心 495 平方米，完成危房改造 15 户，维修安全饮水工程 1 处。全面开展村容村貌整治工作，加强基础设施建设，完成街巷硬化 4.2 千米，主街水泥路加长拓宽，安装路灯 20 盏，砌筑景观墙 800 延长米，建文化宣传墙 2000 延长米，土改砖墙 2500 延长米，铺设彩砖 2155 延长米，主要街路进行了绿化、美化、硬化，改变了脏、乱、差环境。

（三）旅游发展

沙巴尔台嘎查历史悠久，文化底蕴深厚，旅游资源十分丰富，自然风光与人文景观交相辉映。境内有达尔罕山、阿斯汗山等独特的自然景观和自治区级重点文物保护单位沙巴尔台巴林亲王府、格斯尔庙等名胜古迹，发展文化旅游产业具备得天独厚条件。近年来，对巴林王府和格斯尔庙内外进行整体修缮，依托巴林王府和格斯尔庙，在沙巴尔台河沿岸建设“牧家乐”4处，年接待游客0.7万人次。这些项目的实施，进一步提升了沙巴尔台嘎查文化品位，让古貌有了新颜，为推进少数民族特色村寨建设打下了坚实基础。①

第二节　体验式“牧家乐”旅游项目开发案例

内蒙古巴林右旗查干沐沦苏木嘎查村嵌入式“牧家乐”创意文化开发，从一个侧面反映了民族地区创意与旅游融合发展的案例。

一、位置和潜力旅游发展

沙巴尔台嘎查历史悠久，文化底蕴深厚，旅游资源十分丰富，自然风光与人文景观交相辉映。境内有达尔罕山、阿斯汗山等独特的自然景观和自治区级重点文物保护单位沙巴尔台巴林亲王府、格斯尔庙等名胜古迹，发展文化旅游产业具备得天独厚条件。利用沙巴尔台嘎查独特旅游资源打造集餐饮、住宿、休闲、文化娱乐、购物为一体的，蒙古族乡土民族文化风情体验、休闲观光度假3A级景区。

二、核心理念

整体设计基于生态原则，以历史文化传承发展为依托，以“农游合一”为理念，构建中国蒙古族乡土嵌入式“牧家乐”模式。以蒙古族风情、蒙古族文化为主的村寨形式，室内外装饰以蒙古族文化为元素，跳蒙古族舞、吃蒙古族饭、住蒙古族屋，体现具有浓郁的蒙古族乡村风情。

① 《巴林右旗人民政府文件》，2019。

查干沐沦苏木旅游资源极其丰富，既有丰富的历史文化遗存，又是中国四大名石——巴林石矿脉所在地。因是巴林王府驻地，所以保留了部分清代巴林王和清廷和亲公主的生活故地遗址、祭祀遗址和生活遗迹。同时，查干沐沦苏木是国家非物质文化遗产格斯尔文化的重要所在地，该地拥有格斯尔庙和众多格斯尔传说的指向地。

因此建设集旅游、度假、休闲、牧业发展为一体的“牧家乐”，以餐饮、文化娱乐、度假为载体，让客人享受清新自然、远离污染的高品质生活为经营宗旨。

三、设计原则和目标

“牧家乐”的设计原则是以市场为导向，以牧业发展为依托，以“文化、绿色、可持续发展”为经营理念，坚持“以牧业为本，大力发展特色牧业旅游”的发展方针，将牧业和旅游两种产业结合，形成“农游合一”的综合模式，集文化旅游、生态农业、生态食品和综合利用于一身，“以‘牧家乐’促苏木发展”，开辟一条高效的农业旅游途径。

“牧家乐”的发展目标是以城市旅游度假为载体，建设田园体验和民俗文化融合的牧业度假村。

四、经营模式

在经营管理上“牧家乐”和苏木分开管理、独立核算，实行整体循环。度假区聘请专门人士经营，“牧家乐”实行承包责任制，遵循一条“以‘牧家乐’（民宿）养村、以村促民宿”，即“以（农业）园养（旅游）店、以（旅游）店促（农业）园”的经营思想和发展思路。

五、空间布局

（一）对现有嘎查旧民居进行改造

“牧家乐”在布局上采取均衡筛选，合理布局的原则，优先发展具备条件的牧民家庭，形成以民俗文化为重点的景观区。以外部环境为主，对屋内环境进行必要的整治，使环境幽雅、洁净。突出蒙古族文化元素，与蒙古包建筑装饰相一致，策划在墙上做一些仿蒙古包骨架的隔扇，屋顶设计成圆形骨架，墙上装饰草原的画，以仿制动物皮为材质，以此为中心，发展家庭服务旅游接待业和牧业产品销售。

（二）民宿文化符号化

突出蒙古文化住宿区、标准间、牧家小院，建筑风格保留蒙古族特征和牧区的“村容村貌”，装饰布局突出蒙古族独有的风土人情，展现蒙古族住宅独有的民俗文化，提供牧业区农民生活体验。

（三）蒙古族广场文化创意策划

以嘎查为基础，建立民俗活动场所和活动广场。根据地方习俗，举办篝火晚会等活动。广场以旅游广场接待为主要功能，规划和集中售货摊点，形成人流和客流，使广场成为该村人流集散之地。根据蒙古族习俗，举办民俗文化节、蒙古族服装节、民族村寨丰收节、美食节等。可以自然生态为背景，展示和进行民族民俗风情、日常礼仪、节庆活动等表演。更可以展示儿童（或妇女）的游戏、民间绝活等表演。

六、全方位旅游体验

注重从各方面塑造绿色的乡村生活体验。

（一）食品品尝

开展家庭餐饮业。现场消费是销售绿色的关键。绿色食品重“鲜”，“牧家乐”实现牛、羊现宰现吃，牛奶现挤现喝，奶豆腐现做现吃，蔬菜现摘现做，体现原汁原味的蒙古族饮食文化，所有食品是绝对的无污染、纯天然，突出一个“绿”字。以蒙古族风味和有机食品为基础，展示独树一帜的风味菜肴。

（二）蒙古包住宿

“牧家乐”复原蒙古族乡土风情，展现蒙古族民居的发展和变迁，突出蒙古族建筑文化特色。绿树环绕房前屋后等。

（三）研学活动体验

挤牛奶、赛马、试穿蒙古服饰等。建立村民舞台，精选编制舞台剧，内容充分体现民俗性。休闲饮吧可以出售当地特有的奶制饮品。

（四）仙游

村内实现榆林中仙游，村内采用生态交通，可以体验羊拉车、牛拉车、马拉车等，尽可能地使用畜力交通工具，或者以步代车，不用有害于环境和干扰生物栖息的交通工具。

（五）农牧业产品购物

在牧民家中，“牧家乐”项目嵌入农牧产品销售，建立连锁品牌，培育健康绿色有机食品品牌，优质产品价格可以是市场价的数倍。

七、管理模式

由苏木制定开展家庭接待业的家居环境标准、卫生标准、饮食标准和价格标准等各种相应标准，促进牧民主动进行家居环境改造和必要的室内装修，形成民族村寨“牧家乐”项目连锁化发展模式，推动乡村文明建设，实现中华民族一家亲，共筑中华民族命运共同体。

八、一家亲“牧家乐”建设的意义

（一）促进少数民族群众民生改善

基础设施条件差、公共服务设施不完善、社会事业建设滞后等问题是沙巴尔台嘎查建设发展中存在的难点和重点。通过推进民族特色村寨保护与发展，统筹推进嘎查特色民居建设、基础设施建设和卫生、教育、文化、体育等社会事业建设，解决少数民族群众最关心、最直接、最现实的民生问题。通过发展“牧家乐”旅游，让蒙古族牧民产生更大程度的文化自信，更有动力去保护自己民族的文化遗产。

（二）改造优化传统优势产业

沙巴尔台嘎查经济发展缓慢，畜牧业生产上，牧民仍然重数量、轻质量和效益，改良、舍饲、育肥等先进技术没有得到大范围、高水平的推广，牲畜头数较多，但质量不高、畜产品总量不大。因此，通过民族村寨的“牧家乐”建设项目，可以充分依托当地土地、草原等优势资源，利用现代技术提升传统种养业，引导牧民优化种养结构，发展特色种植、养殖或通过农畜产品加工升级，提高经济效益，扩大生产规模、促进产业化。通过在蒙古族开展民族村寨的“牧家乐”旅游，可以使嘎查村更多牧民点在旅游发展中受益，能够优化使用扶贫发展专项资金的使用效益。

（三）发展蒙古族文旅产业

保护民族文化与发展产业有机结合的双重发展是开展“保护与建设少数民族特色试点村”的最终目的。通过民族村寨的“牧家乐”建设，解决蒙古族旅游发展模式的单调性问题，在文旅融合时代的旅游新趋势背景下，丰富蒙古族旅游产品系列。可充分发挥沙巴尔台嘎查自然风光优美、人文景观独特的优势，把特色民居保护、民族文化传承、生态环境保护与发展产业有机结合起来，将民族文化元素有机地融入民族村寨建设、旅游产品开发的各个环节中，引导牧民发展“牧家乐”，发挥民族文化旅游在推动嘎查产业发展中的引领作用，提升特色村寨影响力。在民族村寨“牧家乐”项目整体开发中，完美地将农牧业生产、文化旅游、民族旅游融合到一起，实现旅游产业转型升级。

第九章　黑龙江省同江市赫哲族乡镇文化创意旅游开发策划案

黑龙江省同江市赫哲族乡镇文化创意旅游开发可以借助“一带一路”倡议的机遇，系统培训经营管理人才，实现游客“进得来、留得住、吃得好、玩得嗨、出得去”模式。全面提升中国赫哲族村旅游接待服务能力，最终打造最具民族风情的、中国独有的赫哲族文化体验旅游品牌，使之成为“一带一路”节点上的国际旅游集散地。

第一节　发展现状

黑龙江省同江市是中国人口较少民族之一赫哲族主要聚居地，边境线长 170 千米，总面积 6300 平方千米，辖 5 个镇 5 个乡以及 6 个国有农场。总人口 21 万人（2012 年统计）。

同江市的两个赫哲族乡是街津口赫哲族乡和八岔赫哲族乡。

八岔赫哲族乡共有 4 个行政村，即八岔村、新强村（所辖新安屯）、新颜村（所辖新宏屯）、新胜村。

街津口赫哲族乡下辖 6 个行政村，分别为渔业村、卫明村、卫华村、卫垦村、卫星村、卫国村。

两乡主要居住着赫哲族和汉族等民族。境内黑龙江从此流过，同抚公路穿乡而过，交通便利。乡域内泡泽、河流众多，有著名的“四泡一河”。

两个乡是赫哲族的原居地和聚居地，从自然生态景观、民俗文化、观光游览、现代农业到国家湿地资源等主要元素都符合创办旅游开发和民族文化传承的基本条件。国家实施了“兴边富民行动”，扶持人口较少民族发展，特别是2016年5月25日，习近平总书记来到黑龙江省同江市八岔赫哲族乡，对当地发展作了重要指示。

一、自然情况

（一）地理位置

八岔赫哲族乡位于同江市东北140千米处，黑龙江下游南岸，东部与抚远县接壤，北隔黑龙江与俄罗斯相望，是赫哲族的主要聚居地之一。

街津口赫哲族乡位于同江市的西北部，南与青龙山农场接壤，西与三村镇毗邻，东临勤得利农场，北靠黑龙江与俄罗斯隔江相望，乡政府所在地距同江市45千米。[①]

（二）地质地貌

八岔赫哲族乡含八岔岛自然保护区3万亩，有耕地23.5万亩（含粮食自给工程的4万亩），荒山面积有20.3万亩。主要农作物是大豆。

街津口赫哲族乡现有耕地面积12.5万亩，荒山面积22.3万亩。

街津口风景名胜区位于黑龙江中游南岸，风景区内山脉属小兴安岭及完达山山脉的零星余脉。这里三面群峰环绕，中为盆地。莲花河自西南缓缓流淌，在山脚注入黑龙江。

赫哲族居民自古以渔猎为生，境内有八岔岛等大小岛屿50多个，通天河、八岔河等大小河流30多条，黑鱼泡、荷花泡等泡沼上百个。保护区内湿地发育良好，动植物种类繁多，是鱼的乐园、鸟的天堂，因此，赫哲族居民聚集于

① 朱岩：《同江市街津口特色旅游小镇规划研究》，13页，哈尔滨工程大学硕士学位论文，2018。

此，建立村庄，形成了独特的赫哲民俗风情。

（三）土壤条件

八岔、街津口两个赫哲族乡以黑壤土为主，适合大豆生长。

（四）森林植被

八岔、街津口两个赫哲族乡森林覆盖率达 50%，比全市平均水平高，空气清新。

（五）水文

八岔、街津口两个赫哲族乡境内主要有黑龙江等大小河流 30 多条，较大支流有青龙河、拉起河等。除黑龙江和莲花河外，风景区内有两条自然水系从中穿过，现为山泉水截流繁育鲟鳇鱼养殖基地。[①] 赫哲族居民自古以渔猎为生，地处中国北方，冰雪资源丰富，目前滩地上居住渔民 50 户左右。滩地开阔，水面平缓，适合开展渔猎体验游。游客跟随渔民撒网打鱼，获得绝佳的江上渔猎体验，是冬季冰雪旅游的绝佳场所。附近江河密如蛛网，沼泽、水泡星罗棋布，适合开展渔猎节庆项目。

（六）气候气象

八岔、街津口两个赫哲族乡属温带大陆性季风气候，四季温差明显，春季气温回升，风大易旱。秋季气候凉爽，初霜早。冬季漫长寒冷，极端最低气温达零下 40.8℃。年平均气温为 3.3℃，年平均降雨量为 520 毫米，无霜期有 115 天左右。四季呈现春花烂漫、夏日林海、多彩秋叶、玉树琼枝的特色。[②]

二、社会发展

（一）行政区划

八岔赫哲族乡总面积有 171.56 平方千米，辖属 4 个行政村。街津口赫哲族乡总控面积有 288.8 平方千米，下辖下辖 6 个行政村。

---

① 八岔赫哲族乡人民政府文化：《八岔赫折族乡民族旅游和文化传承发展实施计划（2008—2020）》。

② 八岔赫哲族乡人民政府文化：《八岔赫折族乡民族旅游和文化传承发展实施计划（2008—2020）》。

（二）人口

截至2016年年底，八岔赫哲族乡共有1204户，总人口有3841人。街津口赫哲族乡有6个自然屯。截至2016年年底，共有1672户、总人口3909人。两乡2016年实现国内生产总值1亿元，人均纯收入1万元。①

（三）区位交通

八岔赫哲族乡距离同江市140千米，是同江市最早乡乡通硬化路的乡。街津口赫哲族乡距离同江市45千米。②

（四）新农村

在新农村建设大背景下，这里有全新的社会型乡村旅游资源，社区建设已经取得阶段性成果，形成了新式赫哲族特色建筑的群居社区，过去的旧式居住方式已改变。

三、产业经济情况

（一）第一产业

八岔、街津口两个赫哲族乡主要农作物有大豆、玉米等；蔬菜有土豆、豆角、辣椒、西红柿、白菜等；山特产有山丁子、李子、山里红、山梨、山葡萄、山核桃、榛子、野生木耳、元蘑、花脸蘑、榛蘑、白蘑、猴头菇、蕨菜、薇菜、黄花菜、柳蒿菜、刺嫩菜、野蒜、江葱、山白菜等。③

两个赫哲族乡的植物种类繁多，共有23个科39个属，属长白山植物区系。其中药用植物有五味子、贯众、木则、地龙、草乌头、刺五加、樱桃、山刺梅、赤芍、大叶柴胡、玉竹、满山红、透骨草、苦参、桔梗、山豆根等上百种。④

在两个赫哲族乡的浓密丛林中，栖息着各种珍禽异兽，有丹顶鹤、天鹅、

① 八岔赫哲族乡人民政府文化：《八岔赫折族乡民族旅游和文化传承发展实施计划（2008—2020）》。
② 八岔赫哲族乡人民政府文化：《八岔赫折族乡民族旅游和文化传承发展实施计划（2008—2020）》。
③ 八岔赫哲族乡人民政府文化：《八岔赫折族乡民族旅游和文化传承发展实施计划（2008—2020）》。
④ 八岔赫哲族乡人民政府文化：《八岔赫折族乡民族旅游和文化传承发展实施计划（2008—2020）》。

白鹤、鹭鸶、飞龙、雁、翡翠鸟、鹰、玉带鸟等34种鸟类；有貉、貂、东北虎、熊、狐狸、狼、狍子、野猪、梅花鹿、獾子、猞猁、水獭、兔、灰鼠等26种哺乳动物；有林蛙、树蛙、蟾蜍等6种两栖动物。①

赫哲族乡附近江河密如蛛网，沼泽、水泡星罗棋布。鱼类资源十分丰富，有鲤鱼、鲫鱼、草鱼、鲢鱼、白鱼、狗鱼、青根鱼、干条鱼、细鳞鱼、鲇鱼、嘎牙子鱼、黑鱼、红尾鱼、胖头鱼、泥鳅等80多种。其中大马哈鱼（鲑鱼）、鳇鱼、鲟鱼、“三花五罗”（鳌花、鳊花、鲫花、哲罗、法罗、雅罗、胡罗、同罗）等都是比较名贵的品种。

两个赫哲族乡有集农业种植、畜牧养殖、鱼蟹养殖为一体的生态农业观光项目。每年特色种植3000亩，养殖肉牛1000头、驴500头、家鸡5000只、鸭5000只、鹅5000只。养殖淡水鱼20万尾，河蟹5万斤。②

（二）第二产业

为促进民族旅游商品开发，同江市大力发展赫哲族传统鱼皮鱼骨手工艺。

2016年，两个赫哲族乡从事鱼皮业相关文化生产经营的公司有5家，家庭式作坊20家。工艺品有鱼皮画、鱼皮挂饰、鱼皮生活日用品、鱼皮服饰、鱼骨画等20多个品种。有少量来自加拿大、日本、俄罗斯的游客将鱼皮衣、鱼皮画作为特色民族工艺品购买和收藏。③到2016年年底，鱼皮鱼骨产业销售收入达到100万元。④

（三）第三产业

两个赫哲族乡的第三产业主要为旅游业。截至2016年年底，正式对外接待游客5万人次。⑤

两个赫哲族乡有餐饮接待景点共计11处，可安排就餐2000人左右。餐饮

① 八岔赫哲族乡人民政府文化：《八岔赫折族乡民族旅游和文化传承发展实施计划（2008—2020）》。
② 八岔赫哲族乡人民政府文化：《八岔赫折族乡民族旅游和文化传承发展实施计划（2008—2020）》。
③ 同江市人民政府：《同江市十三五“多规合一”国民经济和社会发展规划纲要》，2016。
④ 八岔赫哲族乡人民政府文化：《八岔赫折族乡民族旅游和文化传承发展实施计划（2008—2020）》。
⑤ 八岔赫哲族乡人民政府文化：《八岔赫折族乡民族旅游和文化传承发展实施计划（2008—2020）》。

设施主要集中于乡政府所在地。[①]

两个赫哲族乡住宿设施现共有3处，拥有70多个房间200多张床位，主要是赫乡宾馆、赫哲小院等。[②]

两个赫哲族乡的旅游商品主要是鱼皮鱼骨制品（鱼皮画）、桦树皮制品（桦皮画）、木刻等。[③]

两个赫哲族乡的文娱活动主要有乌日贡节，由政府办公室负责。

第二节　文化旅游资源概况

一、旅游基本资源评价

截至2016年，两个赫哲族乡三级旅游资源有旅游度假区、赫哲民俗文化村、赫哲博物馆、赫哲民俗演绎舞台、风车瞭望塔、赫哲族哨所、中俄界碑等。夏日浓荫观江上日出日落，另有江长亭、风情园大门、额吉吉格鱼皮屋、猎户人家、祈福台、夏日林海、多彩秋叶、玉树琼枝、湿地植物群落、钓鱼翁、鳇鱼雕塑、天鹅雕塑、山魂广场雕塑、钓鱼台吊桥、莲花河桥等景点，游客还可感受雪域寒冬，参观冰排开江、休恩湖、莲花河水域湿地、湿地草甸。

两个赫哲族乡旅游淡季主要为11月至次年4月，旺季主要为5—10月。

最近几年，两乡镇旅游发展极为迅速，无论是旅游综合收入，还是旅游人次，都保持了较高的增长速度。

① 八岔赫哲族乡人民政府文化：《八岔赫折族乡民族旅游和文化传承发展实施计划（2008—2020）》。
② 八岔赫哲族乡人民政府文化：《八岔赫折族乡民族旅游和文化传承发展实施计划（2008—2020）》。
③ 八岔赫哲族乡人民政府文化：《八岔赫折族乡民族旅游和文化传承发展实施计划（2008—2020）》。

二、赫哲族乡镇旅游基础设施建设

（一）相关基础设施建设

赫哲民俗馆一层初步装修完成，可供游客参观。新装修家庭旅馆 45 户，其中乡政府的 33 户、村民的 12 户，日可满足 200 多名游客食宿。购置载客量 20 多人游船 2 艘，新建 80 平方米公厕 2 座。天赐湖公园绿化 3 万株植被，平整场地 3 万平方米，投放鱼苗 2 万尾。二道江滩地新建可供食宿地窨子 6 个，木搭台 1 座，平整场地 1 万平方米。新铺设道路 2000 平方米，设大中型宣传牌 24 块，设置旅游标识牌、巷路牌 270 块，亮化灯笼 150 个。①

（二）旅游辅助设施建设

在 2013 年洪水决水处修建船坞广场。修建抗洪主题雕塑，展现赫乡军民团结共同对抗洪魔的题材，突出抗洪英雄们英勇向前、众志成城的抗洪精神和赫哲人不屈不挠勇于同洪灾抗争的民族品质，给人以强烈的视觉冲击力与感染力，提高了群众防洪意识；建二战纪念标识一处（赫哲莫日根带领苏联红军登陆，反击日寇），以纪念保家卫国的二战民族英雄；修建具有一定民族建筑风格的船管站管理用房一处，占地 100 平方米；在通港路建设 1000 延长米硬化道路一条，从船管站通到农业生产摆渡口；建设广场大型蓬伞 2 处，配休息座椅；建歌唱家郭颂雕塑一处。②

三、启动文化旅游项目建设

（一）天赐湖公园（自驾游营地、户外运动基地）建设项目

因 2013 年黑龙江决口冲毁堤坝处被冲成内陆湖（百姓现称之为天赐湖），地处黑龙江沿岸，东南临赫哲族新区，为了更加有效地利用自然生态环境及展

① 八岔赫哲族乡人民政府文化：《八岔赫折族乡民族旅游和文化传承发展实施计划（2008—2020）》。
② 八岔赫哲族乡人民政府文化：《八岔赫折族乡民族旅游和文化传承发展实施计划（2008—2020）》。

现民族渔猎文化，将民俗旅游和水产养殖产业化结合，修建天赐湖公园。利用沙化地建自驾游和户外拓展基地，集垂钓、游湖、野炊、冬捕、拓展训练为一体的自主游乐项目，争取空中滑翔伞和水上摩托艇表演训练基地落地，使之成为乡村文化与旅游景观的有益补充。

建营地服务中心 1 处，有 200 平方米用房；张拉膜伞 2 处 500 平方米；修木栈道 1000 米，亭舍 4 处，木质长廊 500 米；设置健身休闲体育器械 20 套；户外攀岩设施 1 处，拓展训练相关设施若干；购买比赛龙舟 4 艘，人力小型游览船 6 艘。①

（二）二道江、下口滩地渔猎体验项目

二道江滩地为赫哲族乡渔民历史上最早的滩地之一，目前滩地上渔民有 50 户左右。滩地开阔，水面平缓，适合开展渔猎体验游。游客跟随渔民撒网打鱼，绝佳的江上渔猎体验。②

建设渔民居住用撮罗子 30 座，每个在 20 平方米以内；建设用于食宿地窨子 20 个。

腰屯泡、十里泡休闲垂钓、泛舟观荷景区分别修建观光栈道 1000 米，亭舍 2 处，充分利用腰屯泡、十里泡荷花水面进行垂钓、观荷、冬捕，休闲渔业、泛舟观荷花项目建设成为八岔赫哲族乡具有特色的旅游产品之一。

（三）同江市赫哲族博物馆八岔分馆项目

1. 利用现有赫哲族木屋建设博物馆

展馆陈列赫哲族民俗、渔猎展品，从不同侧面反映赫哲族的文化特点和时代变迁。同时展馆还需要通过实物和图片向人们展出赫哲族乡改革开放以来经济社会的发展变化。

2.《伊玛堪》传习所项目

对传习所重新设计，保留教室，将现在展室设计为习近平总书记视察纪念室，通过视频、音频、图片等多种形式，突出展示习总书记对八岔村的关心。

---

① 八岔赫哲族乡人民政府文化：《八岔赫折族乡民族旅游和文化传承发展实施计划（2008—2020）》。

② 八岔赫哲族乡人民政府文化：《八岔赫折族乡民族旅游和文化传承发展实施计划（2008—2020）》。

（四）实施文化展示项目

1. 1969年“八岔岛事件”发生地点标志项目

建标志物一处，摆放破旧沉艇一个；在同抚路与入乡路交汇处设一体现八岔赫哲的标志性雕塑。

2. 游客中心项目

建游客中心一处，功能用房150平方米，配套相关游客服务设施。

3. 赫哲新区墙体美术画项目

2016年，在新区房屋墙体上创作具有赫哲民族风情的美术画，2017年完成。

4. 赫哲渔猎文化展示墙项目

在新区北侧建设500米砖混理石面展示墙，突出展示八岔赫哲人的渔猎文化和民族风采；建大庆援建雕塑一处。

5. 八岔老赫哲部落遗址项目

建标志物一处，建旧址一处。

6. 民族工艺产业用房项目

建设赫哲相关工艺品生产用房1处。建设400平方米功能用房，用于鱼皮鱼骨手工制作，黑龙江江石、玛瑙加工制作。

7. 组建八岔村赫哲文艺演出团

确定演员，成立组织机构，建立日常管理和规范机制，每年固定资金保障。建设伊玛堪剧场。建设一个小型剧场用于日常演出和排练，建设400平方米功能用房。

8. 迎宾公园建设项目

在乡直所在地最南侧，建赫哲迎宾公园，占地2万平方米。

9. 民族团结进步公园项目

在边防五连后院建民族团结进步公园，占地3万平方米。

10. 新区及莫日根大街亮化项目

对路灯杆及主路两侧和新区房屋进行亮化装饰。

11. 观景台（至高点）项目

建高 50—70 米铁塔，集防火指挥、边防巡查和景点鸟瞰为一体。

12. 铸铁圣香台项目

建设铸铁圣香台 1 个，供游人朝拜、上香、系许愿绸。2016 年实施完成。

13. 赫哲体育场项目

场内全部为赫哲传统体育项目所用场地和设施，占地 1 万平方米。

14. 八岔岛湿地动植物标本展示馆项目

建设 600 平方米功能用房，陈设标本，或利用三道江子岛保护站进行标本展示。

15. 赫哲族乡直所在地绿化项目

植树面积 30 万平方米，花卉种植 5 万平方米。

16. 民族画院八岔美术创作基地项目

建设 1200 平方米功能用房，建筑风格为传统赫哲族居住的房屋，木质材料为外墙，房顶为赫哲族传统房屋造型，突出赫哲族文化特点。按功能规划为书画创作室（3—5 个）、画家书画作品展示室（若干）、多功能室、赫哲族传统文化展览厅、学术交流室、书画作品交易厅、服务室、小会议室、小剧场、休息室、寝室、厨房。书画作品内容侧重于党和国家领导人的关心关怀，侧重于赫哲民族风情，以赫哲族渔猎生活、民俗民风、团结共进等相关的创作作品为重点，侧重于八岔自然景观，通过不同风格流派画家创作的作品，描绘出民族地区特有美景，2016 年实施，2018 年完成。①

17. 围绕民俗文化和旅游，每年开展固定系列活动

每年 4 月，开江节；6 月（农历五月初），端午龙舟赛，农历五月十五，乌日贡节；7 月，“赫哲之夏、相约村庄”渔猎文化节；8 月，传统赫哲体育比赛和户外运动表演；9 月，洄游节；12 月，赫哲冬捕节，住雪村、体验赫哲冬捕。需要民俗文化和文体活动的项目资金做保障。

① 朱岩：《同江市街津口特色旅游小镇规划研究》，12 页，哈尔滨工程大学硕士学位论文，2018。

（五）文化宣传，提升旅游知名度

近几年来，两个赫哲族乡镇先后举办了“赫哲族文化艺术节”等系列活动，同时，还举办了几次全国“驴友”晚会。系列活动使两乡镇旅游知名度大增，吸引了全国各地的游客。计划在哈同公路哈尔滨段和抚远机场、佳木斯机场、建三江机场及同抚公路做高炮擎天柱宣传；在哈尔滨、三亚等大城市机场做相应广告；制作赫哲族乡镇旅游宣传图册及“神采赫哲·魅力赫哲”风光图册；拍摄制作赫哲族专题片；每年召开至少一次赫哲族专题旅游推介会议。

接待服务工作逐步完善，已可正常接待游客。从 2016 年 6 月至今接待游客共 12000 人次，过夜游客 3000 人次。通过招商引资，八岔赫哲族村与旅游公司成立赫哲部落旅游合作社。成立了八岔村文工团，已有文艺演出人员 35 人，导游 4 人，其他服务人员 15 人。规范餐馆 12 家，提供打鱼服务 40 户。成立鱼皮手工作坊 1 个，鱼肉食品加工坊 1 个。依托景区发展乡村旅游，发展乡村旅游和配套服务，既丰富了主景区的服务内容，又促进了当地经济社会的发展，增加了农民收入。

成功举办“赫哲之夏、相约八岔”渔猎文化节，取得丰硕成果，媒体宣传效果明显，知名度和关注度持续增加。

截至 2016 年八岔村共完成投资 1200 余万元，其中政府投资近千万元，旅游公司投入 200 万元。先后投资 1.6 亿元建设总建筑面积 1.88 万平方米的赫哲族特色村寨，村民人均收入就达到 20000 多元，生活水平不断改善。[①] 在街津口赫哲族村，已经投资 8000 多万元进行赫哲族特色村寨建设。[②] 建设了赫哲民族文化村、钓鱼台和壁画小镇三个景区，使简单静态展示变为双向互动式游乐，提高了参与性。

① 姜斌、孙佳薇：《迷人鱼乡续写“赫哲传奇”》，载《黑龙江日报》，2019-09-19。

② 同江市人民政府：《同江市十三五“多规合一”国民经济和社会发展规划纲要》，2016。

第三节　存在问题分析

一、缺乏高屋建瓴的文化产业创意规划

多年来，当地并没有把文化产业发展当成重要的抓手，文化成果转化为文化产品梳理不够，缺乏科学合理的规划设计。究其原因，是领导班子换岗频繁，日常工作量大，没有指派专人负责这项建设造成的。

二、赫哲族文化展示零散、碎片化

第一，赫哲族饮食、服饰、居住、祭祀、婚庆、渔猎、节庆、“非遗”等八大文化体系展示地点零散、展示形式简单，创意、提炼、升华、挖掘非物质文化遗产不够，缺乏统一、系统的文化品牌与综合展示，文化价值与实用价值没有统一。

第二，缺乏参与性、娱乐性、知识性于一体的多元化的文化创意精品和民族文化创意项目、产品。

长期以来，严格按照上级要求工作，基层始终没有系统化创意设计。

三、赫哲族文化保护技术手段落后

第一，由于保护手段落后，赫哲族文化遗产的保护和传承面临着更为严峻的挑战。大量赫哲族文化遗产亟待专业性梳理与保护。调研了解到，截至 2016 年仅有 9 人能够熟练运用赫哲语对话与交流，但是没有人能够独自演唱完整的《伊玛堪》，可以说，赫哲族语言已经濒临消失，伊玛堪也面临着失传的问题。

传统少数民族语言、传统技艺、口传文化等也濒临消亡。

第二，文化活动场地、赫哲族博物馆、民俗馆、伊玛堪演唱所等空间狭小，文化展示技术落后。大量赫哲族文化遗产亟待进一步系统整理、挖掘、认证、复原保护和创意开发。

四、文化创意旅游工艺品生产规模小

赫哲族工艺品生产与产业化发展还停留在私人作坊式手工阶段，经营和销售没有合适的渠道，旅游创意工艺品受开发局限，品种少，质量差，生产量底，产品远远达不到市场化要求，与国家文化产业发展大趋势要求相差甚远。

五、农业结构单一，与文化产业融合不够

截至2016年，同江市特别是街津口赫哲族乡、八岔赫哲族乡种植的主要农作物为大豆、玉米，全乡农作物品种单一，经济结构风险高，经济效益低。农业与文化、科技、生态、旅游的融合项目尚未开展。缺乏集农耕体验、田园观光、教育展示、文化传承于一体的休闲农业庄园设计。

六、发展赫哲族传统“渔猎体育”项目

赫哲族传统体育文化遗产目录相对较少，仅有当地的吴玉梅和毕红兵分别是天鹅舞和杜烈其的优秀传承人。

对赫哲族“渔猎体育”项目的创新工作尚处于空白。挖掘、整理工作不够，没有将赫哲族传统体育文化中的优秀成果、精神内涵、优良传统与现代社会的发展趋势有机结合起来。

七、亟待生态恢复与有效保护

生态环境保护有待加强，随着生态旅游业的发展，当地景区不可避免地出现了一些环境污染和生态破坏的问题。主要集中表现在：

第一，生态旅游资源没有很好的保护措施。

第二，旅游环境的污染使自然保护区、湿地、森林公园等得不到有效保护。

第三，过多游客观赏自然风景区时践踏植被、采摘枝叶花果以及在树干上刻画等不良行为直接造成了植物的伤害和死亡。

第四，对民风民俗的破坏。由于旅游者的大量进入，旅游者所代表的外来文化和现代时尚对传统文化产生了强大的冲击力，其表现是民族特色逐渐消失。

八、赫哲族文化事业发展资金少，人才稀缺

（一）文化事业发展资金来源少

该地区的民族文化发展资金十分有限，文化设施老化，无法开设各种文化培训活动。

同江市八岔和街津口两个民族乡具有丰富的民俗文化、生态文化资源，发展特色产业潜力巨大，但目前由于发展特色产业资金来源少，投入渠道单一、基础设施相对薄弱，尚未形成一定规模文化产业效益。

（二）文化传承人才稀缺

第一，赫哲族《伊玛堪》说唱、鱼皮制作技艺等民族文化传承人出现老龄化、断层现象，而且都是60岁以上的老人，且精通者较少。

第二，赫哲族相关文艺传承机构内部人员相对匮乏，发展与建设在即。我们调研得知，街津口赫哲族乡《伊玛堪》说唱艺术团内，现有演职人员中年轻人寥寥，编排节目缺少专业编剧，演出的节目更新周期较长。

第三，从事赫哲族文化研究的人才还没有培养起来，研究范围过于分散，

学术研究氛围也不够浓厚。

第四节　同江市赫哲族乡镇文化创意旅游开发的建议

全国各地乡村旅游发展的实践证明，旅游是促进扶贫最有效的方式之一，能够快速、持久地促进农民增收、农业增效和精准扶贫。八岔赫哲族乡的旅游扶贫工作已经得到国家和省里的认可，建议各区县借鉴八岔赫哲族乡的做法，每年召开一次全市、县旅游发展大会，将旅游产业发展方面的内容纳入市、县委中心组学习的重要内容，每年对全市、县中副科级以上干部举办一次旅游知识讲座，让大家真正提高对旅游的认识，了解旅游知识、积极宣传旅游。[①]

为了更好地推进赫哲族文化旅游示范区建设工作，我们先后多次到同江市调研，认真听取市、乡政府干部群众关于文化发展情况的汇报，与赫哲族文化传承人深度接触，听其讲解赫哲族发展历史，实地考察赫哲族各类型博物馆、文化场所。结合《国务院关于推进文化创意和设计服务与相关产业融合发展的若干意见》（国发〔2014〕10 号）文件，在同江市推进赫哲族聚居区文化旅游示范区开展试点工作，进一步激发赫哲族文化自信，形成具有原创性、高附加值和核心竞争力的自有产品，实现文化示范引领，有利于推动民族地区文化产业建设，对其他地区具有一定的借鉴意义。

一、完成“中国黑龙江同江赫哲族旅游文化示范区”命名

第一，建议各级政府完成同江市命名为“中国黑龙江同江赫哲族旅游文化示范区”工作，以便同江市在发展民族旅游产业及创意产品开发等方面得到更多支持。

① 马晓河、涂圣伟：《新时期推进农村改革的战略思考》，载《中国经贸导刊》，2011（1）。

第二，充分发挥优势。以“民族文化传承体验和自然生态体验”为诉求点，以赫哲族文化体验理念，深挖赫哲族饮食、服饰、居住、祭祀、婚庆、渔猎、节庆、“非遗”八大文化旅游体系，使其全部采用赫哲族文化元素，突出其品牌和精神品质，形成原创性、高附加值、有核心竞争力的项目。

第三，完成中国同江赫哲族文化展示中心总体策划与规划。高屋建瓴，强势推进赫哲族非物质文化遗产展示、博物馆循环展示、赫哲族祭祀仪式活动等，全面而动态地展示赫哲族文化，构建立体化文化宣传体系。

二、大力发展文创产业

组织相关人员，按照“创意品牌化、布局区域化、经营集约化、生产标准化”的要求，编制《同江市“十三五”文化与创意产业发展规划》，突出赫哲族渔猎文化与创意设计在建筑与街区的体现，重点建设八岔和街津口赫哲族村镇文化示范区，发展优质文化特色名镇。

三、推动赫哲族文化遗产保护大数据平台建设

第一，开展赫哲族语言文化数字化示范应用、赫哲族非物质文化产品鱼皮作画等艺术数字化保护与传承等工作，形成“互联网+”赫哲族文化创意系列数字产品。深入实施国家文化科技创新工程，支持利用数字技术、互联网、软件等高新技术支撑文化内容、材料、工艺、系统的开发和利用，加快文化企业技术改造步伐。大力推动传统文化单位发展互联网新媒体，推动传统媒体和新兴媒体融合发展，提升先进文化互联网传播吸引力。

第二，保护双语文化，建设与保护赫哲族伊玛堪说唱品牌应用、赫哲族原始建筑村落数字漫游应用、赫哲族原始建筑村落虚拟空间还原应用示范（3D）。

第三，推动动漫游戏与虚拟仿真技术在设计、制造等产业领域中的集成应

用。推动赫哲族独有文化产品和服务的生产、传播、消费的数字化、网络化进程。推动赫哲族舞蹈交互系统研发等产业优化升级，加快数字内容产业发展。强化文化对信息产业的内容支撑、创意和设计提升，加快培育双向深度融合的新型业态。

四、打造赫哲族创意产品品牌

以赫哲族生态旅游和民族文化为根基，充分利用民族、地缘优势，发挥本地的生态景观特色，创意求新，合理布局，最大限度地发挥旅游资源的潜能，提高对投资者和旅游者的吸引力，把两乡镇赫哲族旅游建设成风格独特、环境优美、生态良好、内容丰富、设施完备、服务完善的一流观光休闲度假养老胜地。

（一）树立全新生态旅游理念

在旅游业的发展上，体现保护第一、开发第二的方针，遵循享受自然的同时要为保护自然做贡献的宗旨，呈现自然环境与特殊文化社会环境都属于人类宝贵遗产，全力树立全新生态旅游理念。

（二）鱼皮工艺保护传承和创新发展

两乡镇坚持鱼皮工艺保护传承和创新发展相结合，促进鱼皮艺术衍生产品、艺术授权产品的开发生产，加快工艺美术产品、传统手工艺品与现代科技和时代元素融合。支持基于鱼皮作画新技术、新工艺新材料、新需求的设计应用研究，促进创意设计向高端综合设计服务转变，推动工业设计服务领域延伸和服务模式升级。

（三）启动赫哲族文化手绘本制作项目

组织相关团队，奔赴街津口和八岔赫哲族村实地采风，通过对赫哲族传统文化的进一步了解，将赫哲族文化艺术和现代艺术结合，推动旅游纪念品、礼仪休闲用品、赫哲族服装服饰、数字产品、赫哲族食品、赫哲族文化体育用品等创意品牌，形成一批综合实力强的自主文化品牌，提高同江市整体效益和竞争力。

第一，坚持鱼皮工艺保护传承和创新发展相结合，支持基于鱼皮作画新技术开发，促进鱼皮产品的系统化开发，使工业与服务业发展融合。

第二，启动赫哲族文化手绘本制作项目。通过对赫哲族传统文化的挖掘和整理，将赫哲族文化艺术和现代艺术结合，编制赫哲族文化手绘本，其既可以成为赫哲族风情展示的艺术作品，又可以开发成为现代旅游文化产品。

五、坚持高效发展，农旅融合，打造现代农业新优势

（一）规划东北赫哲族文化“鱼悦小镇”

第一，围绕“渔猎文化”“边境小镇”“雪域风情”“休闲健身”等关键元素，依托赫哲族文化底蕴，策划街津口村文化小镇，规划特色文化广场、休闲渔家饮食与客舍、民族风情园区、渔人码头、特色商贸购物区、游客服务中心及其他服务配套设施为一体的特色民族村镇，将东北赫哲族乡村打造成具有赫哲族文化表征和内涵的现代旅游文化综合体。

第二，以产业带景区，将旅游业与现代农业有机结合。根据该地区土地特点，在全市五个乡种植适合的温室栽培具有高经济附加值的樱桃、树莓、蓝莓及适合大田栽培的油用牡丹等经济作物，着力培育一批 IP 品牌，进而建设集赫哲族渔猎体验、“民族一家亲”教育展示、文化传承于一体的民族文化展示园区。

（二）产业生态化、园区景区化、景区全域化建设

从产业生态化、园区景区化、景区全域化的理念出发，将旅游业与现代农业产业结合，种植适合本地区具有高附加值的经济作物是提高经济活力的举措之一。拟开展木本油料作物选育，樱桃温室栽培，树莓、蓝莓的大田栽培和温室栽培，高品质山野菜的筛选与培育，中药材五味子的品种筛选和高效种植等项目。其中，2018 年春已经开始木本油料作物的试种，在街津口赫哲族乡镇试种油用牡丹 15 亩；在八岔赫哲族乡试种油用牡丹和文冠果各 15 亩。通过引种，

观测油用牡丹和文冠果在同江的生态适应性，根据两种作物的适应情况确定发展规划和园区景观旅游规划，进一步拓展休闲农业发展空间。

（三）加快赫哲族村寨建设

坚持以人为本、安全集约、生态环保、传承创新的理念，进一步提高城乡规划、建筑设计、园林设计和装饰设计水平，完善优化功能，提升文化品位。注重对文物保护单位、历史文化名城名镇名村和传统村落的保护。在八岔赫哲族乡打造餐饮、住宿、渔猎、购物等项目，突出热情好客的民俗文化、古老历史的渔猎文化、知味审美的民族美食文化、独具特色的民居建筑文化设计。系统开发原汁原味的赫哲族餐饮文化体系，导入渔家乐 CIS 餐饮识别系统，建立餐饮品牌管理模式，进行全员服务体系培训，构建星级“渔家乐”村寨品牌。

1. 加快农业产业结构调整，推进传统产业优化升级

抢抓“两大乡村”农业综合配套改革机遇，大力发展优质高效现代农业。按照“稳粮增收、提质增效、创新驱动”的总要求，加快推进现代农业资源优势向产业和经济优势转变，促进粮食稳产、农民增收、产业创税。突出绿色化、品牌化，转变思维方式和服务方式，提升农业竞争力和整体效益，着力把两乡镇建设成为优质高效的现代农业示范区，推进农业产品由“种得好”向“卖得好”转变，推动有机绿色食品生产。

2. 农业生产基地与旅游结合

突出发展优质水稻生产，稳定“双高”大豆、专用玉米生产，适度扩大饲料饲草种植，加强“菜篮子”工程建设，因地制宜地建设一批蔬菜生产示范园、农业生产基地。坚持畜禽并举，以肉牛、生猪、蓝狐、特禽养殖等为主导，扶持发展规模化养殖区和养殖大户，推动畜牧业向规模化、标准化转变。加强渔业资源增殖保护，加快调整渔业生产结构，巩固发展渔业捕捞，大力发展渔业等特色水产养殖。加大林业工程建设力度，完善林业基础设施，加强林业资源管护，引导发展林下经济和山野菜采集，提高林业产出效益。围绕粮油、蔬菜、畜禽、水产等主导产业，培育壮大一批骨干龙头企业。支持龙头企业发展农产品精深加工，重点打造和延伸粮食、大豆、畜禽、水产等加工产业链。

3. 大力推进农业产业化经营，提高农业生产组织化程度

加快建立农业产业化发展激励机制，围绕农业主导产业和主导品种，着力培育壮大一批起点高、规模大、带动力强的骨干龙头企业。创新农业生产组织形式，引导龙头企业与基地农户通过合同联结、服务联结和资产联结等方式，[①]形成利益共同体。积极鼓励农民成立各种类型的专业合作组织，大力发展经纪人队伍。

4. 积极探索管理模式，确保乡村旅游持续发展

与城市建设一样，乡村旅游也是“三分建，七分管”。加强管理是确保乡村旅游持续发展的关键，特别是建立一套符合实际的管理模式十分重要，目光长远。从目前各地乡村旅游发展的情况看，各地因地制宜，管理模式各不相同，主要有完全开放式（街津口村）、“支部 + 协会 + 农户”（如八岔赫哲族乡）、企业经营（如八岔村）、“企业 + 农户”、股份制、“政府 + 企业 + 农户”等模式。各个村可通过村支委制定村规民约等之类进行约束。[②]

5. 加强农业标准化管理，提高农产品质量、安全水平

实施农产品质量、安全提升工程，加强农产品质量源头管理，积极推进农产品标准化生产示范区和无公害农产品基地建设。强化市场监管，加强无公害农产品、绿色农产品、有机农产品的认证和管理工作。进一步完善农业产品质量安全检测手段，全面开展农产品质量安全例行检测工作，确保农产品质量达到标准。

（四）推进智慧乡村建设

1. 加快科技创新和转化应用

建立乡级农业科技创新与成果转化激励机制，重点围绕加强旱作节水农业、精准设施农业、高效生态农业，组织实施一批重大农业技术攻关和农业技术推广项目。在巩固发展示范体系基础上，继续健全完善农业科技推广体系。

① 中共佳木斯市委：《关于制定佳木斯市国民经济和社会发展第十三个五年规划的建议》，载《佳木斯日报》，2016 年 1 月 1 日。

② 中共佳木斯市委：《关于制定佳木斯市国民经济和社会发展第十三个五年规划的建议》，载《佳木斯日报》，2016-01-01。

强化培训农民，提升农民科技素质。推进“互联网＋农业”，加大智慧农业示范推广力度，推动互联网与农业精准生产、农业科技、农产品物流等嫁接融合；推进“互联网＋商贸”，加快互联网进农村、进园区、进专业化市场、进商贸物流、进国际贸易，带动商贸业创新发展。

2. 开拓城乡网络经济发展新空间

大力推进城区光纤入户和农村通信电缆改造工程，实现乡村有线宽带和高速移动网络的全覆盖，构筑以区域宽带网为依托的信息高速公路，促进互联网、物联网、云计算、大数据等信息技术在各领域的深度应用，建设综合管理信息平台，实现公共服务设施信息化。建设与俄罗斯网络相连接的信号交换站，实现与俄罗斯无障碍互通；与哈尔滨大数据合作，在同江建立大数据灾害预警中心，承接大数据转换。积极推进全城无线网络和天眼工程二期项目建设，实现全城网络和监控预警覆盖。

3. 促进物质文明和精神文明协调发展

坚持把社会效益放在首位，社会效益和经济效益相统一，加强文化改革发展，加强精神文明建设，建设文化强乡。加强思想道德建设和社会诚信建设，增强法制意识、社会责任意识，倡导科学精神，积极向社会传导正确价值取向。弘扬中华传统美德，挖掘赫哲族文化，丰富发展底蕴。加快公共文化设施建设，形成结构优化、布局合理、覆盖两乡镇的文化设施和文化服务网络体系。构建现代公共文化服务体系，大力发展具有浓郁地方特色的各类群众文化。加快广播电影电视事业发展，着力提高乡镇广播电视有效覆盖质量和水平。倡导全民阅读。加强和改进基层宣传思想文化工作，深化各类群众性精神文明创建活动。牢牢把握正确舆论导向，健全社会舆论引导机制，传播正能量。

六、拓展赫哲族体育产业与创意产业融合空间

（一）与其他旅游资源相互依托，形成联动效应

赫哲族特色体育旅游应当依托一些著名景点与旅游开发区，大力发展民族

性、娱乐性、竞技性较强的体育旅游项目，同时带动其他体育项目的发展。在这一过程中，应让游客亲身参与，提高旅游满意度。通过多种措施发展赫哲族传统体育与创意体育文化。着眼于“渔猎”特征，完成申报文化遗产战略。加强独有体育产品品牌建设，提升体育旅游市场竞争力。结合当地自然人文资源特色，策划魅力强、影响力大、参与程度高的赫哲族渔猎文化节日庆典。组织专家，挖掘整理赫哲族音乐、传统舞蹈等优质元素，为街津口赫哲族村、八岔赫哲族村编排文化传唱度高、充满文化自信的中华民族一家亲舞蹈。通过民族舞蹈的编排与推广，达到传播赫哲族传统文化，增进民族文化的认同感和自信心。

积极培育赫哲族体育健身市场，引导大众体育消费，丰富传统节庆活动内容。发展民族特色体育旅游业是一个系统工程，应注重依托赫哲族丰富的“渔猎体育”文化资源，对于赫哲族体育文化而言，必须着眼于“渔猎”这一独特的体育文化特征，加大申报传统体育文化遗产的力度，完成申报文化遗产战略。通过多种措施发展赫哲族传统体育与创意体育文化。

（二）举办特色体育活动

支持两乡镇根据当地自然人文资源特色举办体育活动，结合赫哲族节日庆典、民族文化旅游园和民俗文化村的建设开发，打造特色体育旅游品牌，应继续坚持“乌日贡”大会的发展，不断扩大其规模与影响，在进行体育表演的同时，策划打造影响力大、参与度高的精品赛事，推动体育竞赛和演艺活动全面发展。鼓励发展体育服务组织，以赛事组织、场馆运营、技术培训、信息咨询、中介服务、体育保险等为重点，逐步扩大体育服务规模。应当更加注重对赫哲族“渔猎体育”自身特色和内涵的挖掘。同时应大力推进民族文化特色旅游园的建设，根据不同地域特色，因地制宜地加以发展，目前已形成了“同江市赫哲族博物馆，街津口赫哲族旅游度假村，八岔赫哲族原始森林游”等集赫哲族民俗风情、北方乡村田园风光和体育娱乐健身为一体的赫哲旅游新景区。

（三）以市场为导向，开发赫哲族体育文化旅游资源

应当以市场为导向、文化传承为基础，提高赫哲族群众发展特色旅游业

的热情与参与度。既要大力开发赫哲族文化旅游资源，又要注重在发展旅游业中保护民族体育文化不被破坏。同时，组织专家，结合赫哲族音乐、传统舞蹈等相关元素，为街津口赫哲族乡、八岔赫哲族乡编排百人广场舞。通过民族广场舞的编排与推广，传播赫哲族传统文化，增进民族文化的认同感，培养民族间、区域间的文化认同和真挚友谊。

（四）加强体育产品品牌建设

开发科技含量高、拥有自主知识产权的体育产品，提升市场竞争力，加强体育产品品牌建设，促进体育衍生品创意和设计开发，推进相关产业发展。

七、坚持绿色发展，提升魅力旅游新空间

绿色是永续发展的必要条件和人民美好生活的重要体现。坚持生态发展、绿色发展、低碳发展理念，以切实提升可持续发展能力为核心，开展生态文明建设。加大生态空间对物种多样性的保护，加快自然生态恢复进程，使自然保护区、湿地、森林公园等得到有效保护。建立满足经济社会发展需要的最优化生态资源利用方式，提高生态资源在经济社会发展中的作用，使旅游可持续发展。

（一）节约高效利用资源

树立节约循环利用的资源观，强化约束性指标管理，实行能源和水资源消耗、建设用地等总量和强度双控行动。实施水资源用水总量控制、用水效率控制、水功能区限制纳污“三条红线”管理，开展水效能领跑者引领行动。严格控制农村集体建设用地规模。在生产、流通、仓储、消费各环节落实全面节约，推动形成勤俭节约的社会风尚。

（二）加强生态建设与保护

按照主体功能区的要求，保护和修复自然保护区、天然防护林、森林带、河流水系的生态环境。贯彻落实全市生态建设功能区划方案，明确分区保护重点，构筑区域生态安全体系，形成维护生态安全的重要屏障。创新生态保

护和建设模式，探索设立生态补偿专项资金，加大对自然保护区、重要生态功能区的转移支付力度。积极培育生态金融机构，引导开展绿色金融产品业务。完善绿色信贷机制，设立绿色发展基金。推进自然资源资产确权登记，加强各类保护地管理体制机制整合，探索建立统一、规范、高效的管理体制和资金保障机制。

（三）加强环境污染治理

坚持把防治污染放在重要位置，坚持预防为主、源头控制、综合整治、强化监管，实施严格的环境保护制度，严守生态保护红线，推行水、大气、土壤污染防治行动计划，推进多污染物综合防治和环境治理。加强重点行业大气污染物治理和监管，全面禁烧秸秆。建立健全用能权、用水权、排污权、碳排放量权初始分配制度，推行环境污染第三方治理，保护好同江市的绿水青山。

（四）积极推进循环经济与旅游展示

在重点行业、重点领域、产业园区和城市组织开展循环经济试点工作。提高秸秆利用效率、推进秸秆发电新兴能源项目建设，推广新型建筑墙体材料，完善产业发展的准入机制，优先发展资源节约型、环境友好型产业，加快培育新能源和节能环保产业，同时，与旅游活动线路结合，培养科学的循环观与环境保护意识。

八、多渠道投入资金和人力，发展文化产业

（一）多渠道投入资金

建议有关部门在民族文化事业发展上给予项目、资金支持，增强民族乡产业造血功能，促进赫哲族文化产业发展。同时，应拓宽投融资渠道，挖掘资金。鼓励各种社会资金投入，从单纯的以政府投入为主，逐渐向企业、政府、社会力量共同投入转变，最后形成多元化投资格局。

建议上级有关部门设立人口较少民族传统文化保护和发展专项基金，加强赫哲族文化传承人和民族手工艺制作者的专业培训，培养赫哲民族文化传

承人才。

建设好同江市赫哲族研究会和两个民族乡文化活动中心，利用赫哲族文化电视频道及网站进行文化传承。

（二）应尽快开展赫哲族文化创新人才培训工作

开展普查和培训，拓展赫哲族传承人范围，按照年龄段阶梯式培育热爱赫哲族文化的艺术人才，推动人才计划实施。

继续与院校合作，聘请专家现场开设赫哲族文化创意课程，本着节约成本原则，尽量聘请专家现场教学。

发挥教育在文化传承创新中的重要作用，重点建设一批赫哲族文化传承创新专业点，推动民间传统手工艺传承模式改革，培养一批具有文化创新能力的技术技能人才。

第十章　贵州省铜仁市文化创意旅游产业开发策划案

铜仁市在文化创意旅游产业开发上，注重把握资源现状与掌握旅游市场发展规律，并结合创意策划的目标和任务，坚持文化创意与产业布局结合，突出资源特色和区位优势，打造了高端精品名牌，增强了铜仁市旅游创意文化吸引力和产业核心竞争力。

第一节　旅游资源概况

一、总体情况

铜仁旅游资源禀赋得天独厚，有国家级自然保护区 3 个，国家级风景名胜区 3 个，国家矿山公园和国家喀斯特地质公园各 1 个，国家级湿地公园 7 个，国家水利风景区 4 个，国家级重点文物保护单位 10 家，中国名镇名村 3 处，中国传统村落 74 家，省级风景名胜区 7 家，省级自然保护区 2 个，省级森林公园 3 个，省级水利风景区 3 家，省级文物保护单位 27 家。通过建设打造，全市有 2 个国家级自然保护区、2 个国家级风景名胜区、2 个国家地质公园、1 处国家级重点文物保护单位、1 家中国名镇名村、2 个中国传统村落打造成为

4A 级旅游景区；将 1 家国家级重点文物保护单位、中国名镇名村、3 个中国传统村落打造成为 3A 级旅游景区。在省级风景名胜区内，打造 4A 级旅游景区 3 个、3A 级旅游景区 7 个。有 15 个景区进入全省 100 个重点景区建设名单。在“十三五”期间，拟利用国家级、省级资源开发建设、提级改造的有 3 个国家级自然保护区、3 个国家级风景名胜区、2 个国家矿山公园和国家喀斯特地质公园、7 个国家级湿地公园、10 家国家级重点文物保护单位、3 个中国名镇名村、35 个中国传统村落、7 个省级风景名胜区、27 家省级文物保护单位、2 个省级自然保护区、3 个省级森林公园。

（一）国家级资源名单

1. 国家级自然保护区

梵净山国家级自然保护区、麻阳河国家级自然保护区、佛顶山自然保护区。

2. 国家级风景名胜区

九龙洞风景名胜区、石阡温泉群风景名胜区、沿河乌江山峡风景名胜区。

3. 国家级湿地公园

碧江天生桥国家湿地公园、思南白鹭湖国家湿地公园、万山长寿湖国家湿地公园、江口太平河国家湿地公园、沿河乌江国家湿地公园、德江白果坨国家湿地公园、石阡鸳鸯湖国家湿地公园。

4. 国家地矿公园

万山国家矿山公园、思南乌江喀斯特国家地质公园。

5. 国家水利风景区

思南乌江水利风景区、沿河乌江水利风景区、碧江锦江水利风景区、思南乌江白鹭洲水利风景区。

6. 国家级重点文物保护单位

碧江区东山古建筑群（包括东山寺、川主宫、周逸群故居、中南门古民居）、万山汞矿遗址、松桃寨英村古建筑群、石阡万寿宫（包括禹王宫、黑神庙、玉皇阁、启灵桥）、石阡楼上村古建筑群、石阡府文庙、思南思唐镇古建筑群（包括府文庙、旷继勋故居、万寿宫、王爷庙、川主庙、永祥寺、周家盐号）、沿河黔东特区革命委员会旧址、印江木黄红二六军团会师纪念碑及纪念馆、德江枫香溪会议会址及纪念碑。

7. 中国名镇名村

松桃寨英古镇，江口云舍、石阡楼上。

8. 中国传统村落

铜仁市现有中国传统村落合计 74 个。

德江县：楠杆乡兴隆村、上坝村，枫香溪镇枫香溪村，复兴镇棋坝山村、稳溪村，共和乡焕河村，沙溪乡大寨村，煎茶镇付家村，合兴镇朝阳村，高山镇梨子水村。

江口县：太平乡云舍村，桃映乡漆树坪，民和乡封神慬，怒溪乡黄岩。

石阡县：白沙镇马桑坪村、箱子坪村，国荣乡楼上村、葛容村，河坝场乡小高王村，聚凤乡黄泥坳村、廖家屯村、瓮水屯村、指甲坪村，石固乡公鹅坳村，五德镇大寨村、董上村，花桥镇施场村，青阳乡青山寨，坪地乡石榴坡村，甘溪镇铺溪村。

碧江区：漾头镇茶园山，坝黄镇宋家坝村，瓦屋侗族乡克兰寨村。

思南县：许家坝舟水村，文家店镇龙山村，青杠坡镇四野屯村，思林乡金龙村、黑河峡社区，板桥乡郝家湾古寨，兴隆乡天山村，杨家坳乡岑头盖村，合朋溪镇鱼塘村，塘头镇甲秀村、街子村，大坝场镇官塘坝村、尧上村，瓮溪镇马家山寨。

印江土家族苗族自治县：永义乡团龙村，板溪镇渠沟村，天堂镇中尧村，合水镇兴旺村，缠溪镇方家岭村，新寨乡黔溪村，新业乡芙蓉村、坪所村。

沿河土家族自治县：思渠镇荷叶村，黑獭乡大溪村，新景乡白果村，后坪乡茶园村，夹石镇闵子溪村，官舟镇木子岭村，板场乡洋溪村，后坪乡下坝村。

松桃苗族自治县：普觉镇候溪屯、半坡村，正大乡苗王城，寨英镇大水村、邓堡村、寨英村，孟溪镇头京村。

万山区：黄道乡瓦寨村、敖乡石头寨。

玉屏侗族自治县：新店乡朝阳村、大湾村。

（二）省级旅游资源名单

1. 省级风景名胜区

印江木黄、思南乌江白鹭洲、松桃豹子岭——寨英、万山夜郎谷、玉屏北侗箫笛乡、德江乌江傩文化风景名胜区、梵净山—太平河风景名胜区。

2. 省级文物保护单位

碧江区观音山莲花寺、滑石复兴桥，万山高楼坪刘氏宗祠，松桃虎渡口遗址、云落屯悬棺葬、苗王城、大路风雨桥，梵净山金顶古庙、金顶摩崖、梵净山禁砍山林碑、三角庄咸同起义遗址，玉屏印山书院，石阡太虚洞摩崖、红二六军团总指挥部旧址、成氏墓群、碗架岩摩崖，思南荆竹园咸同起义遗址、岑头盖咸同起义遗址，沿河红军金角洛夫墓、乌江洪峰标记石刻，印江文昌阁、严氏宗祠、梵净山重建金顶序碑，德江煎茶溪古墓群、“黔中砥柱”石刻、梅林寺咸同起义遗址、安化县文庙。

3. 省级自然保护区

印江洋溪自然保护区、思南四野屯自然保护区。

4. 省级森林公园

思南万圣山森林公园、石阡五峰山森林公园、万山老山口森林公园。

5. 省级水利风景区

石阡山坪水库水利风景区、石阡洋溪水库水利风景区、石阡欧家湾水库水利风景区。

二、开发与经营

（一）国家级旅游资源开发建设与经营

1. 国家级自然保护区

梵净山国家级自然保护区的管理主体是梵净山自然保护区管理局，旅游经营转让给贵州梵净山三特旅业公司负责，该公司于2009年正式经营，经营期限50年，主要经营业务有景区门票、观光车和索道，已打造成为4A级旅游景区，列入全省旅游重点景区。

佛顶山省级自然保护区的管理主体是佛顶山自然保护区管理局，由石阡县政府组建的贵州佛顶山文化旅游投资开发有限责任公司负责开发建设，目前开发的有尧上民族村、坪洋寨民族村和进入佛顶山游步道，没有经营收费项目，已打造成为4A级旅游景区，属贵州省旅游重点景区。

2. 国家级风景名胜区

九龙洞风景名胜区的管理主体是九龙洞风景名胜区管理处，建设和经营由铜仁市政府组建的梵净山旅游投资开发有限公司负责，目前，该景区已建成了游客服务中心、上山观光车道、地质科普展示馆等项目，于2014年打造成为国家4A级旅游景区。

石阡温泉群风景名胜区的管理主体是石阡温泉群风景名胜区管理局，经营主体是石阡温泉投资开发有限公司，经营范围有景区门票、酒店住宿餐饮、温泉休闲疗养等业务，已基本完成三期工程建设，于2012年打造成为国家4A级旅游景区。

沿河乌江山峡风景名胜区的管理主体是正在筹建的沿河乌江山峡风景名胜区管理局，从2013年以来，该风景名胜区已列入省级重点景区建设。截至2019年没有经营主体。

3. 国家级湿地公园

碧江天生桥国家湿地公园已开展旅游经营业务，该湿地公园截至2019年暂未申报国家湿地公园，由碧江区天生桥旅游开发公司与当地的村委会签订旅游开发协议并建设和经营，经营范围有景区门票、游船观光、餐饮住宿等业务。

思南白鹭湖国家湿地公园、沿河乌江国家湿地公园、万山长寿湖国家湿地公园、江口太平河国家湿地公园、石阡鸳鸯湖国家湿地公园，由当地政府投入完善了部分旅游基础设施及配套服务设施，虽然没有收费项目，但游客在上述湿地公园中有自发性游览活动。

4. 国家地矿公园

万山国家矿山公园管理主体是万山国家矿山公园管理局，经营主体是贵州吉阳旅游开发有限公司，已于2014年打造成为国家4A级旅游景区，属省级重点旅游景区。截至2019年已完成旅游步道、博物馆、景区大门等建设。

思南乌江喀斯特国家地质公园管理主体是思南乌江喀斯特国家地质公园管理局，由该县国有旅游企业贵州乌江石林旅游发展有限公司负责建设和经营，是省级旅游重点景区，国家4A级旅游景区。

5. 国家级重点文物保护单位

万山汞矿遗址已建成4A级旅游景区；石阡楼上村古建筑群建成3A级旅游景区。

已开展建设有旅游接待活动的有：2014年思南县对思唐镇古建筑群的府文庙、旷继勋故居、万寿宫、王爷庙、川主庙、永祥寺、周家盐号进行了修缮性保护。碧江区东山古建筑群，已纳入百里锦江开发。石阡县对万寿宫，包括禹王宫、黑神庙、玉皇阁、启灵桥进行了修缮，成为石阡夜郎古泉旅游景区的重要组成部分。松桃苗族自治县对寨英村古建筑群进行了保护，并于每年举办滚龙节，吸引大量游客。印江土家族苗族自治县于2013年在木黄红二六军团会师纪念碑及纪念馆修建了游客服务中心、停车场、旅游厕所等。

6. 中国名镇名村

国家名镇松桃寨英古镇每年举办滚龙节，吸引大量游客；国家名村江口云舍建成了4A级旅游景区，石阡楼上建成3A级旅游景区。

7. 中国传统村落

已建成A旅游景区太平乡云舍村（4A），国荣乡楼上村（3A）、板桥乡郝家湾古寨（3A），永义乡团龙村（3A），正大乡苗王城（4A）等；正在开展乡村旅游建设和打造的村有合兴镇朝阳村、桃映乡漆树坪、漾头镇茶园山、瓦屋侗族乡克兰寨村、新寨乡黔溪村、新业乡的芙蓉村和坪所村。

（二）省级旅游资源开发建设情况

1. 省级风景名胜区

沿河乌江山峡风景名胜区内，已将南庄打造成为3A级旅游景区。思南乌江白鹭洲旅游景区内，已打造九天温泉4A级旅游景区，正在建设兽王山公园、安化古街。印江木黄风景名胜区内，已将团龙打造成为3A级旅游景区，正在推进凤仪等乡村旅游建设。松桃豹岭——寨英中已开发建设苗王城、铜仁大峡谷景区，正在开发大湾苗寨。万山夜郎谷拟由贵州吉阳旅游投资开发公司投入建设。玉屏北侗箫笛乡已建成茶花泉、屏山旅游景区两个3A级旅游景区。

2. 德江乌江傩文化风景名胜区

正在推进洋山河景区建设，将高家湾打造成3A级旅游景区。梵净山—太平河风景名胜区内，已将云舍、亚木沟打造成为4A级旅游景区，将寨沙、鱼粮公园打造成为3A级旅游景区。[①]

第二节　文化资源

一、非物质文化遗产资源

经过为期一个月对铜仁市旅游、文化、党史、民族宗教等相关部门和江口、印江、松桃和石阡四个县进行座谈交流、实地考察等调研后，汇总了相关非物质文化遗产资源。

① 铜仁市文化旅游局内部资料《铜仁市旅游资源开发建设基本情况》，2017。

（一）铜仁市国家级非物质文化遗产八项

表 10-1　铜仁市国家级非物质文化遗产名录

序号	名称
1	德江傩堂戏
2	石阡木偶戏
3	石阡说春
4	石阡仡佬族毛龙节
5	思南花灯节
6	铜仁赛龙舟
7	沿河土家族歌舞
8	玉屏箫笛制作技艺

（二）八项国家级非物质文化遗产资源内涵[①]

1. 德江傩堂戏

德江傩堂戏是一种佩戴面具表演的宗教祭祀戏剧，也是一种古老的民族民间文化活动。德江傩堂戏又称“傩戏”和“傩坛戏”，土家人叫“杠神”，源于古时的傩仪，是古傩的一种。汉代以后，逐渐发展成为具有浓厚娱人色彩的礼仪祀典，宋代前后开始演变为酬神还愿的傩堂戏。德江傩堂戏从内容上可划分为“酬神”和“娱人”两部分。“酬神”是围绕意愿进行“冲傩还愿”，“娱人”则是傩戏和傩技表演。

德江傩堂戏具有历史学、民俗学、宗教学、戏剧学等多学科学术研究价值，对中国文化与世界文化的丰富和完善都具有十分重要的意义。在内容和形式上它都具有原生态性，与宗教仪式密不可分，在本质上也就是宗教祭祀的戏剧化和通俗化。它保存着戏剧最古老的传统，并清晰地表现出戏剧演变的历史脉络，是我国古代戏剧的一块“活化石”，其本身就是一部傩堂戏的发展史和传承史。2005 年，德江傩堂戏被国务院列入第一批国家级非物质文化遗产代表性项目名录。

① 铜仁市文化旅游局内部资料《国家级非物质文化遗产资源》，2018。

2. 石阡木偶戏

石阡木偶戏是流传于贵州省石阡县各民族中的一种民间傀儡戏曲剧种，其鼎盛时期的演出范围辐射到全县各地及周边湘、鄂、渝、黔等省边区的各民族中。石阡木偶戏俗称“木斗斗戏”或“木脑壳戏”，迄今有两百余年的历史，至 20 世纪四五十年代，是其发展的鼎盛时期。石阡有泰洪、太平、兴隆等五支很有名气的木偶戏班，常年在县文化馆售票演出或下乡巡回展演，深受群众喜爱。每个戏班至少六七人，多则十余人。

木偶戏的衣甲、冠戴、武器、道具都是特制的，极为精致考究。特别是衣冠整齐、服饰鲜艳的木偶备受青睐。而戏中又尤以武将、武旦光彩照人，他们或明盔亮甲，长髯挂面，背插“飞虎旗”，气度不凡；或凤冠霞帔，雉尾高翘，花枝招展。加之木偶动作潇洒利落，格斗动作精湛，这很大程度上决定了杖头木偶擅长表演历史闹剧、武打戏。

石阡木偶戏具有浓郁的地方文化特色，深刻地反映了当地人民的心理文化特点，经过历代世人的传承、发展与创新，在道具、表演方式、剧目、唱腔等艺术形态方面均较为成熟，是一种发展得相对完备的民间戏剧品种，具有厚重的民间文化底蕴和极高的研究价值。在石阡县委、县人民政府的高度重视下，石阡木偶戏的抢救、保护工作得到进一步的落实，进入了校园传承并推广，使其得到进一步有效保护。2005 年，石阡木偶戏被国务院公布为第一批国家级非物质文化遗产代表性项目。

3. 石阡说春

“说春”是石阡侗族人民世代流传下来的一种综合性的民俗活动，主要流传于贵州省石阡县花桥镇坡背村，活跃在“立春”时节前后，其目的在于劝农行耕，祝福风调雨顺、五谷丰登。

说春活动在立春前后进行。相传这个村里的封姓人家是唐朝时所封的“春官”后代，春词中“唐朝差我送春人，特来贵府开财门”就说出了说春之起源。据《石阡府（县）志》记载，明、清时期，每岁立春之时，知府官僚人等都要整装集队，扎“芒神、纸牛”“迎春于东郊”，打马游街，大摆宴席，“行鞭春礼”，然后知府带队赴城南的“劝农厅”劝农，带头犁田。这时，封姓人家则走村串户进行说春活动。“正月立春雨水节，不犁山土要犁田”“人人要学庄稼佬，不久就得新米尝”等劝勉人们珍惜时光、勤恳劳作的词语，在乡间地头广为流传，表达了侗族人民勤劳朴实的传统美德。封家说春属于“说正春”，一般为家传，不传外姓，并受特定的说春地域限制，即在镇远、施秉、三穗、玉屏、岑巩五县范围内进行。

作为侗族的民族传统，“说春”保存了独特民间音乐艺术、民间说唱艺术的原本文化圈子，既吸收了其他民族的文化成分，又在其他民族中传播，蕴含着石阡侗族独特的农耕意识。其残留有较多侗语因子，对侗族民族语言及其演化具有重要的价值。同时，“说春”“春词”的演唱采用侗以及土家、苗、仡佬等民族民间曲调来演唱，是研究各民族民间音乐及其交融的主要例证。

2011 年 6 月，“说春”被列入第三批国家级非物质文化遗产代表性项目名录。

4. 石阡仡佬族毛龙节

“石阡仡佬毛龙”是石阡仡佬族世代流传下来的民间信仰的表现形式，源起于古代仡佬的“竹王”崇拜和生殖崇拜。据《石阡县志》记载，“（龙）灯从唐代起”，仡佬族民间亦流传有“唐魏徵梦斩金骨县长老龙之子”的故事。清末至中华人民共和国成立前夕，“仡佬毛龙”盛行于全县各民族村寨。

“石阡仡佬毛龙”有着丰富的文化价值、独特的民族性、地域性以及多样性的社会功能，是仡佬族民族信仰的显现标志，是研究古代仡佬族文化交流的又一例证。对仡佬族语言、工艺、歌舞等方面研究具有启发性意义，其蕴含的丰富的图腾崇拜以及宗教崇拜是研究仡佬族民间宗教构成心理的又一重要路径。2005 年，石阡仡佬毛龙节被列入首批国家级非物质文化遗产代表性项目名录。

5. 思南花灯戏

思南土家族的花灯戏是在土家族花灯歌舞的基础上，逐渐吸取土家族傩堂戏、湘剧、辰河戏以及其他戏剧的表演形式而形成的一种独特的民族剧种。它形成于清代道光年间，距今已有 150 多年的历史。思南花灯戏内容丰富，表演形式多样，程式庞杂，其以婉转动听的唱腔、高亮激越的花灯打击乐、优美迷人的舞蹈以及美丽独特的服饰道具而备受人们的青睐。作为土汉文化和多民族文化结合的产物，思南花灯戏同时又注入了乌江地域与各民族文化的特质，形成其特有的艺术风格，具有迷人的艺术魅力，成为贵州东路花灯的杰出代表。2005 年，思南花灯戏被国务院公布为首批国家级非物质文化遗产代表性项目。

6. 铜仁赛龙舟

碧江区赛龙舟具有悠久的历史。早在元朝时期，就有渔人轻舟蓑笠。至明清时期，赛龙舟逐渐成为碧江区城乡大众喜闻乐见并踊跃参与的体育活动。碧江区赛龙舟有着迥异于其他地区赛龙舟的独特寓意。自古锦江多水患，灾害连年。为了驱灾避邪，民众便在洪水频发的端午节举行祭祀活动，划着精心制作的七彩龙船游弋江上，祈求风调雨顺，民生安康。同时向水里扔下上百只鸭子用以供奉水龙王，愿其不再扰民。

2009 年，碧江区被国家体育总局授予“中国传统龙舟之乡”称号，2011 年 6 月被列为第三批国家级非物质文化遗产代表性项目。

7. 沿河土家族自治县土家民歌

土家族高腔山歌是土家族民歌的重要组成部分，是土家族面对大山的自然环境，在生产生活过程中用以抒发情感、传递信息、传播知识、传授技能、教化行为的重要载体。

土家族高腔山歌如大山一般绵延高亢，音乐性格真挚、质朴、奔放、嘹亮。歌唱中运用“滑”“倚”“颤”“喊”“假声”等表现手法，配以拖腔与衬词、方言、方音的结合，具有鲜明的山地特色与土家族地域特色。其调式多为徵调式和羽调式，时有“清角”“变宫”音出现。结构多为单乐段曲式。演唱形式有独唱、对唱、齐唱、接唱、一领众和等，给听者留下了深刻印象。

土家族高腔山歌见证了土家族政治、经济、军事及生产、生活的发展历程，是土家族山地文化与农耕文明的具体表现，具有重要的文学、历史学、美学与音乐学价值。

2014 年 12 月，沿河土家族民歌被列为第四批国家级非物质文化遗产代表性项目。

8. 玉屏箫笛制作技艺

玉屏箫笛始创于明代末期万历年间，称“平箫”，后称玉屏箫。玉屏箫是中国著名乐器之一，1913 年在英国伦敦国际工艺品展览会上获银奖，1915 年在美国旧金山召开的巴拿马太平洋万国博览会上获金奖，被誉为“贵州三宝”之一。玉屏笛据传是郑家子孙在抗日战争时期以本地水竹做成笛子，音色远胜南北各地所产的竹笛，称“玉笛”，而将箫与笛配对，则称为“平箫玉笛”。中华人民共和国成立后在国内多次获奖，产品远销日本、美国等地。

玉屏箫笛名扬海外，在中国乐器中独树一帜。早在 1 世纪玉屏所在地——平溪，就有箫笛流传。近代玉屏箫笛制作的艺人最有名的是郑氏，现在是箫笛制作的主要厂家。其生产工艺独特，具有很高的观赏价值，其产品是一种极具收藏价值的高档旅游商品。2005 年，玉屏箫笛被国务院列为第一批国家级非物质文化遗产代表性项目。

（三）铜仁市省级非物质文化遗产 50 项①

表 10–2　铜仁市省级非物质文化遗产名录

序号	名称
1	碧江区龙灯钹
2	德江傩面具制作工艺
3	德江土家熬熬茶
4	德江土家炸龙
5	江口豆制品工艺
6	江口傩戏
7	江口羌历年
8	江口瓦寨锣鼓
9	江口县金钱杆

① 铜仁市文化旅游局内部资料《国家级非物质文化遗产代表性项目名录》，2018。

续表

序号	名称
10	石阡侗族民俗悄悄年
11	石阡薅草锣鼓
12	石阡花灯戏
13	石阡敬雀节
14	石阡傩堂戏
15	石阡苔茶
16	石阡县仡佬族情歌
17	石阡仡佬族丧葬习俗
18	石阡仡佬族印染工艺
19	思南花烛
20	思南上元沙洲节
21	思南乌江船工号子
22	松桃茶灯
23	松桃苗绣
24	松桃苗族“二月二”
25	松桃苗族巴狄熊口传经典
26	松桃苗族傩技绝活
27	松桃苗族武术
28	松桃瓦窑四面花鼓
29	松桃寨英滚龙
30	铜仁文琴戏
31	万山鼟锣
32	万山竹编技艺
33	沿河花灯戏
34	沿河莲花十八响
35	沿河赛龙舟
36	沿河土家族摆手舞
37	沿河土家族高台狮子灯
38	沿河县土家族打镏子

续表

序号	名称
39	沿河阳戏
40	印江花灯戏
41	印江傩戏
42	印江砂陶制作工艺
43	印江土家族高腔山歌
44	印江土家族过赶年
45	印江下洞祭风神
46	印江县皮纸制作技艺
47	印江县印染工艺
48	印江焰火架制作技艺
49	玉屏“赶坳”
50	玉屏油茶制作技艺

（四）铜仁市非物质文化遗产 137 项[①]

表 10–3　铜仁市非物质文化遗产代表性项目名录

序号	名称	所在县	类别	公布批次	备注
1	仡佬毛龙节	石阡县	民俗	1	国家级
2	仡佬敬雀节	石阡县	民俗	1	省级
3	木偶戏	石阡县	传统戏剧	1	国家级
4	茶灯	石阡县	传统戏剧	1	省级
5	说春	石阡县	民俗	1	国家级
6	侗寨民俗悄悄年	石阡县	民俗	1	省级
7	仡佬丧葬习俗	石阡县	民俗	1	省级
8	瓦窑四面花鼓	松桃苗族自治县	传统舞蹈	1	省级
9	寨英滚龙	松桃苗族自治县	传统体育、游艺与杂技	1	省级

① 铜仁市文化旅游局内部资料《国家级非物质文化遗产代表性项目名录》，2018。

续表

序号	名称	所在县	类别	公布批次	备注
10	印染工艺	印江土家族苗族自治县	传统技艺	1	省级
11	红棺葬	印江土家族苗族自治县	民俗	1	市级
12	合水长号唢呐	印江土家族苗族自治县	传统音乐	1	市级
13	下洞祭风神	印江土家族苗族自治县	民俗	1	省级
14	灯夹戏	印江土家族苗族自治县	传统戏剧	1	市级
15	土家族过赶年	印江土家族苗族自治县	民俗	1	省级
16	箫笛制作工艺	玉屏侗族自治县	传统技艺	1	国家级
17	赶坳	玉屏侗族自治县	民俗	1	省级
18	金钱杆	江口县	传统舞蹈	1	省级
19	鼟锣	万山区	民俗	1	省级
20	乌江船工号子	思南县	传统音乐	1	省级
21	思南花烛	思南县	传统技艺	1	省级
22	扎鼓棚	思南县	传统舞蹈	1	市级
23	花灯戏	思南县	传统戏剧	1	国家级
24	上元沙洲节	思南县	民俗	1	省级
25	铜仁文琴	碧江区	传统音乐	1	省级
26	龙灯钹	碧江区	传统音乐	1	省级
27	打镏子	沿河土家族自治县	传统音乐	1	省级
28	摆手舞	沿河土家族自治县	传统舞蹈	1	省级
29	莲花十八响	沿河土家族自治县	传统舞蹈	1	省级
30	傩堂戏	德江县	传统戏剧	1	国家级
31	土家舞龙	德江县	传统体育、游艺与杂技	1	省级
32	傩面具制作技艺	德江县	传统技艺	1	省级

续表

序号	名称	所在县	类别	公布批次	备注
33	赛龙舟	碧江区	传统体育、游艺与杂技	2	国家级
34	九龙洞、马岩的传说	碧江区	民间文学	2	市级
35	金钱杆	碧江区	传统舞蹈	2	市级
36	铜仁傩堂戏	碧江区	传统戏剧	2	市级
37	大背篼编织技艺	碧江区	传统技艺	2	市级
38	汞传统采炼技艺	万山区	传统技艺	2	市级
39	北侗竹编技艺	万山区	传统技艺	2	省级
40	苗族斜走大刀	松桃苗族自治县	传统体育、游艺与杂技	2	市级
41	苗族二月二	松桃苗族自治县	民俗	2	省级
42	苗族上刀山	松桃苗族自治县	传统体育、游艺与杂技	2	省级
43	龙黔石中国画龙	江口县	传统美术	2	市级
44	土家族“祭大神”	江口县	民俗	2	市级
45	江口傩堂戏	江口县	传统戏剧	2	省级
46	江口羌历年	江口县	民俗	2	省级
47	纸坊阳戏	沿河土家族自治县	传统戏剧	2	省级
48	土家山歌	沿河土家族自治县	传统音乐	2	国家级
49	土家族傩堂戏	印江土家族苗族自治县	传统戏剧	2	省级
50	合水蔡伦古法造纸	印江土家族苗族自治县	传统技艺	2	省级
51	郎溪韵酒	印江土家族苗族自治县	传统技艺	2	市级
52	印江采茶灯	印江土家族苗族自治县	传统舞蹈	2	省级
53	土家族高腔山歌	印江土家族苗族自治县	传统音乐	2	省级
54	土家族焰火架编扎技艺	印江土家族苗族自治县	传统技艺	2	省级
55	侗家罐罐油茶	玉屏侗族自治县	传统技艺	2	省级

续表

序号	名称	所在县	类别	公布批次	备注
56	侗家祝酒歌	玉屏侗族自治县	传统音乐	2	市级
57	侗族山歌	玉屏侗族自治县	传统音乐	2	市级
58	侗族情歌	玉屏侗族自治县	传统音乐	2	市级
59	玉屏傩堂戏	玉屏侗族自治县	传统戏剧	2	市级
60	石阡民歌	石阡县	传统音乐	2	省级
61	仡佬印染工艺	石阡县	传统技艺	2	省级
62	石阡土法造纸	石阡县	传统技艺	2	市级
63	玩水龙	石阡县	传统体育、游艺与杂技	2	市级
64	鸣机会	石阡县	传统体育、游艺与杂技	2	市级
65	仡佬民间治疗鼻窦炎	石阡县	传统医药	2	市级
66	板桥甩神	思南县	民俗	2	市级
67	苗族高台戏	思南县	传统戏剧	2	市级
68	思南字牌制作	思南县	传统技艺	2	市级
69	思南围鼓	思南县	传统音乐	2	市级
70	土家刺绣	德江县	传统技艺	2	市级
71	土家熬熬茶	德江县	传统技艺	2	省级
72	瓦寨锣鼓	江口县	传统音乐	3	省级
73	江口县云舍婚嫁习俗	江口县	民俗	3	市级
74	豆腐干传统加工技艺	江口县	传统技艺	3	省级
75	土家治疗肺结核药——何氏抗痨补金制剂	江口县	传统医药	3	市级
76	石阡豆腐乳制作工艺	石阡县	传统技艺	3	市级
77	仡佬族土陶生产制作技艺	石阡县	传统技艺	3	市级
78	苔茶传统制作技艺	石阡县	传统技艺	3	省级
79	薅草锣鼓	石阡县	传统音乐	3	省级
80	石阡傩堂戏	石阡县	传统戏剧	3	省级
81	土家族高台狮子灯	沿河土家族自治县	传统体育、游艺与杂技	3	省级

续表

序号	名称	所在县	类别	公布批次	备注
82	土家族划龙船	沿河土家族自治县	传统体育、游艺与杂技	3	省级
83	土家族花灯	沿河土家族自治县	传统戏剧	3	省级
84	土家族灰豆腐制作技艺	沿河土家族自治县	传统技艺	3	市级
85	土家族龙凤花烛制作技艺	沿河土家族自治县	传统技艺	3	市级
86	土家族傩戏面具雕刻技艺	沿河土家族自治县	传统技艺	3	市级
87	张著权刻纸“囍”文化	思南县	传统美术	3	市级
88	思南花甜粑	思南县	传统技艺	3	市级
89	思南“奭”牌	思南县	传统技艺	3	市级
90	朗溪荥家湾窑罐制作技艺	印江土家族苗族自治县	传统技艺	3	省级
91	松桃茶灯	松桃苗族自治县	传统戏剧	3	省级
92	苗族武术	松桃苗族自治县	传统体育、游艺和杂技	3	省级
93	苗族“巴狄熊”口传经典	松桃苗族自治县	传统文学	3	省级
94	苗族刺绣	松桃苗族自治县	传统技艺	3	省级
95	挂社	碧江区	民俗	4	市级
96	锅巴粉制作工艺	碧江区	传统技艺	4	市级
97	莫奈何制作工艺	碧江区	传统技艺	4	市级
98	财糖、丁丁糖制作工艺	碧江区	传统技艺	4	市级
99	苗绣	碧江区	传统技艺	4	市级
100	土法造纸	碧江区	传统技艺	4	市级
101	阳戏	碧江区	传统戏剧	4	市级
102	水龙节	德江县	民俗	4	市级
103	土家哭嫁习俗	德江县	民俗	4	市级
104	大龙阡庙会	德江县	民俗	4	市级
105	白茶制作技艺	德江县	传统技艺	4	市级
106	花灯戏	德江县	传统戏剧	4	市级
107	扎故事	思南县	民俗	4	市级
108	乌江传统木船制作技艺	思南县	传统技艺	4	市级
109	斗笠编织技艺	思南县	传统技艺	4	市级

续表

序号	名称	所在县	类别	公布批次	备注
110	八音坐唱	思南县	曲艺	4	市级
111	傩堂戏	思南县	传统戏剧	4	市级
112	薅草锣鼓	思南县	传统音乐	4	市级
113	北荫神祭祀习俗	玉屏侗族自治县	民俗	4	市级
114	苗家八大碗习俗	松桃苗族自治县	民俗	4	市级
115	苗族“六月六”	松桃苗族自治县	民俗	4	市级
116	苗族“接龙”	松桃苗族自治县	民俗	4	市级
117	苗族银饰制作技艺	松桃苗族自治县	传统技艺	4	市级
118	清明会	石阡县	民俗	4	市级
119	平安会	石阡县	民俗	4	市级
120	侗族民间刺绣	石阡县	传统技艺	4	市级
121	木姜子蒸馏工艺	石阡县	传统技艺	4	市级
122	传统木雕技艺	石阡县	传统技艺	4	市级
123	土家桶子屋传统建造工艺	江口县	传统技艺	4	市级
124	江口米豆腐制作工艺	江口县	传统技艺	4	市级
125	土法造纸	江口县	传统技艺	4	市级
126	傩面具雕刻工艺	江口县	传统技艺	4	市级
127	土布制作工艺	印江土家族苗族自治县	传统技艺	4	市级
128	绿茶制作技艺	印江土家族苗族自治县	传统技艺	4	市级
129	土家刺绣	印江土家族苗族自治县	传统技艺	4	市级
130	油纸伞制作工艺	印江土家族苗族自治县	传统技艺	4	市级
131	土家族摆手舞	印江土家族苗族自治县	传统舞蹈	4	市级
132	高台狮子灯	印江土家族苗族自治县	传统体育、游艺与杂技	4	市级
133	土家族唢呐长号制作技艺	沿河土家族自治县	传统技艺	4	市级
134	思州古茶制作技艺	沿河土家族自治县	传统技艺	4	市级

续表

序号	名称	所在县	类别	公布批次	备注
135	土家族“香包”·“嘓角”气炙法	沿河土家族自治县	传统医药	4	市级
136	树皮堆画	沿河土家族自治县	传统美术	4	市级
137	傩堂戏	沿河土家族自治县	传统戏剧	4	市级

二、非物质文化演出模式

铜仁市文化旅游资源存在分布分散性和同质性现象，文化资源在相邻的地方都有，或者是在每个地方只具有一个或几个侧面特色，没有整体性。因此铜仁市在非物质文化资源开发中需要采取主题化、集约化的手段，进行资源的聚合，通过移植、借势、嫁接等手法，实现资源的优化配置和整合。

在非物质文化遗产项目德江傩堂戏系列化产品谱系和整体性的深度体验社区，在主题凝练中将文化情境化，如德江傩堂戏的“娱人”部分，可以使旅游者参与其中，从而留下自己的、唯一的、值得回忆的感受，达到身临其境，感同身受的效果，实现侗族风情立体化的全面客户体验。

在文化保护和开发利用过程中，传承德江傩堂戏文化精髓，让文化背后的经典人文故事和历史遗迹重新散发出新的活力，并成为文化旅游的重要吸引力。

第三节　铜仁市文化创意旅游产业发展的主要痛点

铜仁市文化旅游产业发展刚刚起步，文化旅游产业赖以发展的各类文化旅游资源为多部门管理，难以协调，现行的法律法规已经不能满足现实需求，政策扶持力度不够，其发展存在一定问题。

一、缺乏文化自信

多年来，当地并没有把文化产业发展当成重要的抓手，文化成果系统转化为文化产品梳理不清，旅游文化产业仍存在文化内涵挖掘不够，缺乏科学合理的规划设计，思想观念需要大解放。文化旅游宣传更多地停留在对旅游资源丰富性的宣传上，没有能列入省级、国家级旅游拳头产品。多数的文化体验旅游项目还处于旅游者自发组织的阶段，旅行社关于文化体验旅游的业务还没有形成规模效应。①

二、文化事业成长艰难

铜仁市的民族文化发展资金有限，文化设施老化，无法开设各种文化培训活动。虽然具有丰富的民俗文化、生态文化资源，且发展特色产业潜力巨大，但是目前由于发展特色产业资金不足、基础设施相对薄弱，尚未形成一定规模的文化产业效益。

三、缺少产业融合型产品

体制机制不健全，一定程度上制约着旅游文化产业健康发展，导致产业转型升级缓慢、有效供给不足、高品质产品和服务短缺、发展质量和综合效益不高，迫切需要在未来发展中切实有效地加以解决，以促进全市旅游文化产业持续健康发展。文化旅游产业的发展，是调整经济结构、转变经济发展方式的有效途径，具有良好的经济效益和社会效益。但铜仁市文化旅游产业链短，市场开发不足，因此在“十三五”期间乃至更长的时期内，应该着力加快旅游业和文化产业的融合，加快培育文化旅游产业，使其尽快成为铜仁市国民经济的支

① 杨晗：《黑龙江省少数民族旅游发展研究》，载《黑龙江民族丛刊》，2017（12）。

柱产业。[①]

（一）少数民族文化展示不够

文化活动场所零散、少数民族博物馆、民俗馆等的文化展示技术落后，大量少数民族文化遗产亟待进一步系统整理、挖掘、认证、复原保护和创意开发。

（二）文化创意旅游工艺品制作以作坊式为主，生产规模小

少数民族工艺品生产与产业化发展还停留在私人作坊式运作模式，由于个体小作坊的运作，现在一些非物质文化遗产因传承人流失和资金严重短缺等原因，其生存已经受到威胁。一些传承人甚至在条件极其恶劣的小作坊中艰难生存，其技艺的保护与传承成了最重要的问题，[②]很难实现创意产品开发，多元化经营更是“天方夜谭”。这与国家文化发展大趋势要求相差甚远。

四、文化创意创新型人才稀缺

铜仁市从事民族文化创新型研究的专门性人才非常缺乏。虽然成立了铜仁市相关文化研究院所等，但从事少数民族文化研究的人才还没有培养起来，研究范围过于分散，学术研究氛围不够浓厚。而且多个县、乡镇非物质文化传承人出现老龄化、断层现象，少数民族艺术团体亟待整理文化传承资料并进行文化传承梯队建设工作。

第四节　文化创意旅游融合发展路径

特色化是推动铜仁市文化创意旅游产业转型升级，体现旅游文化独特魅力之所在。要突出铜仁市多元历史文化、绚丽民族文化的鲜明特色，重点建设一

① 铜仁市人民政府：《铜仁市十三五旅游发展规划》，2016。

② 石美玉、孙梦阳：《非物质遗产旅游利用中的三大环节探论——以北京为节点的实证研究》，载《旅游学刊》，2010（6）。

批具有较高水平的文化创意旅游产业园区、精品景区、民族特色城镇和乡村，开发一批具有地方文化、民族文化特色的旅游文化产品，培育打造一批旅游文化演艺精品和民族文化节庆品牌，进一步增强铜仁市旅游文化的吸引力和产业核心竞争力。

一、政策高屋建瓴

制定文化旅游产业发展政策。包括产业组织政策、产业结构政策等。产业组织政策的主要内容是通过利用规模经济、组织适度竞争秩序、提高产业技术等途径，实现产业组织的高效化和合理化。产业结构政策的核心是促进产业结构的合理化，提高产业结构的转换能力，从推动产业结构合乎规律的转换中求速度、求效益。产业结构政策包括产业计划、经济立法、税收结构、预算分配结构以及价格政策、信贷政策在内的调节系统。[①]

（一）统筹规划，优质发展

加强顶层设计，加快对文化旅游产业管理体制机制的改革创新。组织相关人员，编制《铜仁市“十三五”文化与旅游产业发展规划》，按照“融合品牌化、布局区域化、经营集约化、生产标准化”的要求，合理规划文化产业发展。突出少数民族地域文化特色与创意设计，有效保护历史文化街区和历史建筑，建设形象鲜明的民族特色文化城市，重点规划产业与文化融合建设，重视对文化内涵的审查、梳理和再创造。因地制宜地融入文化元素，培育民族文化品牌，开发文化产业市场。强化统筹协调，积极促进文化与旅游在规划、项目、资金、节会、产品等方面共享资源信息、支持政策、发展平台，实现深度融合、快速发展。借鉴吸收国内外文化旅游的先进理念和成功经验，科学制定文化旅游发展规划，提高资源开发层次和水平，实现经济效益、社会效益和生态效益同步提升。[②]

① 周勤、余晖：《转型时期中国产业组织的演化：产业绩效与产业安全》，载《管理世界》，2006（10）。
② 甘肃省人民政府办公厅：《关于印发甘肃省文化旅游产业发展专项行动计划的通知》，2018-06-03。

（二）拓宽资金渠道，完善配套政策

加大对文化旅游产业的支持力度。建立和完善文化创意旅游产业项目和企业认定标准。发挥财政税收政策的扶持引导作用，政府的投入，重点用于文化旅游宣传推介和交通等基础设施建设。用足用好国家和贵州省出台的支持文化产业、旅游产业发展的各项优惠政策，全面落实市委、市政府加快建设旅游强市的工作部署，在财政扶持、金融支持、税费优惠、用地保障等方面倾向旅游文化消费市场。充分利用国家关于金融支持文化产业发展的政策，开发和推广适合文化旅游产业特点的保险品种。推动通过财政贷款贴息等措施，调动金融机构扶持文化旅游产业发展的积极性。鼓励商业银行创新信贷产品，提高专业化服务水平。扩大文化旅游企业直接融资规模，鼓励、支持、引导处于成熟期、经营较为稳定的文化旅游企业上市融资；鼓励、推动成长型的文化旅游企业通过发行短期融资券、中期票据、中小企业集合票据等企业债务融资工具，多渠道筹措发展资金。积极引导民间资金进入文化旅游产业领域，鼓励社会资本进入文化旅游产业。搭建金融对接文化旅游产业的公共服务平台。①

（三）市场转型，产业升级

采取以市场需求为导向、以市场运营为手段的互补共赢的思维方式，完善产业综合竞争力，调整文化产品结构，整合文化创意旅游市场资源，加强文化创意旅游产品深度开发，形成文化旅游市场的共赢。要从建立大市场的高度，营造创意旅游大环境，延长文化旅游产业链条，实现文化旅游产业结构的全面升级和优化，推动铜仁市文化旅游产业发展。

（四）统筹协调，转变机制

要提高政治站位，切实担负起新时代文化建设的新使命，持续精准发力，加快推进文化产业发展步入快车道；要加强统筹谋划，强势推进文化产业重点项目建设；要强化通力协作，凝聚加快发展文化产业的强大合力。并按照“坚定文化自信，推动社会主义文化繁荣兴盛”的部署，解放思想、坚定信念、勇

① 《两会代表委员议文化金融，支持文化旅游产业》，载《中国文化报》，2013-03-22。

于担当、锐意进取、真抓实干，以良好的精神状态和扎实的工作作风，加快建成以“一带双核”为龙头的省“十三五”时期铜仁市13个重点文化产业项目和一批获得省文化产业发展专项资金、省文化产业扶贫“千村计划”支持的项目，加快推动全市文化产业发展，为社会主义文化繁荣兴盛做出更大贡献。

二、搭建公共服务平台

（一）重大文化惠民工程

建设公共文化服务体系建设工程。均衡配置公共文化资源，积极鼓励和引导各方力量加入文化公共事业，健全文化事业服务体系。建设铜仁市公共图书馆、民族文化馆、创意文化博物馆、铜仁广电中心、工人文化宫、妇女儿童中心、青少年活动中心、群众文化艺术中心等项目。新建和改扩建一批县级图书馆、文化馆、档案馆、妇女儿童中心、青少年活动中心、群众文化艺术中心。新建和改扩建镇（街道）、村级文化活动中心、农村文化大院和乡村学校少年宫。实施公共电子阅览室建设计划、农村数字电影公益放映项目等。

加快推进文化信息资源共享工程和网上思想文化阵地建设。广泛开展社区文化、村镇文化、校园文化、家庭文化等群众性文化及民族文化进校园活动。加强抢救性文物保护、历史文化名城名镇名村保护设施建设，加大古建筑群保护，完成古城修缮工程。

（二）少数民族文化遗产保护工程

1. 传统村落文化遗产保护工程

加强列入中国传统村落名录的村落的保护，全面保护民族村寨、特色民居、历史建筑、文物古迹，对少数民族语言文字、民族风俗等进行抢救，保持传统村落空间、文化、价值的完整性。

2. 建设文化旅游产业融合基地

根据文化产业发展规划，经过5—10年努力，建成一个大型文化园区和一批重要的文化基础设施，培育出一批文化产业龙头企业，构建特色鲜明、支柱较多的文化产业体系，推出一批文化精品和一批文化人才，不断提升文化创新能力；文化产业增加值的年均增长速度高于20%，文化产业对GDP的增长贡献率达到4%—5%，成为新的经济增长点和支柱产业，文化在经济社会发展综合实力竞争中的地位和作用更加突出。①

江口县建成养生之都、佛光之城，松桃苗族自治县建成国际苗族文化城，石阡县建成国际旅游休闲养生目的地、温泉之都，印江土家族苗族自治县建成避暑之都、书法之城，德江县建成黔东北区域中心城市、傩戏之乡，思南县建成黔中首郡、乌江明珠，沿河土家族自治县建成铜仁北入长江桥头堡、土家文化城。支持德江、思南撤县建市，支持德江县建成黔东北区域中心城市，推动江口县撤县设区，稳步推进乡镇行政区划调整。将铜仁市现有文化产业基地建好，同时计划创建5个国际级文化产业园区，建设文化旅游产业园区40个，进一步建成创意旅游、影视基地等。

3. 非物质文化遗产保护工程

充分发挥优势，以“民族文化传承体验和自然生态体验”为诉求点，以少数民族文化体验理念，深挖少数民族饮食、服饰、居住、祭祀、婚庆、农耕、节庆、“非遗”八大文化旅游体系。加强非物质文化遗产保护，开展非物质文化遗产数字化工程，将非物质文化遗产以文字、图片、音频、视频的形式保存起来，并录入数据库，完成全市国家级、省级、市级非物质文化遗产代表性项目数字化工作。在此基础上，创新、提炼、升华、挖掘非物质文化遗产，改变以往传统规划模式，全部采用少数民族文化元素，突出民族文化精髓，逐渐培育为高附加值项目载体，具有特质和原创性，通过不可模仿性，使项目具备独特的市场发展空间和核心竞争力。

4. 重大特色文化工程

深入打造碧江龙舟、万山鼟锣、玉屏箫笛、松桃绝技绝活、江口金钱杆、石阡毛龙、印江书法、思南花灯、德江傩戏、沿河土家山歌等特色文化品牌。高屋建瓴，全面而动态地展示少数民族文化，构建立体化文化宣传体系，不断

① 铜仁市人民政府：《梵净山文化旅游经济圈发展战略规划》，2018。

推出原创文化产品和服务，推动特色文化产业发展。强势推进少数民族非物质文化遗产展示、博物馆巡回展示、少数民族祭祀仪式活动等。同时，完善少数民族博物馆、美术馆等公共文化设施功能，提高展陈水平。

5. 推动少数民族文化遗产保护大数据平台建设

开展侗族少数民族艺术数字化保护与传承等工作，形成“互联网＋”少数民族文化创意系列数字产品。建设与保护少数民族非物质文化遗产品牌应用、少数民族原始建筑村落数字漫游应用、少数民族原始建筑村落虚拟空间还原应用示范（3D）。大力推动传统文化单位发展互联网新媒体，推动传统媒体和新兴媒体融合发展，提升铜仁市先进文化互联网传播吸引力。

6. 推动非物质文化德江傩堂戏虚拟仿真技术应用

推动德江傩堂戏多学科学术研究，系统研发德江傩堂戏虚拟仿真技术，完成德江傩堂戏产业开发、优化与升级，加快德江傩堂戏数字产业发展。推动德江傩堂戏文化产品和服务的生产、传播、消费的数字化、网络化进程。强化德江傩堂戏非物质文化对信息产业的内容支撑、创意和设计提升，加快培育开发德江傩堂戏为新型业态。

三、创建文化旅游名优品牌

（一）创新融合、转型升级

采取“文化＋旅游”模式，建立山地温泉旅游产业带、民族温泉健康产业带和文化创意温泉产业带。

自西往东，产业带上重要区、县节点分别为：关岭布依族苗族自治县—水城县—赫章县—大方县—织金县—清镇市—贵阳市乌当区—都匀市—平塘县—独山县—荔波县。依托区、县的黄果树瀑布、屯堡景区、百里杜鹃、织金洞、荔波樟江等旅游目的地，注入健康温泉旅游目的地概念，突破贵州旅游的季节性，将景区游览和365天健康温泉疗养相结合，组合发展多重旅游产品。

自北往南，产业带上重要区、县节点分别为：沿河土家族自治县—德江县—思南县—石阡县—施秉县—黄平县—台江县—剑河县—黎平县—从江县—榕江县—荔波县。依托各县的少数民族特色裸浴、苗药、瑶浴、中草药种植等，搭配温泉健康理疗计划、温泉健身保养计划、温泉美容计划、少数民族温泉药浴等课程，运用科学理化指标对每个温泉游客提供免费检测，同时收集大数据，将当地少数民族文化、洗浴文化、医药文化和温泉康疗深度结合，提升游客的体验感和对民族医药的认同感，延长旅游度假的时间。

自西往东，产业带上重要区、县节点分别为：仁怀市—遵义市—湄潭县—余庆县—石阡县—岑巩县—玉屏侗族自治县—铜仁市。依托市、县的特色文化，如仁怀市的酒文化，利用温泉和酒糟打造“酒温泉”；湄潭的茶文化，茶与矿泉水、茶多酚与小分子矿泉水结合的美容产品；岑巩思州文化，砚艺术小镇与温泉小镇的融合等，再赋予文化创意艺术，提升为高品位、高品质的产物，差异化拉动各地区的产业发展。

（二）开发城市文化旅游

深入挖掘铜仁城市经济圈及周边地区少数民族历史、民俗、建筑、饮食、服饰、宗教等文化传统，通过博物馆、艺术馆、民俗文化村、民居客栈以及充满地方民族符号包装的商业、宾馆、酒吧、咖啡馆、歌舞剧院等设施，加上民族节庆表演、歌舞演出、特色体育、民族文化论坛等软件载体，提升老城区的品质和内涵。①

建议办好铜仁市相关国际文化博览会、铜仁市生态文化国际旅游节、茶叶产业博览会等重点节会，鼓励县、镇社会团体及企业举办各类文化旅游活动，全面宣传推介铜仁市文化旅游项目和产品，放大节庆品牌效应，以节庆促销，以节庆促游。以东亚、东南亚、中西亚、欧洲为重点，以建交纪念日、节庆日等为时间节点，积极组团赴东南亚沿线国家和地区开展“茶叶文化周”等文化旅游推介会等活动，加快推动铜仁市文化旅游品牌“走出去”。充分运用传统媒体与新媒体、自媒体开展多层次、全方位的营销推广，全面提升铜仁市文化

① 铜仁市人民政府：《梵净山文化旅游经济圈发展战略规划》，2018。

旅游品牌的知名度和影响力。[1]

（三）开发梵净山文化产品

1. 推动环梵净山“金三角”文化旅游创新区提档升级

建议铜仁市政府创建“中国梵净山生态文化旅游示范区”，以便在发展生态旅游产业及创意产品开发等方面得到国家和贵州省更多的支持。丰富文化内涵和独特魅力，通过市场运作，打造一台具有民族和山地特色的演艺节目，丰富和打造更多文化精品，培育新型文化业态。

2. 大力传承民族文化，制定完善少数民族文化保护发展规划

高度重视文物和非物质文化遗产保护工作，挖掘传承民俗民间文化，让民族文化基因代代相传，推动铜仁民族文化“走出去”。保护利用生态文化，合理开发利用梵净山、佛顶山、乌江等生态文化资源，让生态资源成为支撑铜仁永续发展的基础性战略资源；大力弘扬红色文化，教育引导广大干部群众从厚重的红色资源中汲取营养，继承和弘扬革命先辈精神，自觉践行社会主义核心价值观。大力挖掘佛教文化，办好梵净山生态文明与佛教文化论坛，建成“四大天王寨、十八罗汉村”人文景观、梵净山佛教文化园、弥勒文化博物院，使佛教文化与建设社会主义先进文化、构建和谐社会相适应。以影视、文学、美术、音乐、舞台艺术为重点，组织全市文艺工作者广泛开展以“深入生活、扎根人民”的主题实践活动，培育一批在全市甚至全国有影响的铜仁文学文艺家群，为全市文化产业发展提供人才支撑。[2]

3. 加大环梵净山“金三角”文化旅游创新区景区景点建设

突出做好“两山”（梵净山、佛顶山）一水（温泉）一石（思南石林）文章，开发差异明显、特色互补的旅游产品，让游客游览一处感受一种文化、走一步体验一种新奇，打造具有综合竞争力的高品质文化旅游区域，建成国际休闲养生目的地。

① 铜仁市人民政府：《铜仁市国民经济和社会发展第十三个五年规划纲要》，2016。

② 铜仁市人民政府：《铜仁市国民经济和社会发展第十三个五年规划纲要》，2016；《国务院关于推进文化创意和设计服务与相关产业融合发展的若干意见》，载《中国文化报》，2014-03-17。

实施文化旅游景区提升行动，以梵净山景区旅游改革为突破口，深度挖掘梵净山“一核两带”等景区文化内涵，丰富参与互动项目，打造高端体验项目，带动全市文化旅游创新融合、业态转型升级。实施旅游文化演艺推进行动，搭建文化演艺机构和旅游景区等之间的交流对接桥梁，使景区实现驻场演艺常态化。凝练少数民族民俗、婚姻、宗教、农耕等文化元素，开发再现、活化、衍生等系列主题旅游产品，实现文化产业和旅游产业相互促进、共同发展。[①]

（四）少数民族创意产品

运用创意设计手法，从政治（军事）、经济（民俗）、文化（文学艺术）等方面取材，挖掘人物故事创意，创新工艺品设计，优化旅游体验结构，推动旅游纪念品设计。充分利用纪念品功能，创新特色和个性的旅游纪念品，确保游客的参与性与旅游纪念品的独特性，更好地满足游客的需要。

另外，不断开发礼仪休闲用品、少数民族服装服饰、数字产品、少数民族食品、少数民族文化体育用品等创意品牌，形成一批综合实力强的自主文化品牌，提高铜仁市整体效益和竞争力，使游客在愉快的购物体验活动中认识文化的历史，产生审美愉悦。

（五）少数民族特色小镇

一是依托少数民族文化底蕴，策划梵净山文化小镇，规划集民族特色文化广场、休闲饮食与客舍、民族风情园区、特色商贸购物区、游客服务中心及其他服务配套设施为一体的特色民族村镇，将乡村打造成以少数民族文化为主要表征和内涵的现代旅游文化综合体。

二是从产业生态化、园区景区化、景区全域化的理念出发，将旅游业与现代农业产业结合，在全市县乡，根据该地区土地特点，种植适合的具有高经济附加值的经济作物。目前计划实现柑橘、柚子、葡萄等的栽培。同时，利用不断丰富的农业产品、农事景观、乡土文化等创意和设计，着力培育一批休闲农业知名品牌，提升农产品附加值，促进创意和设计产品产业化，进而建设集农耕体验、田园观光、教育展示、文化传承于一体的休闲农业庄园。

① 铜仁市人民政府：《铜仁市国民经济和社会发展第十三个五年规划纲要》，2016。

（六）茶文化产业融合发展

1. 坚持文化创意与茶叶产业布局结合

大力发展旅游文化新产品新业态，突出资源特色，打造高端精品名牌。突出茶文化资源特色和区位优势，积极推进茶叶品牌整合提升打造，打造梵净山翠峰茶、石阡苔茶等品牌，大力开发茶饮料、保健茶、茶多酚等新型产品。着力打造具有较强核心竞争力的高端旅游文化产品体系，做好优质旅游文化服务，推进旅游文化产业转型升级和提质增效。

2. 培育茶园旅游精品名牌

精心培育印江、松桃、江口、梵净山等旅游休闲精品茶园名牌，着力打造茶园品牌形象体系。同时，整合旅游宣传促销资源，充分利用各种宣传媒介和促销渠道，加快茶叶产业宣传促销力度，推进区域茶叶产业合作和交流，不断提升茶产业的知名度和市场竞争力，促进茶产业跨越式发展。

（七）温泉为媒的大健康产业

以大生态、大健康为目标，顺应人们越来越注重身心健康、养生养老等消费需求，有效利用全市地热、温泉密集的优势，开发建设以温泉养生、康复疗养为重点，理念创新、设计新颖、设施配套的温泉养生度假产品。充分发挥全市森林资源丰富、分布广泛的优势，大力开发以“天然氧吧”森林康体浴等为特色的森林康复疗养产品。

建设一批医疗健康旅游项目。充分发挥铜仁市丰富的中医药、民族医药、生物保健等资源优势，重点建设一批医疗健康旅游项目，打造以治疗、康复、保健、美容等为重点，以休闲度假为补充的养体养心与医疗健康旅游产品，建成国际著名、国内一流的医疗健康旅游目的地。

建设一批养老养生旅游基地。充分发挥铜仁市自然生态、地质地貌、立体气候等资源环境优势，面向中青年养生、老年人养老等消费市场，结合养老服务业发展，重点建设一批养老养生基地，大力开发多样化、多层次的养老养生旅游产品，不断丰富养老养生内容，满足日益增长的养老养生旅游需求，努力把健康养生旅游培育成为铜仁市旅游文化产业的新品牌和新亮点。

（八）梵净山体育项目开发

运用现代科技，再现虚拟时空，构建虚拟体验系统。体验者根据扮演的角色，设定一定的故事情节。通过操纵杆可以以多种方式（步行、车行、飞行等）自由地漫游在虚拟的历史场景中。在这个系统中，参观者化身为虚拟的人物形象在虚拟场景中活动，除了可以随心所欲地徜徉在历史时空中，同时还可以和与他们擦肩而过的历史人物进行互动，其他的观察者可以通过立体眼镜观看体验者的神奇之旅。

还可以打造高端梵净山国际登山大赛、梵净山山地自行车大赛、玉屏国际箫笛演奏大赛等重大赛事活动。充分发挥全市独特的高原体育训练、户外运动和立体气候环境等优势，积极发展极限运动、定向运动、拓展训练、翼装飞行、滑翔伞、热气球、江河漂流等为重点的户外运动产品和时尚体育旅游产品。高科技的运用就是在梵净山体验模式和游憩方式上进行创新，应充分运用高科技手段，增加互动性、娱乐性和动感化体验项目。

四、实施文化创新人才培训计划

（一）健全培养机制

实施少数民族文化创新、创意人才培养计划，凝结民族地区人才的力量与才智，是增强民族文化软实力，贯彻落实科学发展观，构建社会主义和谐社会的客观要求与必然选择。

（二）建设校园文化基地

抓好文化政策落实，建立高校非物质文化基地，强化监督指导。

建议市政府及有关部门要加强对所属高校非物质文化基地的指导和建设工作，要加快完善本地或本部门促进高校科技成果转化的政策法规，在基地落实落细，支持和推动高校探索符合本校实际、具有本区域特色的改革政策，同时要加强对所属高校基地建设过程的监督与检查，规范基地的日常管理，加快形成一批可复制、可推广的经验和政策，积极探索机构化、市场化、职业化、国际化有效机制。

（三）打造创新型人才和文化管理型人才

发挥职业教育在文化传承创新中的重要作用，重点建设一批少数民族文化传承创新专业点。推动民间传统手工艺传承模式改革，培养一批具有文化创新能力的技术技能人才。拓宽少数民族传承人范围，建立健全文化传承人保护机制。按照阶梯式年龄段培育热衷于本民族文化的艺术人才，缓解少数民族文化人才青黄不接的断层局面。推动实施文化创意和设计服务人才扶持计划，营造有利于创新型人才健康成长、脱颖而出的制度环境。

为满足少数民族农民文化生活的需求，加强文化管理人才与专业技能人才的培养，继续与院校合作，实行高层次人才培训计划，开设文化创新、创意相关课程，同时，聘请专家进行远程教育培训。

第五节　梵净山山地生态文化创意旅游策划案

梵净山位于贵州省铜仁市的印江土家族苗族自治县、江口县、松桃苗族自治县交界处，为武陵山脉主峰，海拔 2572 米。原始生态保存完好，1982 年被联合国列为一级世界生态保护区。梵净山拥有丰富的野生动植物资源，比如黔金丝猴、珙桐等珍稀物种。这里风景美丽、自然，进入山区完全看不着人工景色的痕迹，其主峰的“蘑菇石”是著名的一道景观，是旅游不可多得的一个地方。朝拜地——老金顶（梵净山老山）海拔 2494 米，新金顶（新山）海拔 2336 米。

梵净山是云贵高原向湘西丘陵过渡斜坡上的第一高峰（相对高度达 2000 米），它不仅是乌江与沅江的分水岭，而且还是横亘于贵州、重庆、湖南、湖北四省市的武陵山脉的最高主峰。梵净山是武陵山脉的主峰，是国家级自然保护区，是联合国“人与生物圈保护区网”成员，总面积 567 平方千米。梵净山全境山势雄伟，层峦叠嶂；坡陡谷深，群峰高耸；溪流纵横，飞瀑悬泻；古老地质形成的特殊地质结构，塑造了它千姿百态、峥嵘奇伟的山岳地貌景观。典籍上考证，梵净山唐朝以前称“三山谷”“辰山”“思邛山”，明代以后称“梵净山”，“梵净”乃“佛教净界”之意。

梵净山的闻名与开发均起源于佛教，遍及梵净山区的四大皇庵、四十八脚庵庞大寺庙群，奠定了梵净山为著名“古佛道场”的佛教地位，为中国五大佛教名山中唯一的弥勒菩萨道场，佛教文化为苍茫的梵净山披上一层肃穆而神奇的色彩。梵净山植物类型多样，森林是梵净山区生态系统的主体，森林资源是其生物资源的核心。它既是生态系统的第一性生产者，又是能量流动与物质循环的枢纽；同时因其特殊的层次结构，形成了动物、微生物赖以生存的栖息环境地。

一、开发背景分析

（一）增强旅游引擎功能，助推美丽梵净山建设的需要

围绕梵净山区，充分发挥旅游产业引擎功能，提升人居环境，着力推进环梵净山区绿色发展、低碳发展、持续发展，加快美丽梵净山建设。

（二）推动城乡一体化建设，带动农民脱贫致富的需要

充分发挥旅游业对农村经济、就业、扶贫及其他相关产业的带动作用，大力优化农村发展环境，改善基础设施，促进农村经济发展和农民脱贫致富，着力统筹城乡发展，加速实现梵净山区城乡一体化。

（三）发挥旅游节点作用的需要

梵净山地理区位独特，交通区位优越，是连接江口、松桃、印江县（自治县）的重要节点。加快旅游景区建设，大力发展旅游业，对于整合区域旅游资源，加强旅游区域合作，推动铜仁市旅游业发展具有重要意义。

（四）借力乡村旅游发展，引领美丽家园建设的需要

按照宜农则农、宜旅兴旅的要求，以旅游业与农业融合发展的目标，积极调整农村产业结构，引导周边村落发展生态农业、乡村旅游等产业，着力促进产业转型升级，以乡村旅游发展为契机，推动乡村美丽家园建设。

（五）加强地方文化传承与保护的需要

项目区所在地资源较富集，文化底蕴深厚，地质文化、古建筑文化、农耕文化等多种文化在此汇集，以旅游业发展为契机，科学开发文化资源，有利于促进地方文化的传承与弘扬。

二、开发条件分析

（一）优势条件

1. 区位优势明显

项目区位独特，位于贵州省东北部印江土家族苗族自治县、江口县、松桃苗族自治县三县边境，节点作用明显。从地理区位上看，国家级保护区梵净山位于贵州省东北部的铜仁地区，梵净山山门距铜仁市 80 千米，距省会贵阳 460 千米。有重庆—梵净山、湖南凤凰—梵净山、凤凰—铜仁—印江梵净山、梵净山—云舍土家族村寨—太平河、江口—大龙—贵阳（高铁）、广州—梵净山、长沙—梵净山等交通线路。

2. 旅游发展具备较好基础

（1）旅游资源类型丰富

项目区景观奇特，资源丰富，类型多样，具有较高的开发价值。

气候资源：项目区植被葱郁，生态优良，气候宜人，是休闲度假的好去处。

景观资源：梵净山山地峰林景观保存较好，极具典型性和代表性。

田园风光：民居、群山、河谷等组合而成的乡村田园风光、原汁原味、清净悠然。

（2）旅游发展基础较好

区内旅游资源经过一定的整合性开发，成功打造了国家级度假区，并具备了一定的旅游市场影响，借助区位、交通和环境优势，以民族村寨为主体的乡村旅游具有较好氛围。

3. 文化内涵丰富

项目区历史文化悠久，文化内涵丰富。民居文化底蕴深厚，特色鲜明、建筑奇特。

（二）劣势条件

1. 观念落后

一是旅游开发建设缺乏科学规划和统一管理，城镇、生态规划和建设缺少旅游功能，旅游配套设施不完善，不能适应现代旅游发展的需要；二是由于大环境制约，没有重视新型旅游项目的开发与创意设计，政府资金导向性投入不足，社会招商成效不大。

2. 农民新建住房缺乏规划且无特色

项目区范围内民居建设缺乏规划、房屋杂乱、建筑缺乏特色，一定程度上破坏了原汁原味的乡村风貌。

3. 经济基础比较薄弱

以传统种养殖业为主，经济结构相对单一，农产品附加值不高，农民收入来源、经济基础比较薄弱。

4. 旅游景区景点可进入性差

山地旅游区（点）建设相对滞后，吸引力不强。旅游交通服务体系的不完善制约了景区景点的可进入性，重点旅游区仍存在交通制约的问题，给旅游业发展带来不利影响。总体发展水平在贵州省处于较为滞后的状态，投资乏力，投资环境有待改善。

5. 没有形成个性化山地旅游目的地

旅游资源开发度低，多数资源受规模小、位置偏、空间分布散等因素的制约，整合难度大。主体产品、规模产品少，旅游产品结构单一，季节性很强，深层次开发和动态展示不够。

三、总体定位

（一）目标定位

梵净山国家休闲公园主景区；国家5A级景区；城乡一体化示范区。

（二）形象定位

诗意田园；十里画廊；沿山花海；梵山净土。

（三）功能定位

自然山体观光；民俗文化体验；地质科普探奇；田园乡村休闲。

（四）市场定位

以铜仁市及其周边城市为核心市场，以贵州省内其他城市为重点市场，以贵州过境游客为机会市场（主要针对探险旅游、科普教育旅游、自驾游、乡村休闲游等市场）。

五、空间布局

借势环梵净山“金三角”旅游影响和铜仁市的城市发展，立足梵净山区长远发展，依托梵净山自然资源和文化底蕴，构建“一心集散、一环（梵净山）串联、三县节点和五县联动”的空间结构，打造以此为核心的佛教文化和生态休闲度假旅游区。其中：一心指碧江区游客服务中心；一环指梵净山生态景观环线；三县节点指江口、松桃、印江县（自治县）的环梵净山景区；五县指江口县、松桃苗族自治县、石阡县、印江土家族苗族自治县、思南县。

六、主要支撑项目

（一）女性修心木屋

1. 规划选址

所选规划地位于梵净山附近的江口县，占地面积 3 万平方米。

2. 策划思路

拟建 100 座小木屋，为女性游客提供修心、住宿功能。修心木屋位于景区观光车主干道西侧，交通便利；背山靠水，环境静谧清幽，是极佳的修身养息之所。修心木屋日可赏水库山林风光，夜可观星辰变幻，闲暇时刻听晨钟暮鼓。木屋内各项设施一应俱全，布置典雅舒适，同时配有自动生成有机肥的厕所，凸显人与自然的和谐统一。修心木屋背靠的山林面积较大，因此可以将一部分稍微平坦的区域开辟为乐园，种植药材，按照景观审美原则进行分层规划培植。园内可以按照药材的功效进行分类划片种植，主要种植养生药材，如三七、陈皮、杜仲等。各片区之间甬道可用小卵石铺设，宽约 1 米，供休闲游客健身（足部按摩）之用。

在修心木屋旁配备一间素斋餐厅，装修风格与旅游综合服务中心的整体仿古徽派建筑风格统一。同时，为切合梵净山的佛教养生文化，以素菜为主打，如慈心于物（黑木耳养生羹）、凡事包容（海苔素卷）、绿色山菜等。为保持菜品的质量，素斋餐厅所用的食材一律从当地农民处采购，力求天然无污染，为游客提供生态、健康的养生食品。

3. 度假别墅

该项目位于水云间大酒店后方，共设置四栋不同主题的乡间木屋，占地 96459 平方米。拟建 100 座不同主题风格的木屋，主要有耕读文化主题木屋、浪漫满屋主题木屋、康健养生主题木屋、动漫化原野主题木屋等。

（1）耕读文化主题木屋

体现乡间耕读文化的木屋民宿，室内张贴 20 世纪六七十年代的报纸，布置 20 世纪六七十年代的生活物品。主要针对研学游游客，向游客传达爱国爱乡、崇文重教、勤劳俭朴、开拓创新的人文精神与价值理念。

（2）浪漫满屋主题木屋

室内采用景区内种植的浪漫的薰衣草、明艳的杜鹃花、清丽的桃花等素材进行装饰，并且室内种植各种颜色的花草。室内的装饰全部都是浪漫主题，包括墙纸、家居用品等，营造一种浪漫的喜庆气氛。可供新婚夫妇在充满浪漫的气息里，畅想未来，享受乡村的浪漫文化。

（3）康健养生主题木屋

木屋内应加大对养生体验产品的设计，开发“食养”“药养”“水养”“体养”“文养”五养等特色项目，构建能够满足不同游客需求的多档次、多品种、多元化休闲养生产品体系。

（4）茶文化主题木屋

自古以来梵净山地区就是绿色优良茶叶的主产区，有“茶树连坡，香传十里”的盛誉。因梵净山山地处高山南侧，空气湿润，常年云雾绕山，为茶叶的生长提供了良好的地理条件。其中的“山茶”，叶嫩而细小，富含氨基酸与多种维生素。

（5）动漫化原野主题木屋

室内装饰各种动漫人物的海报、墙纸，同时在室内放置绿植，增加木屋的绿色乡间气息，满足青少年游客的需求，增加居住的乐趣。

（二）养生部落项目

1. 养生项目一

规划选址于梵净山附近相对平缓的山地上。

在策划思路上，以宗教养生为核心理念，结合瑜伽、辟谷、禅修、艺术家为主题，设计四大部落，部落主要以当地古民居的建筑为设计原型，去繁留简，吸收当地元素符号，设计退台式风格的部落，共规划 53 间，每间建筑面积为 80—100 平方米，同时，每个部落配备一个美食屋，兼做购物商店，满足游客需求。保留现有梯田不被破坏，营造大地景观观赏体验空间。开展艺术展览、养生会议、禅修课堂等文化艺术活动，使之成为涵盖禅修、养生、艺术等文化活动的集结地。在各部落之间设立开放式耕作区间，生态的部落与悠然的农田相得益彰，共同体现部落的自然与逍遥。

在主题形象设计上，以“依托生态、保护动物、打造休闲新胜地”为主题，以生态为基石，在宁静、优雅且充满野趣的环境中享受美景，在原生态的动物园中野营，营造一种返璞归真的低碳生活氛围。

在功能定位方面，以观光度假、体验休闲、科普教育、动物保护等功能为主。游客可在此欣赏梵净山点地梅等众多花种，同时可以看到各种珍稀野生动物，与动物零距离接触，增强体验感。在观赏花的同时，了解更多与花草相关的植物知识，寓教于乐。

（1）瑜伽部落

通过现代和传统结合的养生方法，在整个部落里营造出健康、自然、生态的瑜伽部落氛围。针对不同年龄段的游客群体，量身打造瑜伽塑形、瑜伽健身、瑜伽养生、瑜伽祛病等不同的体验项目。

（2）辟谷部落

通过运用道家、古代医家的辟谷养生秘法，结合现代科学研究，打造身心调理、美容排毒、健康减肥等适合不同游客群体的项目，让游客体验独特的养生方法。充分宣传辟谷养生理念，聘请专业的养生专家，通过专业的指导，在不进食的状态下打通体验者身体与自然的通道，让体验者在梵净山优美的自然环境里吸取自然精华能量，增补人体元气，全面调节人体生理功能和病理系统，体验天人合一的道家养生。还可结合梵净山的本味食材，让游客在辟谷体验结束后又能品味健康生态的美味。

（3）禅修部落

利用景观园林要素创造一个宁静、平和的空间，同时制定严格的禅修制度，打造一个注重修行心灵、与纷扰外界隔离的禅修圣地。禅修部落主要由独立的小精品房组成，简洁大方，给禅修者提供床和地铺。

（4）艺术家部落

将其打造成为当代艺术家创作和生活的聚集区、当代艺术人才的吸引区，一个田园式的当代艺术与创意基地。居住其中的人们可以进行艺术交流和创作，从而深化景区的印记，使游客深受农耕文化的熏陶。

2. 养生项目二

该板块的重点项目包括野生动物园、马术俱乐部、梵净山点地梅、卡丁车。主要以野生动物园为核心，周边建设梵净山多年生草本植物和森林资源，为动物园提供点缀，其他项目都是对现有项目的改造提升。

（1）野生动物园

动物园位于梵净山山谷地带，占地约 3 平方千米，园内分为动物园接待中心、野生动物散养区、小型萌宠表演厅、儿童天地及办公区、员工宿舍等其他配套。野生动物园以“保护动物、保护森林”为宗旨，突出“动物与人、动物与森林”主题。动物园接待中心位于野生动物园入口处，其作用主要是为游客提供接待咨询服务、答疑解惑、休息的场所。接待中心的工作人员负责向游客简要介绍野生动物园的概况及相关注意事项。

（2）野生动物散养区

野生动物散养区位于野生动物园最内侧，该区域内分布大量自由活动的野生动物，包括狮子、老虎、狗熊、麋鹿等大型动物。游客可乘坐带安全笼的车辆在此参观游览，同时喂食动物，真正实现“人在笼中，动物在笼外”的场景，带安全笼的车辆电网和壕沟既将游客和动物安全隔离，又让游客与动物进行零距离接触。

3. 岩壁攀岩基地项目

该项目选址于规划区核心地带，在 567 千米范围内。利用域内现有的自然岩壁，开设户外攀岩项目，利用岩壁角度、石质的多样性设计、多样的攀登路线，让游客接近自然，充分体会攀岩的乐趣。此外，可设计供孩童体验的简易路线及供成年游乐体验的挑战路线。该项目也是旅游区的核心产品之一。

4. 裸足幽径项目

医学研究表明，赤脚走路是日常脚底按摩的一种方式，可以达到保健的目的。计划在旅游区杨家寨所在山体一带向右延伸至仙女洞山脚下，打造鹅卵石裸足幽径。

5. 森林运动基地

沿梵净山山体一带打造集运动、探险、休闲于一体的体验式森林运动基地。根据域内山林的特征，开辟一条供游客探险的户外穿越路线。路线由山岭、丛林、溪流、峡谷等不同地形组成，游客只靠行走去进行起点到终点的穿越，可考验自身的勇气和毅力。

6. 真人 CS 野战基地

利用域内的天然山林，设置当下非常热门的真人 CS 野战项目。该活动大人、小孩均可参与，是一个适合家庭总动员的户外活动。

7. 丛林越野基地

丛林越野即野外拓展训练。在域内较为艰难但有一定安全性的地方开展丛林寻宝、山谷扎营、睡袋御寒、堆石为灶、架薪取火、清泉汲水、毕业墙、信任摔背等活动，主要对象为青少年。通过丛林越野一系列的挑战活动，培养青少年积极进取的生活态度和相互协作的团队精神，在大自然中学习和体验，提高生活信念。

第六节 茶文化与特色创意旅游项目精准扶贫

茶文化旅游是一种新兴的旅游模式，它以茶文化为核心，将自然生态资源与历史人文资源充分结合，具有较高的文化价值、经济效益、社会效益和生态效益。茶文化旅游产业能够极大地促进当地旅游业的快速发展。

一、茶产业自然情况

（一）茶树分布

铜仁市环境优美，空气纯净，气候良好，森林覆盖率达 63.5%，是天然的茶场，沿河塘坝镇榨子村 1700 年的世界野生茶树王就是最好的名片。得天独厚的地理位置以及良好的生态环境为茶树提供了良好的生长空间。“铜仁茶产业要发展，就一定要结合独特的区位、地理、气候条件，立足生态优势将铜仁茶推向世界。”①

沿河县被誉为“中国古茶树之乡”，而塘坝镇榨子村正是千年古茶园所在地。自 2006 年发现千年古茶园后，前来参观考察、科考论证的人员络绎不绝，截至 2018 年，全镇零散分布的古茶树达 20000 余棵。2014 年 7 月，该镇的千

① 徐代刚：《铜仁市茶产业发展分析》，载《中国茶叶》，2018（1）。

年古茶在捷克布拉格举行的第十届国际名茶评比中荣获“金奖”，在2015年5月贵州省首届春茶斗茶大赛中，该镇选送的千年古茶品牌——“梵净山·古树针形茶”勇夺“古茶树类金奖茶王”称号，打响了“千年古茶”特色名片，有效地推动了当地的旅游发展和经济发展。2007年以来，铜仁市按照“强基地育主体、重加工提质量、融文化创品牌、扩市场抓销售”的全产业链发展思路，始终把发展生态茶产业作为富民强市的农业主导产业来抓，通过不断强化组织领导、资金投入、主体培育、品质提升和品牌打造，使全市生态茶产业实现了跨越式发展，取得了明显成效。

（二）茶叶企业概况

截至2017年，全市有30万亩以上种茶县1个、20万—30万亩种茶县3个、10万—20万亩种茶县3个；1万亩以上种茶乡镇63个、0.5万—1万亩种茶乡镇39个；1万亩以上种茶村15个、0.5万—1万亩种茶村47个；15亩以上茶叶家庭农场2196户。茶园规模从2007年的13.78万亩发展到2017年的189万亩，是2007年的13.7倍，其中投产茶园127万亩、幼龄茶园72万亩，建成了思南张家寨、松桃正大、石阡龙塘、印江新寨、江口骆象等10个省级茶叶高效示范园区，逐步形成了印江、松桃、江口环梵净山旅游观光茶区，沿河、德江、思南乌江特色茶区、石阡苔茶茶区等特色茶叶产业带。[①]

2017年，全市有茶叶加工企业561家、专业合作社427家，33.6万人从事茶产业。全市茶叶产值达74.72亿元，占全市第一产业增加值的36%。2019年，新建茶叶基地71万亩，全市茶叶基地总面积达到240万亩，位居全省第一；新增各类茶叶加工企业934家，培育市级以上茶叶龙头企业172家，实现茶叶总产量9.82万吨，产值达100亿元以上，茶园规模居全省第二，发展速度居全省第一。[②]

在带动扶贫效应方面，全市125个贫困乡镇中有71个产茶乡镇，2018年有茶园面积73万亩，贫困乡镇中的贫困人口涉及茶业产业人数17.9万人，占

① 《侗仁茶产业发展观察》，载《铜仁日报》，2018-10-18。
② 《铜仁市生态茶产业，十年发展，效果显著》，铜仁网，2018-04-08。

全市贫困人口总数 58.32 万人的 30.7%，贫困乡镇中的涉及茶业产业人员年均收入达到了 7214 元，全年茶业产业助推了 5.39 万贫困人口脱贫，带动贫困户人均增收 2259 元。①

为了更好地实现“铜货出山”，2013 年以来，铜仁有 28 个茶产品商标、7 家企业抱团入驻北京马连道茶叶批发市场，成立贵州梵净山茶城，梵净山茶北方市场销售额以每年 300% 的速度递增，2016 年入驻马连道茶叶批发市场的企业已有 11 家。印江、石阡、沿河等县（自治县）分别将“中国名茶之乡”“中国苔茶之乡”“中国古茶树之乡”国字号名片收入囊中，铜仁茶业销售市场已经延伸覆盖到全国各地，相继入驻淘宝、阿里巴巴、京东等电商平台，网络销售势头良好，铜仁茶声名远扬。②

铜仁市地处中国绿茶黄金产业带武陵山区腹地，东邻湖南，北接重庆市，是黔东门户。茶产业作为铜仁市六大经济作物之一、推进农业产业化经营的主要支柱产业，注重抓好、抓实茶产业经济的发展，这是发展铜仁市区域经济，提高铜仁市 GDP 的重要举措。

全市实现了以石阡、印江、松桃、沿河、德江、思南、江口 7 个重点产茶县为核心，推进茶园向核心乡镇、专业村集聚。

二、创意策划

（一）开发思路

以茶产业为特色和核心，重构和优化全市茶产业结构，加速新农村建设、茶产业结构调整、基础设施建设、小城镇建设等。

以发展特色茶农业为抓手，提升农业产业化水平，引导农民以市场为导向，以效益为中心，拓宽农民增收渠道，重点发展优质茶业等种植业，为茶业提供资源基础和环境背景。

---

① 《铜仁市生态茶产业，十年发展，效果显著》，铜仁网，2018-04-08。

② 《铜仁市发展茶产业实现绿色崛起》，载《铜仁日报》，2018-10-18。

以“梵净山”牌梵净山翠峰、“泉都坪山”牌石阡苔茶为两核，优先启动，带动周边，成为中国绿色生态茶叶之乡和茶发展引擎。

（二）坚持茶文化旅游产品的开发原则

1. 茶业商品本土化

以文化为背景，充分利用铜仁文化符号、特色农副产业、农业加工业等资源设计，开发具有浓郁地方特色的茶业商品。

2. 景区商品专属化

在铜仁市茶业商品开发的基础上结合铜仁市文化特色等茶山自身文化特色，开发专卖产品，避免产品雷同性。

3. 商品包装特色化

茶业商品的包装在设计上应充分体现铜仁市深厚的文化底蕴，在材质上可以纸、竹、木、泥、植物茎叶等自然材料为主，因地制宜、量才施用地设计制作各种包装物品，从而保持一种对传统文化、民族风格的关注和深化体验，对自然、健康环保的绿色追求。

（三）打造“梵净山”牌茶文化旅游品牌

1. 引导本地茶园购物产业形成产业聚集效应

鼓励茶叶有限公司等现有规模较大的茶园商品生产企业扩大公司规模。依托农业产业基地设置农产品加工产业园，引导中小型茶园商品企业向园区聚集。

2. 加强茶园商品企业培育

引导当地产业园研发生产系列茶叶，依托食品加工产业园研发生产休闲零食、茗茶、营养保健品等茶园商品，培育茶园商品生产企业；积极鼓励和支持民间茶园商品生产作坊的发展。铜仁茶叶要做大，不仅是在种植上要扩大面积和改良品种、提高产品的附加值，而且要通过建立具有带动示范效应的茶叶交易市场，扩大铜仁茶叶的市场竞争力和辐射范围。

3. 提高茶园商品研发，鼓励生产多元化茶园商品

引进文化创意型人才，研发多元化茶园商品，设计具有铜仁文化特色的茶叶各类包装。

4. 统一制作著名茶叶商标

设置铜仁市茶业名商标和店标，提高本地茶叶品牌知名度。扶持茶文化企业品牌化建设。鼓励茶文化企业注册和使用自主商标，扶持和培育铜仁茶文化龙头企业。实施品牌发展战略。“梵净山”牌梵净山翠峰、“泉都坪山”牌石阡苔茶已成为贵州省著名品牌，梵净山翠峰茶、石阡苔茶是国家地理标志保护产品。在铜仁市建设“中国绿色生态茶叶之乡”“中国茶叶科技示范基地”“铜仁最具影响力中国农产品区域公用品牌”等。深加工促进产业链发展，提高产品附加值。

5. 加强企业品牌建设

对新评的省级茶园购物示范点一次性给予奖励。对在国家茶园主管部门主办的茶园商品或茶园纪念品评比中获得金奖、银奖、铜奖的，在省茶园主管部门主办的茶园商品或茶园纪念品评比中获得金奖、银奖、铜奖的，都分别一次性给予奖励。

6. 规范行业管理

成立铜仁市茶园商品企业协会，协助主管部门开展茶园市场秩序整顿，订立行规公约，评定茶园商品企业等级，组织开展茶园商品研制、生产和开发，提供茶园商品信息、动态和咨询。

7. 大力推动农户扶贫

创造出更多能够满足游客需求的茶文化旅游产品，以“公司＋基地＋农户”“合作社＋贫困户”的生产模式带动贫困户发展。

（四）茶产业与旅游创意开发

融入全新理念，强化铜仁茶文化旅游产品的有效开发，进而打造出能够满足更多旅游者需求的产品与服务。

充分融入深度游、慢游和文化创意理念。把旅游与铜仁的茶产业作为一个体系来运作，让“住茶园、观茶景、品茶饮、购茶品、体茶俗、知茶史”贯穿于茶业旅游经济的全过程。

文化创意产业理念是指充分利用一切文化资源和生产要素，实现创新经济的发展模式，如建设茶叶博物馆，举办各类制茶、茶艺比赛，利用梵净山茶叶市场的优势开发茶叶一条街等。

茶文化旅游业是一种文化创意产业，它将茶文化产业和旅游业融合一起，培育“铜仁茶美食文化节”和各乡镇具有地方特色的“茶文化节”，以节庆活动造市场，促进茶产品消费。

开发以茶文化为主题的民族村寨，不断提升茶文化价值，与民族旅游结合发展成民族旅游与茶文化发展品牌，提升其知名度。此外，还应注重研发茶文化融合型旅游产品，把握文化和旅游要素，开发更有体量的茶文化旅游佳品。

通过筹备举办首届中国贵州（铜仁）国际千年古茶文化节庆赛事活动，进一步打造梵净山千年古茶品牌，提升梵净山茶产品附加值和茶产业效益；组织举办“梵净山”杯手工制茶大赛及茶艺技能大赛，通过比赛，进一步传承梵净山茶传统加工工艺，弘扬梵净山茶历史文化，提升梵净山茶的知名度和影响力，推动产业的可持续发展，促使铜仁茶文化走向更广阔的舞台，实现茶旅文化一体化。①

① 铜仁市人民政府：《铜仁市国民经济和社会发展第十三个五年规划纲要》，2016。

第十一章　吉林省延边朝鲜族自治州图们江民族文化旅游节及国际旅游美食节创意策划

图们江民族文化旅游节及国际旅游美食节创意策划方案付诸实施多年，促进了文化旅游资源的适度开发与文化遗产的有效保护。这两个项目的实施，宣传了图们市形象品牌，扩大了图们旅游的知名度，对图们市制定正确的旅游发展战略，挖掘民族地区文化产业的竞争潜力，具有实践指导意义。

第一节　图们江民族文化旅游节创意策划

一、文化节设计原则

（一）系列活动策划

以宣传图们市旅游形象为目的的现代节庆活动，必须依靠节庆的主体活动来达到树立图们城市旅游形象的效果。节庆的主体活动是节庆的精髓，也是其发展壮大的根本，只有节庆过程中的活动对市民有吸引力和感召力，节庆旅游才有其存在并发展的源泉和意义。

1. 活动概述

图们江民族文化旅游节集旅游、娱乐、美食、经贸于一体，围绕千人图们江边长鼓舞表演、图们江国际风筝节邀请赛、同唱一首革命歌曲大赛、“图们烧烤一串”美食竞赛四大主题活动展开项目，逐渐把图们江民族文化旅游节办成一个特色产品和品牌产品展示基地。

2. 文化节策划原则

图们江民族文化旅游节是延边朝鲜族自治州“中国朝鲜民族文化旅游博览会”的一部分，充分考虑了延吉、和龙、图们经济一体化的因素，是一个体现民族特色和现代感的城市综合节庆，因此它的主体活动的设计必须体现以下几个原则：

（1）民族性

民族文化旅游活动必须依托民族文化，充分挖掘朝鲜族民族文化内涵，本次活动应以民博会为载体和平台，弘扬中国朝鲜族民族文化，体现朝鲜族能歌善舞的特点。

（2）时代性

城市节庆活动若想常办常新就必须紧扣时代主题，符合社会主义发展主旋律，迎合事物发展规律。本届图们江民族文化旅游节围绕和谐、健康、文明、休闲、文化、快乐等时下流行理念设计活动主题及元素，拉近了与参与群众的距离。

（3）国际性

图们市要发展成为国际化的口岸城市，就必须在节庆活动的各个环节加入国际元素，无论是活动的指向性，还是组织性方面，都应该兼顾国际国内，并各有侧重，这样才能在世界范围内达到传播效果，促进对外交流，扩大图们市的知名度，产生更大的国际效应。

（4）参与性

根据图们市民参与活动的积极性，民族文化旅游节着重强调主体活动的参与性，即市民或外地游客参与的直接性、互动性和便利度。活动可以充分展示当代图们朝鲜族靓丽的风采，同时可以推动城市建设和人居环境改善，提高市民文明素质，树立图们市民良好的形象和精神风貌。一个进入性强、参与度好的活动必然能受市民的欢迎，从参与者的角度思考问题，能够使设计的活动更有筹划和操作价值，同时也能使节庆活动达到更好的宣传效果。

（5）操作性

活动设计最基本的一项要求便是活动的各个方面的操作性，包括是否有完整的可行性分析报告、是否做过充分的市场调研、是否符合当地当时的社会现状等，这是活动策划之前必须要有的准备工作，也是一项活动能够顺利开展的前提。

（6）市场化

逐步与市场接轨，按照市场发展规律运作节庆活动，抓住时代赋予的发展机遇，推出适合城市自身特点的特色节日。

总之，应该按照“政府主导、社会参与、市场运作、部门服务”的原则，把图们江民族文化旅游节办出水平、凝练特色，并逐步把图们江民族文化旅游节打造成国内外知名品牌，成为图们市旅游发展的亮点。

（二）活动赞助

1. 冠名

企业可以选择合适的场所或活动进行冠名，一次性投入冠名权费用，在该场所或活动按照相应标准筹备完善后，在醒目位置标示冠名，且仅以此一个名字作为该活动的名称或标识。冠名可以是永久性冠名，也可以是时效性冠名。永久性冠名即该场所永久使用该名字，时效性冠名即企业冠名作为该场所或活动一段时间内使用的名字，在冠名时效期过后，该场所不再使用该名字。

2. 赞助

企业赞助包括如下几项内容：提供资金、提供产品、提供技术和服务，原则上以现金为主，但企业可以采用复合赞助的形式。

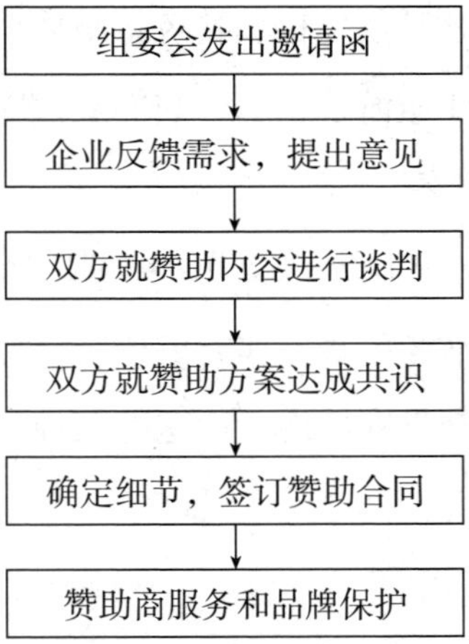

图 11–1　图们江民族文化旅游节企业赞助流程图

二、策划方案

（一）开幕式策划

1. 图们江民族文化旅游节开幕式设计原则

开幕式是图们江民族文化旅游节的开场之作，是节日迸发亮点、引人入胜的重中之重。开幕式的设计应突出节日主题，将思想性、创新性、观赏性、参与性融为一体，追求宏大规模，突出狂欢色彩，做到设计编排新颖，精彩热烈紧凑。应充分考虑仪式部分与表演部分的有机结合，仪式部分要简洁庄重，恢弘大气，表演部分需要多种艺术形式并存，既要有鲜明的地方特色，又要有国际化色彩的渲染。同时，要充分考虑现场效果和电视直播效果的相得益彰。

2. 图们江民族文化旅游节开幕式具体流程

开幕式历来都是节庆活动的重头戏。在开幕式上既要反映出积极、健康、活力的宗旨精神，也要展现出当地风土人情、人文精神和组织策划工作水平，同时还要表达对来客的热情欢迎。一般开幕式要举行一系列基本的仪式，[①] 包括：由本届组委会主席或市领导班子宣布开幕式开始；各活动代表团依次列队

① 李敏、张大超：《夏季奥运会开幕式表演艺术研究》，载《体育文化导刊》，2009（3）。

入场，在过程中尽情表现自己的风格和特色；组委会主席致辞；市领导代表致辞并宣布开幕；为民族文化旅游节揭幕；演奏或演唱国歌。在进行这些仪式之后，进行朝鲜族民族歌舞表演。

在2017届民族文化旅游节开幕式中，可利用城市形象代言人为亮点，制造高潮。以此来贯穿整个活动过程，而它的揭晓同样具有吸引性。或者可以借助朝鲜族歌舞，用一种精神贯穿始终，而这种精神的传递也可以成为图们江民族文化旅游节庆活动的高潮。

（二）主题活动策划方案

1. 文化引导性活动

可以开展“同唱一首革命歌曲”活动，利用突出的政治和文化影响力宣传图们江民族旅游文化节活动的各方面特色，进而对图们市城市旅游形象的树立起到宣传作用。举办场地可选择在图们江边公园，这对图们市本身也是一次很好的宣传。

2. 主打活动

（1）千人图们江沿岸长鼓舞表演

活动宗旨：歌颂生活，提倡回归自然、天人和谐的生活状态，让现代都市人在紧张的工作之余体验心灵的放松和洗涤。带动旅游业的发展，形成品牌产品，成为图们市的招牌。

活动时间：开幕式当天。

活动参加者：专业团体、广大市民。

活动地点：图们江沿岸为民俗文化旅游节的主会场。

活动内容：采用参与性和观赏性共存的活动方式。在活动筹划阶段可面向全市进行招标，成为本次活动的主要策划单位和表演单位，组织约1000人的表演团队，分专业组和业余组，共同完成表演任务。同时发动广大市民，积极参与城市歌舞活动。与此同时，各大媒体广泛宣传此次活动，吸引一定的爱好者和志愿者前来参加。活动当天首先由表演组进行专业的长鼓舞表演，形成整个图们江边歌舞欢天的氛围，接下来示范组带领诸多爱好者加入到整个长鼓舞的队伍中。

由于长鼓舞是朝鲜族非物质文化遗产，是该民族的传统舞蹈，需要宁静氛围的练习，因此整个活动要注意媒体参与的尺度，同时对声音效果要求较高，组织单位应特别注意。

（2）图们江边环保型民族时装大赛

活动宗旨：体现节能与环保的时代主题，在全社会宣扬旧物新用的精神。

活动时间：民族文化旅游节活动期间。

活动地点：图们江沿江绿化带主会场。

活动内容：面向全社会的环保仁人志士和服装设计爱好者征集服装设计作品，设计要求体现环保主题，所选材料必须是生活中常见之物，如报纸、布屑、包装袋等，可依据创意进行选择，不能用昂贵的布匹和高级面料。在活动当天进行真人服装表演，并评选出获奖的设计作品以及个人，可设最佳设计作品奖、最佳创意奖、最佳环保奖、最佳团体奖等。

3. 大众参与类活动

该类活动可利用狂欢歌舞的形式，在图们市主要街道和口岸形成市民同乐的场面，以推进开幕式高潮，歌颂和谐社会，宣传图们新人新事，展现城市人民整体风貌。

（1）图们江民族文化旅游节庆活动主会场活动

活动时间：开幕式当天。

活动地点：图们市主要街道、图们江民族文化旅游节庆活动主会场等。

活动内容：以大型的城市街区狂欢为主调，由于参与的市民多，可由政府直接组织筹办。活动模式为小组式，但在设计时一定要避免平淡无趣，要充分体现民族和谐，围绕城市发展设计主题，要体现团结互助的精神，同时要注意安全性和可操作性。

此项活动的成功与否并不在于狂欢节项目的设计是否标新立异，关键在于是否得到了市民群众的广泛参与，是否达到了预期的效果和气氛，若效果突出，该活动将毫无疑问成为图们江民族文化旅游节上的一大亮点。

（2）“美丽城市绽放美丽”——城市环保吉祥物与环保物品设计征集

紧扣当今绿色环保的主题，在图们这座口岸城市开展全面的环保活动，在文化旅游节期间面向全社会进行一场环保物品（垃圾箱、保洁车、宣传标语等）和环保吉祥物的设计征集，设计作品应该充分体现图们城市的整体形象，突出“口岸图们，朝鲜民族城”的主题，鼓励弘扬全民的环保意识，共建图们绿色城市。

（3）图们城市形象大使评选

通过评选评出形象良好、品格高尚、内涵丰富、身心健康的优秀青年，作为图们江民族文化旅游节的形象大使。通过他们的智慧、美丽和亲和力，展现图们旅游风采、树立图们旅游形象、提升图们旅游品牌。活动可以“政府主导、市场运作”为原则，所需资金全部由市场筹集，以高效完备的组织力度、大规模的参与互动、全方位的宣传攻势，打造强劲的影响力，也为企业塑造形象、提升品牌、扩大知名度、拓展市场，提供巨大的商业宣传价值。

（4）“图们烧烤一串”竞技大赛

“图们烧烤一串”是指图们市独特的烧烤品牌，由于当地大量饲养黄牛，牛肉资源丰富，经过多年培育，深受市民喜爱。为了扩大影响，可将图们江民族文化旅游节活动主会场设置为“图们烧烤一串”展示区，开展吃串竞赛活动，设置中心狂欢区、图们江沿江竹排等竞技区、广场民族饮食美食区、民俗风情歌舞区、城市摄影艺术展示区五大主题活动区域。同时要不断引入国际新鲜广场项目，紧跟国际走向。民族文化宣传是一项参与性和互动性都非常强的活动，因此每一届民族文化旅游节都应该给予足够的重视，达到全民参与的效果。

4. 专业竞技类活动

为了庆祝国庆日，通过举办“2017 年图们江国际风筝节”，促进当地经济、技术、文化、旅游等方面的发展，使朝鲜族民俗文化得以发扬光大，并且通过此次节庆活动，进一步宣传图们和图们旅游，提高图们市在国内外的知名度，拉动图们经济快速发展。图们江国际风筝节大赛，每年都会举办，这是一项非常符合口岸城市特点的主题活动。为了更好地将这项活动开展下去，应在活动形式和活动内容上有所创新，如鼓励各国风筝爱好者参与其中，共同推动风筝赛事活动。

三、对外推广

（一）总体策略

1. 抓住特色，加大宣传力度造成轰动效应

对图们江民族文化旅游节的对外推广，在宣传上先做广告，看的人多了，自然“图们江民族文化旅游节”这个节庆旅游品牌就有价值了，各级销售渠道再继续跟进，逐渐形成影响力。

2. 构建营销网络

使用完善的网络系统，建立立体化网络营销系统，推动民族文化节庆活动逐渐成熟。

（二）媒介策略

1. 广告策略

旅游业的繁荣发展有赖于广告的支持，“图们江民族文化旅游节”第一次举办，知名度有待提高，因此，需要举办单位投入大量的广告宣传来达到宣传的目的。只有对“图们江民族文化旅游节”活动进行宣传，才能促使旅游消费者在购买时选择“图们江民族文化旅游节”而非其他城市举办的民族文化旅游节，才有利于打开市场的销路。

（1）“图们江民族文化旅游节”的形象广告策划方案

广告目标：树立“图们江民族文化旅游节”的品牌形象。

广告诉求：感受“图们江民族文化旅游节”的欢乐热闹氛围。

媒体选择：中央电视台二套、吉林卫视等。电视广告是树立品牌形象的航空母舰，它是承载品牌信息、提升品牌形象无与伦比的强大平台。

广告表现（感性诉求）：

画面一：以图们江口岸为背景，岸边各种精彩活动的画面。画面中要有各种形象设计的展示。

画面二：民族文化旅游比赛中的活动项目，城市形象代言人的简短宣传。

画面三："图们江民族文化旅游节"其乐融融的场面。

最后打出广告语："相约图们江，欢乐民族街"。

（2）图们江民族文化旅游节活动形象广告策划

广告目标：发掘"图们江民族文化旅游节"的文化内涵。

广告诉求：理性认识。

媒体选择：各大城市的主要报纸。

广告表现："图们江民族文化旅游节"是一个文化含量很高的节庆旅游活动，千人图们江沿岸长鼓舞表演展示、另类环保服装展示大赛等一系列精彩活动，将让群众体会什么是民族文化，什么是时尚，它是对现代生活最新的阐释，是对民族底蕴的追求，在这里当地群众能重拾对本民族生活的感动，对自然的敬畏，对生命的热爱，对童年的回忆，对未来的憧憬，塑造一个真正意义上的节日，找到健康时尚生活的真谛。

（3）"图们江民族文化旅游节"活动的主题广告

广告目的："图们江民族文化旅游节"的主打活动。

广告诉求：吸引更多的游客参与和观看。

媒体选择：图们江广播电台。

（4）"图们江背景"——千人歌舞广告策划

广告目的：为图们江民族文化旅游节注入时尚元素，体现文化节的民族、浪漫与休闲。

广告诉求：吸引城市市民及广大歌舞爱好者加入这一行列。

媒体选择：报纸——《图们日报》《延吉日报》《吉林日报》等。

广告表现：用想象做宣传，民族歌舞为载体，将"图们江民族文化旅游节"与大众参与的文化活动相结合。

2. 媒体组合投放策略

（1）大众媒体

A. 电视台。以中央电视台为媒体目标，短期内迅速建立品牌知名度，然后，以当地目标消费者高收视率的节目为重点，投放可以采用多种方式，比如硬广告、套播、节目冠名等，对于各地的节庆旅游要特别关注。与中央电视台以及各地的旅游节目合作，做一期关于“图们江民族文化旅游节”的旅游专访，介绍“图们江民族文化旅游节”的活动情况。

B. 电台。继续坚持在地方有影响的电台投放，以音乐类等大众关注收听的节目为主。可以与电台合作开展与“图们江民族文化旅游节”相关的谈话交流类互动性节目，可以就“图们江民族文化旅游节”的某一个具体的活动进行交流，也可以谈谈听众对文化节的看法和认识。

C. 报纸。报纸作为平面广告和软体广告的有效载体，必须充分重视。类别方面以旅游或者晚报类为主。吉林的三份主流报——《吉林日报》《吉林晚报》《延吉日报》全面覆盖。另外选择《中国旅游报》《中国青年报》等，在海外也要加强宣传的力度，如在香港的《文汇报》和《大公报》、美国的《世界日报》、《人民日报》海外版等作为图们江民族文化旅游节的宣传。

D. 杂志。选择以旅游类、财经类为主。应首选年轻人关注的和经常购买的杂志。另外，可以专门与航空公司联系，在他们的杂志上宣传。

E. 户外。大型单立柱和公交车候车亭灯箱作为首选。

F. 新闻运作。以低成本获得万众瞩目，有效传播“图们江民族文化旅游节”的精彩活动、活动形象等。

目的：借“图们江民族文化旅游节”之际为图们的旅游业大肆宣传，同时增加图们的海外游客量。

策略：利用新闻公关的手段提高“图们江民族文化旅游节”的知名度，引起国际社会旅游爱好者的关注。在省内主要是招商、活动的信息发布以及后续的新闻报道和某一类型主题活动的专题新闻策划。在省外（全国）为保证信息的最大化发布，决定选择国内最有影响力的大报纸宣传，主要宣传文化节的活动内容。

新闻公关特技——抓住图们江民族文化旅游节的主要特点，连续报道，在整个策划执行过程中自始至终贯穿新闻宣传主题。

方法要点：设立新闻发言人。新闻要报道更要策划（系统性、粗略性、完整性）。坚持新闻的真实性。

新闻公关的六个关键步骤（见表 11–1）。

表 11–1　新闻公关的六个关键步骤

序号	实施项目	实施内容
1	信息发布	召开新闻发布会，发布“图们江民族文化旅游节”信息，邀请省内新闻媒体参加报道。通过全国性乃至世界性网络媒体发稿。
2	运作讨论	在省内新闻和全国性网络媒体上采用专题性新闻方式报道政府、企业、媒体、社会大众对“图们江民族文化旅游节”的讨论。
3	深入炒作	在省内新闻媒体和全国性网络媒体上对“图们江民族文化旅游节”的活动内容、活动意义等进行深入讨论。
4	沸腾报道	对参加“图们江民族文化旅游节”的企业以及团体进行跟踪报道，并有针对性地对相关领导和负责人进行采访。
5	现场报道	在图们江民族文化旅游节的活动现场进行报道。
6	后续报道	在省内和全国性的媒体上对文化节的经济效应、社会效应等进行采访评论。

（2）小众媒体

A. 终端 POP。包括海报、小旗、横幅、标准灯箱等。

B. 宣传册。把“图们江民族文化旅游节”期间到图们来的艺人、节目主持人、主要领导在活动期间的活动场面和一些感受，进行整理制作成宣传册进行宣传。另外，在进行外文翻译时要抓住“图们江民族文化旅游节”活动的特色，把握文化的差异性，对一些细节资料要说明清楚。

C. 制作“图们江民族文化旅游节”形象宣传片。将“图们江民族文化旅游节”的盛况和精彩的节目制作成宣传片，投放在首都机场、北京火车站、延吉机场、图们火车站及日本东京机场、韩国首尔机场等，同时在图们各个街头定时定期播放。

创意源头：“图们江民族文化旅游节”是由图们市旅游局举办的大型的节庆旅游活动，通过举办“图们江民族文化旅游节”，使民族文化和先进的时尚休闲理念得以传承，引领市民的休闲方式，推动“图们江民族文化节”活动的产业化发展，突出图们口岸城市的民族特色，提高服务水平，丰富人们的休闲体验，使人们享受更加和谐美好的节日盛典生活。

图们江民族文化旅游节的形象定位是民族、和谐、时尚与人文，其品牌形象必须不断提升，达到很高的欣赏和参与程度。所以，“图们江民族文化旅游节”的品牌形象更应该突出“民族化”“大众化”，这里形象片的创意关键。要紧扣“民族、和谐、时尚、健康”的主题，创意点从“民族与和谐、时尚与健康”的本质出发，进行发散性思维，提炼出“民族文化、和谐快乐、绿色健康、时尚休闲”四大主题。形象篇通过多个角度展现四大理念，最终将“图们江民族文化旅游节”活动上升到一个更高层次的主题——“和谐民族、绿色休闲的主题”。

选景角度：“图们江民族文化旅游节”是旅游的盛会。形象片要传达“图们作为一个旅游城市，一个延边朝鲜族自治州的口岸城市，热情欢迎世界人民来图们旅游，参加图们江民族文化旅游节”这一重要信息。所以，选景要特别考虑到“国际”这个因素，再结合图们的现代发展因素。“和谐与民族”不仅仅是城市的文化，更重要的是它体现一个城市的内涵。所以，在“图们江民族文化旅游节”的活动中要加入很多的人文活动。

宣传片的拍摄手法：宣传片的拍摄手法创意应该从“图们江民族文化旅游节”的理念定位和图们江入手，画面以“图们江变化的城市”“和谐的绿色口岸”“年轻而成长的城市，热情好客的市民”为元素，整个宣传片以图们的民族风、图们江边风光为底蕴，以图们的民族特色服务为展现点，将人文与自然、休闲与和谐结合，形成一条鲜明的主线，贯穿于宣传片中，引导公众享受城市民族文化，感受图们江文化的活力。

拍摄的色彩基调以暖色调或朝鲜族喜爱的颜色为主，给人以动感、和谐的感觉。画面通过活动的特写来展现图们江民族文化旅游节的动感活力和民族文化的传承与积淀。

D. 平面广告。制作了《遥望篇》《欢歌笑语篇》《活动片》三个平面广告。

（三）公共关系策略

“图们江民族文化旅游节”是一个主题文化节，目前处于发展阶段，需要通过各种公关宣传方式来提高“图们江民族文化旅游节”在吉林省、中国乃至世界的知名度。

1. 国内推广模式

（1）名人公关宣传策略

如果“图们江民族文化旅游节”的公关宣传策划活动能与名人紧密联系，即可以创造新闻价值，也可以得到媒体及公众的极大关注，从而提高“图们江民族文化旅游节”的知名度。

A. 图们市政府对外活动的宣传。图们市政府应该利用各种政务活动，适时地对外宣传“图们江民族文化旅游节”。图们市旅游局更应该时时处处抓住机会宣传图们旅游，促进图们旅游业的发展。

B. 图们市形象代言人的宣传。图们市的旅游形象代言人应该在参加各种旅游交易会和公众场合时有目的、有意识地宣传图们旅游。同时还应该在“图们江民族文化旅游节”举办前的两个月开始进行各种旅游公关活动。

（2）赞助式公关策略

图们江民族文化旅游节可以通过拉赞助的社会活动进行专题宣传，实现公关宣传的目的。主要有三种赞助形式，即资金赞助、活动赞助、人力赞助。资金赞助主要是广告的冠名播出；活动赞助，可以提供活动中所需要的各种工具和服装等；人力赞助应该面向全社会招募活动的志愿者。

（3）联合推广策略

A. 与全国各主要旅游城市的联合宣传，主要选择图们的主要客源地，如北京、东北三省、长江三角洲、港澳台地区等。

B. 与各大旅游景点、旅行社、酒店、航空公司等旅游企业之间开展联合推广活动。

C. 邀请各大主要新闻媒体，召开新闻发布会。

加强“图们江民族文化旅游节”与新闻界的双向沟通和交流，使双方关系更加密切和友好。新闻记者直接影响着新闻发布会的公关宣传效果，因此，召开新闻发布会必须为记者多着想，尽可能满足记者的业务工作要求，以借助新闻报道来达到对“图们江民族文化旅游节”宣传的目的。通过媒体对“图们江民族文化旅游节”的筹备、招商情况和活动方案进行报道宣传，实现“图们江民族文化旅游节”“国际性”的市场定位。

D. 与国内大的旅游集团合作，如首都旅游集团、中国国际旅行社等旅游集团，在宣传图们旅游的同时，突出“图们江民族文化旅游节”。将“图们江民族文化旅游节”定位在“国际性”上，挖掘“图们江民族文化旅游节”的文化内涵，突出特色。

E.“歌舞展示活动”公关推广策划

活动主题：宣传歌舞的健康时尚健身方式。

活动方式：与著名的歌舞团联系，让他们一起参与“歌舞展示活动”，为“图们江民族文化旅游节”注入音乐和时尚元素。

2. 海外推广模式

（1）与国际旅行社联合推广

通过国际旅行社的三种渠道帮助“图们江民族文化旅游节”扩大日韩、欧美市场份额。

第一，国际旅行社利用他的海外分社和合作伙伴来宣传“中国图们江民族文化旅游节”。

第二，国际旅行社发挥功能，利用其全球的办事处帮助中国“图们江民族文化旅游节”活动找到适合的合作伙伴和采购商。

第三，国际旅行社利用其参加全球的多个旅游展会的机会，对供应商进行推广和宣传，并利用和采购商的合作关系给供应商提供及时详细的采购信息。

第四，给国际旅行社提供中国“图们江民族文化旅游节”活动光盘，便于他们去参加全球的旅游展会时发放，每年发送 60 万张光盘。

（2）与世界旅游组织信息交换

与世界主要客源国的中心城市建立旅游合作伙伴关系，相互介绍旅游产品，形成庞大的网络营销体系。

（四）活动策略

促销是营销中的一种重要的对外推广形式，它通过举办各种有特点和有针对性的活动来扩大旅游产品的知名度。旅游产品处于生命周期的成长期时，广告和促销是最有效的推广方式。应该通过各种活动形式来增加图们江民族文化旅游节在新闻媒体上的曝光率，引起人们的广泛关注。

1.“图们江民族文化旅游节”纪念册发行仪式

活动主题：将历届“图们江民族文化旅游节”的精彩内容编辑成册，突出名人效应。

活动时间：活动推广前期。

活动地点：图们大厦。

活动内容：邀请图们各界媒体、“图们民族文化旅游节”的主要赞助商和图们旅游局的主要领导光临；进行当年“图们江民族文化旅游节”的前期宣传；进行纪念册的发行仪式。纪念册必须有留念的意义，而且有实际的收藏价值。

2.“中外记者看图们江民族文化旅游节”征文比赛

活动主题：中外记者对“图们江民族文化旅游节”前期准备和活动期间的一系列报道。

活动时间：每一届文化节结束后（秉承“曲终人不散”的原则，继续对图们江民族文化旅游节进行推广）。

活动地点：图们江龙家美苑。

活动内容：其一，中外记者只要对“图们江民族文化旅游节”进行相关报道并且在报纸上发表的，即有机会获奖。其二，请专业人士对中外记者们的文章进行评比，根据发表相关文章的数量和质量进行评分。凡是很好地宣传推广“图们江民族文化旅游节”的文章作者，都予以奖励。

3.“图们江民族文化旅游节”巡回演讲宣传会

活动主题：对“图们江民族文化旅游节”的招商引资、合作伙伴、广告代理、活动等政策进行宣传。

活动时间：节庆当年的3—4月。

活动地点：各大主要客源城市。

活动内容：派专人或形象代言人到各主要客源城市进行宣传；宣传的内容包括招商引资、合作伙伴、广告代理、活动等，主要是联系当地的旅行社、酒店等合作推广伙伴，传递新的信息；有奖参与的形式征集活动项目。一经采用可以获奖。

4. 图们主题歌推广策划

（1）歌曲发布会

在“图们江民族文化旅游节”活动期间，开展征集图们主题歌活动，征集后，举办主题歌发布会。可以针对日本、韩国市场进行主要宣传，邀请相关歌手进行演唱，通过歌曲的方式介绍图们，让歌曲在当地迅速传遍走红。

（2）歌曲播放

将歌曲和宣传片结合，在国内以及日本、韩国的各大电视台每天的黄金时间播放。

（3）歌曲发行

将歌曲作为演唱者的新专辑的主打歌进行发行。

（4）举办发表演唱会。

5. 图们江民族文化旅游节招商引资洽谈会

会议主题：共建图们市，同庆“图们江民族文化旅游节”。

邀请单位：各大新闻媒体记者、图们江民族文化旅游节的主办方和承办单位、政府相关单位，社会各知名企事业单位。

会议时间：节庆当年5—6月。

会议内容：介绍图们江民族文化旅游节的基本情况；招商引资的项目介绍；回答记者提问；给“图们江民族文化旅游节”的举办提建议；颁奖仪式。

6. “图们江民族文化旅游节”短信有奖竞猜活动

活动主题：有关“图们江民族文化旅游节”的相关问题。

活动时间：节庆当年的7—8月。

活动方式：通过发短信回答问题，答对者可以参加每期的抽奖活动。每一期的题目刊登在《图们日报》上，获奖名单在下一期的报纸上发布。

7.“图们江民族文化旅游节”推介会

会议主题：“图们江民族文化旅游节”的性质、内容、时间、地点等详尽事宜的安排说明和介绍。

会议时间：节庆当年的 7 月初。

会议地点：图们、北京。

会议内容：邀请首都旅游协会和有关新闻媒体等机构参加，并通过各机构设在海外的多个办事机构给予积极宣传。

8. 图们国际友人联欢会

活动主题：加强图们国际友人的联系合作，使之进一步了解“图们江民族文化旅游节”的情况，重点介绍外国人唱朝鲜族歌曲大赛、国际街舞大赛等。

活动时间：节庆当年的 6 月底。

活动地点：图们星级酒店（根据实际情况选择）。

活动内容：邀请在图们生活和工作的国际友人参加，联欢会上有节目表演，中间穿插有关“图们江民族文化旅游节”相关知识的有奖竞猜活动。

（五）网络及通讯媒体推广策略

由于网络广告传播模式及时互动的特点，完全符合旅游会展广告宣传需要，因此逐渐成为旅游广告宣传发布的最佳形式。

1. 传统推广方式

与各大媒体建立良好的合作关系。另外举行参与、赞助各种活动。同时做好“图们江民族文化旅游节”的宣传推广工作。

（1）网上交流平台

邀请“图们江民族文化旅游节”的有关负责人举办网上论坛，网上解答提问。

（2）网上旅游交流会

在中国旅游推广网，加入中国旅游推广联盟。在上面发表相关“图们江民族文化旅游节”的宣传信息。

（3）网上讨论“我最喜爱的图们江民族文化旅游节活动”

活动主题：我最喜爱的图们江民族文化旅游节活动。

活动时间：闭幕式后。

活动内容：网上讨论这一届“我最喜欢的图们江民族文化旅游节活动”；网上投票选出“我最喜欢的图们江民族文化旅游节活动”；也可以发表文章谈谈自己对这一届活动的感受和看法。

（4）网站合作

网上合作推广，邮递列表推广，联合开展网上活动。

2. 创新推广模式

制作“图们江民族文化旅游节”的网站，通过奖品及优惠来鼓励上网者参与网站各项活动。

3. 宣传标语

相约图们江，体验民族风，休闲你我他，温馨图们情。

第二节　“图们江国际旅游美食节”创意策划

经过几年的实践，美食节在“图们江民族文化艺术节”的大舞台上已经成为图们市国际节庆活动的亮点品牌之一，深得社会各界的支持与好评。前几届美食节活动名称以“图们市”冠名，把美食节局限为城市性区域品牌，不利于邀请国内外烹饪协会及餐饮企业参加美食节活动，影响了美食节的规模和层次。

为了提高美食节的规格与档次，把美食节从城市性区域品牌提升为与国际美食节同档次的节庆活动，从 2017 年开始，美食节更名为“图们江国际旅游美食节”。

一、活动概述

2017年“图们江国际旅游美食节”主要围绕推介美食文化、联络国内外旅游者和开展商贸活动进行，通过美食文化活动多边板块，打造2017年“图们江国际旅游美食节”品牌。

（一）活动时间

主会场：8月8—12日；

分会场：8月8日—12月7日。

（二）活动地点

主会场：图们江民族公园、日光山森林公园、月晴镇民俗村。

分会场：图们市各星级饭店、特色酒楼，月晴镇、凉水镇、石岘镇、长安镇及图们市其他旅游景区（点）或星级饭店、特色酒楼。

（三）活动主题

美的盛宴；美食美景寻歌声，美人美酒醉游人。

（四）活动宣传口号

城中寻歌美食游；美景、美食、美酒——美的盛宴；尽享天下美食，畅游山水图们；荟萃中外美食，弘扬饮食文化。

（五）活动组织

主办单位：“图们江国际旅游美食节”组委会；图们市文化局。

承办单位：图们市旅游局；图们市形象策划有限公司；图们市策略顾问有限公司；图们江公园；图们市民族文化村。

协办单位：图们市总商会。

主要赞助单位；图们市烹饪技术协会。

特别支持媒体。

组委会：由主办、承办、协办单位主要领导组成组委会。

（六）活动规模

设美食主会场1个、狂欢主会场1个、美食分会场5个、标准美食摊位20个、特殊美食展区5个、标准商品展位10个（含旅游工艺品／美丽商品两大展区）、游客5万人次。

二、活动内容及形式

2017年“图们江国际旅游美食节”，采取街区美食与都市、民俗村（夜晚）狂欢相对分离的活动形式，把美食引进每个民族村，把狂欢留在市中心，美食主会场设在图们江公园，狂欢主会场设在图们江公园。到生态民族村休闲享受美食，充分迎合了人们的健康休闲与健康饮食的需要；而在图们市狂欢，则是2017年“图们市国际旅游美食节”与“朝鲜族民歌艺术节”紧密对接的最佳形式。

（一）美食主会场的活动内容及形式

2017年“图们江国际旅游美食节”美食主会场拟设在图们江公园和生态民族村，现场布局将进行两项创新。一是美食摊位改历届的一条街布局为组团式布局；二是搭建两个主舞台，一个搭在图们江广场，用于开幕式及美酒等商家举办促销活动，另一个搭在生态民族村，在村中央用于风情文艺表演及抽奖活动，美食摊位将围绕这两个舞台布局，彼此交相呼应，以避免历届美食节演艺活动与休闲美食脱节的问题，刺激美食消费。

1. 开幕式

时间：8月8日上午10：00—12：00。

地点：图们江公园广场。

活动内容：在图们江公园广场中心搭建美食节开幕式专用大舞台，举办隆重的美食节活动开幕式，邀请日本、韩国等海内外嘉宾、相关人员参加。

动感的朝鲜族长鼓舞队的精彩表演拉开美食节的序幕。公证处、技术监督局现场测定美食吉尼斯项目，万人共睹特色美食争创吉尼斯世界纪录的盛况。

2. 阿妈妮烧烤王挑战吉尼斯世界美食纪录

时间：8 月 8 日 12：00—12 日 17：00。

地点：图们江公园广场。

活动内容：（初选方案）由图们市知名的烧烤品牌阿妈妮一个人同时烧烤一万串牛肉串和 1000 支热狗肠，挑战吉尼斯世界美食纪录。

阿妈妮烧烤王挑战吉尼斯世界美食纪录，将开创朝鲜族民族美食节活动新格局，把美食节的形象提升到更高的层次。

3. 中外风情文艺广场大汇演

时间：8 月 8 日 12：00—12 日 17：00。

地点：图们江公园广场。

活动内容：在图们江公园搭建文艺表演专用圆形舞台，精彩纷呈的大型文艺表演将全程为美食节助兴。邀请韩国、朝鲜、日本和俄罗斯知名歌手登台演唱；邀请国内外知名艺术团登台表演；“激情四射”之锐舞、街舞酷表演；“秀色可餐”之美食彩绘秀；“回归自然”之原始猎人舞表演；“变幻莫测、欢乐满地”之魔术表演、滑稽表演；青春组合才艺表演比赛、明星模仿秀比赛；大型管弦乐队路演等。

4. 锦绣中华美食广场

时间：8 月 8 日—12 日。

地点：图们江公园美食街。

活动内容：吸收目前国内外创意美食节活动成功经验，以招商形式规划布局，把美食展位搭建在文化主题区域范围内。

重点组织图们市的特色餐饮企业、宾馆饭店在美食文化区域内烹制、销售各家民族文化招牌菜，邀请全国各地的烹饪协会组织有代表性的民族餐饮企业展示、销售正宗、传统的民族风味美食。现场表演烹饪绝活，为游客提供味觉、视觉的双重感受。①

① 《2007 年南宁东南亚国际旅游美食节总体活动方案》，互联网文档资源，http://www.docin.com，2012。

5. 国际美食大都会

时间：8 月 8 日—12 日。

地点：图们江公园。

活动内容：国际美食大都会是本届美食节上档次的重要活动，现场将区划出独立的场地以国际化要求搭建展位，展区入口及各展位均设中文、朝鲜文、英文展板，并以各国国旗及风情物品营造国际化氛围。

重点邀请邻近国家的烹饪协会组团前来展示、销售境外美食，邀请外国厨师现场献艺，展示本国美食，增进国际交流。

6. 品牌美食博览暨图们市旅游美食评比

时间：8 月 8 日—12 日。

地点：图们江公园。

活动内容：在特定区域内，搭建展台，由历届美食节获奖商家展示、销售美食节获奖美食。每一道美食注明制作者、制作方法、口味特点以及所获奖项，并配以精美图片，对历届美食节评出的“图们市旅游美食”展示推广。

成立专家委员会，对本届参展商送评的美食进行评定。要求申报品种具有地域性和民族性，在当地有较高的知名度，标准满分为 100 分，按不同的分数档评出金、银、铜、优秀奖若干个，颁发奖牌及证书。通过媒体对获奖企业进行宣传，在旅游宣传工作中，推广“图们市旅游美食”。

7. 游客最喜爱的美食有奖推选活动

时间：8 月 8 日—12 日。

地点：图们江公园。

活动内容：由美食节策划部设计美食有奖竞推活动，鼓励游客现场品尝投票推荐。

8. 特色旅游美食暨家用品展销会

时间：8 月 8 日—12 日。

地点：图们江公园环园步道。

活动内容：搭建标准展位，组织全市的旅游商品生产企业参展，销售图们市各企业的旅游工艺品、纪念品、土特产品。组织食品生产经营企业展销糖烟、粮油、干杂、咸菜、调味品、包装食品等各式食品展销。组织家用电器产品厂商现场演示产品，推广现代新生活模式，倡导健康饮食。现场举办各种形式的优惠展销洽谈、让利促销活动。

9. 中华美酒博览会

时间：11 月 7 日—11 日。

地点：图们江公园。

活动内容：啤酒狂欢开幕。冠名单位向游客表示诚挚的节日问候和热烈的欢迎，以新颖形式开启第一桶啤酒，点放彩花礼炮，放飞手中气球等，宣布狂欢开始。进行传统饮法、吹瓶、速吸等相关内容的啤酒畅饮比赛，展示奇招和绝技；穿插酒品知识有奖竞赛，介绍与美酒有关的知识，进行有奖问答；惊险、刺激的趣味促销活动（如抱啤酒、头顶啤酒比赛）；冠名式 1000 人红酒品尝大会。

10. 朝鲜族游客万人大聚会

时间：8 月 8 日—12 日。

地点：图们江公园。

活动内容：数万名朝鲜族游客发烧友说朝鲜语，欢腾雀跃，高声呐喊，让美食节的夜晚热闹非常。

11. 狂欢幸运星门票送巨奖

时间：8 月 8 日—12 日。

地点：图们江公园。

活动内容：设置激动人心的巨奖以及各种丰富奖项，让购买美食节门票的游客通过抽奖赢取意外大奖。由公证处现场公开抽奖，产生美食幸运星。美食幸运星巨奖为价值人民币 20 万元的精品房首付。

12. 山水图们市美景画中游

时间：8 月 8 日—12 日。

地点：图们江公园风江绿野。

活动内容：在美食节活动现场设立旅游景区（点）宣传专场，图们市各旅游景（区）点通过招贴画、易拉宝、易拉架、大型喷绘等形式，充分宣传展示图们的秀美风景，使游客仿若走入山水画廊。举办图们市十大景观精美图片展，展示图们市，推广图们市景观。

委托旅行社整合图们市旅游圈的旅游资源，以“口岸城市寻歌美食游”为主题，按图们市辐射至周边市县分会场的旅游线路，组织旅游团队前往。中外游客既可领略朝鲜族民族歌曲之魅力、尽享风味美食，还可畅游图们秀丽风光，使旅游与美食完美结合。

（二）狂欢主会场的活动内容及形式

图们市国际旅游美食节夜晚狂欢主会场拟设在日光村，以夜晚狂欢活动为主，辅以白天的生态体验活动。

1. 旅游狂欢开幕式

时间：8 月 8 日晚上 21：00。

地点：民族文化村大草坪。

活动内容：日光村大草坪上搭建开幕式舞台，举办隆重的旅游狂欢节庆活动，邀请参加美食节的所有嘉宾和市民参加。

2. 激情青春化装舞会

时间：8 月 8 日—12 日晚。

地点：民俗文化村。

活动内容：在动感音乐中，飘然进入蒙面之城，戴着面具跳舞，是非世界中觅知己。在这里你可以选择离经叛道，做你自己心目中一直想做的自己，体现生命的完美意义。

3. 民族风情游园狂欢夜

时间：8 月 8 日—12 日晚。

地点：村广场。

活动内容：在主会场舞台，邀请村里民族风情表演队与明星演员一起同台献艺，表演朝鲜族民族歌舞等。

（三）美食节分会场

时间：8 月 8 日—9 月 8 日。

地点：区内各城市及图们市市内。

活动内容：在图们市内星级宾馆、四个镇的特色酒楼或旅游景区（点）内设立 5—8 个美食节分会场，各分会场均采用统一的 VI 装饰，并进行统一的宣传推广。

（四）2017 年图们市国际旅游美食节闭幕式

时间：9 月 8 日。

地点：市内某星级酒店。

活动内容：举办隆重的自助酒会，开展别具特色的文艺表演，邀请市领导、新闻记者以及参展商代表参加，颁发“图们市旅游美食”金、银、铜、优秀奖。由组委会向获得本届美食幸运星及狂欢幸运星的游客颁奖。

三、总体布局规划

（一）概述

2017 年“图们江国际旅游美食节”，总体布局为“一城多点、全市互动”，旨在扩大节日规模，丰富节日活动内容，整合各项资源，营造美食节的大节庆氛围。“一城多点”即以图们市市区为主要活动区域，组织以美食为主的活动，推介美食旅游精品线路。2017 年“图们江国际旅游美食节”的活动项目分为四大板块与旅游互动，即展示展销、烹饪比赛、会议、娱乐。

策划公司与市旅游局合作，为了每一届美食节策划成功，除了招展招商成功，宣传到位吸引人流外，关键要做好节庆活动的风险管理与安全，成立由主 / 承 / 协办单位组成的组委会，进行各项任务分工与完成。

（二）招商方案活动

1. 活动总冠名权招商

冠名形式：×××××届图们江国际旅游美食节。

冠名费用：68 万—100 万元。如纳入图们市国际美食艺术节组委会统一招商，则冠名费为 100 万元。

招商形式：关系招商为主，可考虑招标或拍卖。

招商对象：图们市 ×× 集团、房地产企业、通信企业等。

2. 主题活动承办权或冠名权招商

各类主题活动的权益收入采用出让承办权或冠名权的形式获得；凡获得承办权者，即拥有冠名权；初步计划采用招标形式开展前期招商，如未达到目标，则以人员推广形式逐个解决。

（1）美酒博览会

冠名形式：×××× 美酒博览会；冠名费用：15 万—30 万元。

（2）大型旅游狂欢游园活动

冠名形式：×××× 大型旅游狂欢游园活动；承办权费：5 万元。

美食节组委会独立招商。招商形式为关系招商为主，可考虑招标或拍卖；招商对象为房地产企业、通信企业、旅游企业。

（3）门票广告

广告形式：正背面广告版位；广告费用：8 万元。

（4）招商形式

美食节组委会独立招商。关系招商为主，可考虑招标或拍卖；招商对象：房地产企业、通信企业、旅游企业。

（5）指定产品

广告形式为唯一指定产品称号及现场宣传；广告费用为 2 万元。美食节组委会独立招商；招商形式为关系招商为主，可考虑招标或拍卖；招商对象为酒类企业、快速消费品企业、日用品企业。

（6）现场广告。

广告形式：广告牌、条幅；广告费用收费标准另行制定，美食节组委会独立招商；招商形式以关系招商为主；招商对象为任何企业。

3. 分会场使用权招商

每个分会场节名使用权费用初步定为 1 万—5 万元。

将对节名使用者的权益进行最大化规划，以实现招商。

4. 展位招租

（1）政府发函邀请

充分发挥政府资源、组织、信誉、权威优势，发动本地区广大企业参展，同时带动相关的外地商家参展。

（2）关系招展

充分发挥前三届客户资源、招展经验优势，进行组展；联系友好城市组团参展；组委会发文至各相关单位、协会；发函邀请；上门向重点客户、团体推介。

（3）广告招展

在全国性媒体刊发招商广告；在本地媒体刊发招商广告。

（三）推广策略

1. 活动视觉形象规划

（1）基本要素设计

①美食节标志；②标准颜色；③标准字体；④吉祥物；⑤活动口号；⑥基本要素应用组合。

（2）应用系统设计

①办公事务用品，名片 / 信封 / 信笺 / 邀请函 / 请柬；②标识用品，工作证 / 参展证 / 嘉宾证 / 演员证 / 停车证；③广告物品，招商书 / 招展书 / 传单 / 海报 / 指南 / 完全手册 / 吊旗 / 刀旗 / 门票 / 汽拱门 / 小气球 / 条幅；④指示系统，立牌 / 路牌 / 现场指示牌；⑤其他，纪念品 / 邮品。

2. 推广手段

（1）公关推广

在这个媒体渗透的环境里，输赢在新闻界。如果不能打赢这场媒体战，就无法赢得活动推广的胜利。本届美食节的推广，将侧重在媒体的新闻宣传及软性报道方面，以获得最佳的传播效果。

媒体公关：一是举行新闻发布会；二是设立媒体报道奖。为鼓励记者写稿，设立最佳新闻奖、最佳深度报道奖、最佳新闻创意奖、最及时报道奖、最佳图片奖等。三是媒体连续报道美食旅游黄金周活动。四是开辟媒体专栏专版。

新闻事件：一是举办美食吉尼斯招标活动；二是进行民族风情美食秀表演；三是与电视台合办“发现图们市特色美食”活动。

（2）广告计划

①媒体广告。报纸广告：长春日报、延吉市晚报；电视广告：图们市电视台；电台广告有图们市交通音乐频道；杂志广告：市民。②户外广告：公车、条幅、高空广告。③印刷品广告：传单、海报、活动指南、完全手册、招商招展书。最后还有短信广告。

（3）网络推广

建立美食节网站，并发布网络广告及促销信。

一是通过营销措施扩大网站访问量；二是进入搜索引擎；购买关键词；三是与专业网站链接。

（4）对游客的活动促销

①设立门票巨奖；②设立现场多重抽奖活动；③发放儿童赠票；④美食优惠券大赠送；推介各餐饮、食品行业的名牌美食或精美小吃，将其编印成“美食王”美食优惠券，游客凭优惠券可在美食节的主会场或指定地点免费兑换或享受折扣。此券在美食节开幕前半个月左右在图们市各大酒家派发和通过东南亚风情模特秀路演散发，为美食节提前做宣传，吸引游客到美食节的现场参观。

（5）对参展商的促销

其一，获得荣誉，参展商有机会获得以下荣誉：本届美食节名优品牌美食；图们市名小吃；图们市名汤；最受游客欢迎的美食。

其二，推广计划透明化，在招商招展书中，将本届美食节的推广计划告知参展商及赞助商，以增强参展商及赞助商的信心，吸引其参与。

其三，提供服务，给参展商提供消防卫生审批一条龙服务，如免费的仓库、运输、保管等。

其四，介绍节庆期环境，综合介绍图们市国际民歌艺术节的大背景以及有利于美食节的活动安排服务。

（6）人员推广

其一，招展的人员推广。派员参加国内展会，在展会现场组展；区内客户由招展人员上门推广。

其二，招商的人员推广。老客户招商人员直接上门；新客户则先以邮件、传真、电话、信函沟通，然后上门推广。

3. 营销组合策略

积极开展营销组合活动，提升国际旅游美食节活动取得成功。

（1）扩大整体宣传势头

时间：2017 年 5 月 1 日—6 月 1 日。

内容：本届美食节的内容概述和亮点报道。

任务：让商家及市民了解本届美食节。

策略组合：一是公关推广之媒体公关全面启动、美食吉尼斯招标活动展开；二是广告计划的报纸招商招展广告等。

（2）招商招展宣传阶段

时间：2017 年 6 月 1 日—7 月 1 日。

内容：重点为招商招展内容及对参展商的促销方案。

任务：商家了解本届美食节，促进报名参展，提供赞助策略组合。一是媒体计划；二是报纸广告计划、招商招展书；三是网络推广书；四是对参展商开展持续性促销等。

（3）活动促销宣传阶段

时间：2017 年 7 月 1 日—8 月 1 日。

内容：重点为活动内容及对游客的促销方案。

任务：让市民详细了解本届美食节，吸引市民参加美食节。

第十二章　辽宁省岫岩满族自治县龙潭镇农业与创意旅游开发策划案

龙潭镇借助新农村建设形成了满族特色乡村旅游发展模式，该项目实施以来，鹿圈村和梨酒村基本实现了满族文化与农业的融合发展，逐渐从传统农业向休闲产业、创意产业发展迈进，龙潭镇农业与旅游业融合开发模式符合该镇经济发展规律，项目具有合理性、创新性和可操作性。

第一节　镇情概况

龙潭镇远离旅游发达区域，龙潭湾景区对镇域旅游发展的拉动作用尚未充分显现，龙潭镇乡村旅游处于起步阶段，因此，龙潭镇的旅游业仍具有巨大的发展空间。

一、自然地理

龙潭镇位于“中国玉都”辽宁岫岩满族自治县的西南部，南与大连市接壤，西与盖州市毗邻，东部、北部分别与本县的洋河镇、雅河办事处、前营镇相依。

龙潭镇地势东西高、中间低，全镇东西长46千米，最高峰鹿圈村西大山海拔1031米；全镇以沙壤土为主，适合果树生长；全镇森林覆盖率达85%，比全县平均水平高5%，空气清新，负氧离子含量每立方厘米达1200以上。龙潭镇主要河流为鹿圈河，流经20个村民组，是庄河市英纳河冰峪沟水系的发源地，发源于龙潭湾的龙潭河流经龙潭等四个村后经新甸镇入海。龙潭镇属北温带季风气候，四季分明，雨量充沛，极宜玉米等农作物生长。全年无霜期平均145天左右，年降水量800—1100毫米。特别是最西部的鹿圈村，其地貌是一个典型的小盆地，四面环山，比其他村晚一个节气，春天迟霜期早，具有得天独厚的自然资源。这里山川秀丽，气候宜人，被当地群众称为“二边外”。这种四季分明的暖温带大陆性季风气候，使全镇的景象呈现四季不同的景致，而且良好的气候对于营造舒适的旅游环境、塑造良好的植物景观具有重要的意义。①

二、社会发展

（一）行政区划

全镇辖区总面积196平方千米，下辖8个行政村99个村民组，这8个行政村分别是鹿圈村、梨酒村、相信村、龙潭村、相荣村、蜜蜂村、大房村、张堡村。在打造“一村一品”的示范建设中，鹿圈村进行有机生态旅游开发，梨酒村进行中药材种植，相信村、龙潭村进行蔬菜种植，相荣、蜜蜂、大房、张堡村发展养殖业。②

（二）人口土地

截至2012年年底，全镇共有4501户，总人口为16331人。其中农业人口有15388人，占94.23%，非农业人口943人，占5.77%。③

① 岫岩满族自治县龙潭镇人民政府：《龙潭镇十三五旅游发展规划》，2016。

② 岫岩满族自治县龙潭镇人民政府：《龙潭镇十三五旅游发展规划》，2016。

③ 岫岩满族自治县龙潭镇人民政府：《龙潭镇十三五旅游发展规划》，2016。

全镇现有耕地31966亩，荒山1.5万亩。全镇经济以农业为主。传统产业以柞蚕茧生产及深加工为主，特别是民营企业生产的蚕丝被以其质量优良、价格合理、保暖适用而深受人们青睐，其产品在国内有较广阔的市场。[①]

（三）区位交通

龙潭镇距离岫岩满族自治县22千米，距离庄河市60千米，距离沈阳市240千米，距离盖州市110千米，是岫岩满族自治县最早村村通硬化路的乡镇。

（四）新农村建设形成的社会资源

新农村建设形成了全新的社会型乡村旅游资源，如全新的村落、功能全面的农民新居等。这些社会建设形成的全新资源，是乡村旅游与时俱进的发展观在资源领域的具体体现，也是创新旅游资源观的重要内容。社区建设已经取得阶段性成果，新式满族特色的建筑取代了过去的旧式房屋。沼气已在蜜蜂、龙潭、相荣三个村推广使用，有沼气罐60余个，沼气池废杂物也可成为林果肥料，因此“猪—沼—果”运作模式良好，为农民增收增产带来好处。

（五）满族文化

满族是一个具有悠久历史的民族，其文化遗产对中华民族文化影响大、时间长。岫岩是满族发祥地之一，至今境内遗存有诸多历代庙宇和其他建筑物，优美动听的神话传说、民间故事和歌谣，粗犷朴实的满族舞蹈，特色鲜明的民间艺术和工艺——剪纸、绘画、皮影、太平鼓、绣枕头顶、高跷、泥塑和石雕等，以及丰富多彩的民俗节庆活动和乐趣无穷的体育游艺活动。

岫岩作为辽宁六个满族自治县之一，从旅游资源价值角度分析，龙潭镇满族以“乡土”为特色，可以借助本次规划的契机，实施差异化策略，加快满族文化的挖掘，塑造乡土满族文化形象。

---

① 岫岩满族自治县龙潭镇人民政府：《龙潭镇十三五旅游发展规划》，2016。

三、经济环境

（一）第一产业

1. 传统农业

全镇经济以农业为主，耕地面积 3 万多亩，农作物以玉米、大豆、薯类为主，年粮食总产量达 1 万吨左右。

2. 特色种植业

山特产：山野菜、榛子、山苹果、野山菌等，其中，滑子蘑 10.7 万盘。

特色种植：林果总面积 1494 亩，果品产量达到 1.26 万吨，板栗 1264 亩，计 69000 株；苹果 230 亩，计 12650 株，实现林果总收入 506 万元，形成了“果园面积再增加、林果品种再丰富、果品品质再提高”的可持续发展模式。①

3. 特色养殖业

柞蚕养殖：龙潭村 204 把、相荣村 114 把、蜜蜂村 75 把、鹿圈村 140 把、梨酒村 92 把、张堡村 114 把、相信村 86 把、大房村 41 把。②

林蛙养殖：鹿圈村林蛙养殖场位于鹿圈村孙家堡组，年饲养林蛙成蛙近 10 万只，收益近 60 万元。③

鱼类养殖：官木沟野生碰头鱼和茧上沟水库的鲢鱼、鲫鱼、鲤鱼等。

畜产品养殖：全镇生猪养殖业基地（合作社）1 处、养猪场 6 处，年创利润 30 万元。④

全镇有养牛基地 1 处，即国发养殖专业合作社，育肥牛 30 头，每年出栏 3 批，年创利润 5 万元。养羊基地 1 处，即肉羊养殖专业合作社，育肥羊 1200 只，年创利润 15 万元。特色鸡养殖业合作社 1 处，即益康养殖专业合作社，养殖场占地面积 9000 平方米，每批饲养肉鸡 5 万只，一年 5 批，年创利润 25

① 岫岩满族自治县龙潭镇人民政府：《龙潭镇十三五旅游发展规划》，2016。
② 岫岩满族自治县龙潭镇人民政府：《龙潭镇十三五旅游发展规划》，2016。
③ 岫岩满族自治县龙潭镇人民政府：《龙潭镇十三五旅游发展规划》，2016。
④ 岫岩满族自治县龙潭镇人民政府：《龙潭镇十三五旅游发展规划》，2016。

万元。养鸡场2处，一处是金蛋鸡养殖场，占地3000平方米，饲养蛋鸡1.8万只；另一处是贺泰畜牧养殖场，占地6300平方米，饲养蛋鸡3.3万只。①

（二）第二产业

依托岫岩的柞蚕资源，生产蚕丝被和丝毛产品加工的企业是龙潭镇最重要的第二产业。国发丝棉加工业、龙潭丝棉加工厂、龙盛缫丝厂、龙达丝棉厂、龙潭民政丝棉加工厂、龙潭民政丝棉加工厂等龙头企业，大力发展缫丝、柞蚕丝深加工。到2013年年底，每年丝毛产业销售收入达到5000万元。②

国发丝棉加工厂：龙潭镇的重要第二产业，始建于1998年，占地面积6000平方米，固定资产400万元左右，年生产水缫丝7吨，蚕丝被2000条，年营业收入500万元左右，利税20万元左右。③

龙潭丝棉加工厂：始建于1997年，占地面积1万平方米，固定资产800多万元，年生产蚕丝被1万条，年营业收入600万元左右，利税20万元左右。

龙盛缫丝厂：建于2013年，占地面积4000平方米，固定资产300万元左右，年生产蚕丝被1000条，年营业收入110万元，利税3万元左右。④

龙达丝棉厂：生产水缫丝，年产量35吨，有出口自营权证，年营业收入3000万元左右，出口蚕丝200万美元，利税30万元左右。⑤

龙潭民政丝棉加工厂：生产水缫丝，年产量45吨左右，营业收入800万元左右，利税30万元左右。⑥

另外，龙乡酒业有限公司生产雄蛾王系列酒和龙潭玉液系列酒，年营业收入500万元，利税20万元左右。

（三）第三产业

龙潭镇的第三产业主要为旅游业。截至2012年年底，还没有正式对外接

---

① 岫岩满族自治县龙潭镇人民政府：《龙潭镇十三五旅游发展规划》，2016。
② 岫岩满族自治县龙潭镇人民政府：《龙潭镇十三五旅游发展规划》，2016。
③ 岫岩满族自治县龙潭镇人民政府：《龙潭镇十三五旅游发展规划》，2016。
④ 岫岩满族自治县龙潭镇人民政府：《龙潭镇十三五旅游发展规划》，2016。
⑤ 岫岩满族自治县龙潭镇人民政府：《龙潭镇十三五旅游发展规划》，2016。
⑥ 岫岩满族自治县龙潭镇人民政府：《龙潭镇十三五旅游发展规划》，2016。

待游客。

龙潭镇的旅游产品类型较为单一，且产品等级不高，龙潭湾景区独秀，产品体系尚未形成；以森林观赏旅游为主的森林生态旅游数量较少，乡村旅游产品未形成规模，旅游产品影响力局限，均属于本地旅游产品。

龙潭镇政府对于旅游业比较重视，已经成立旅游办公室，由书记、镇长直接领导，对全镇旅游业发展进行全面部署，但是现阶段人员数量有限，旅游办公室的管理职能需要进一步加强。

2018 年，旅游业各产业要素状况是龙潭湾景区是镇域内唯一的 3A 级景区，龙潭湾景区是龙潭林场管辖区内的一部分，属于龙潭林场的核心区域。景区的南面是龙潭村，东面是前营镇，北面是鹿圈村，西面是相信村和梨酒村。2008 年由龙潭生态旅游开发有限公司投资建设，现为国家 3A 级景区。龙潭湾景区，现正处于兴建阶段，2018 年已投资 2000 万元左右，没有正式开放，未来是龙潭镇旅游业的龙头企业。

2018 年龙潭镇全镇餐饮接待点共计四处：顺昌隆饭店，可安排就餐 50 人；农家酒店，可安排就餐 32 人；凤鸣宾馆，可安排就餐 130 人。

餐饮设施主要集中于镇政府所在地，且只有凤鸣宾馆一家，拥有 13 个房间 34 张床位。

龙潭镇的旅游商品具有鲜明的地方特色，2018 年的雄蚕蛾养生酒、柞蚕保健被等已经具有一定的知名度，为龙潭镇旅游商品体系的建设奠定了良好的基础。虽然旅游商品独具特色，但是商品自身知名度不高，未形成完善的购物网点体系，购物消费在旅游整体花费中所占比重较低，旅游市场尚未形成规范。

龙潭镇的文娱活动主要为节庆活动，现有相荣和大房两支民间秧歌队，相荣村秧歌队 50 人和大房秧歌队 40 人，总人数近百人。其他旅游文娱如夜间旅游产品还是空白。还没有涉及休闲类、度假类旅游产品，不能满足龙潭旅游业未来发展的需要。龙潭镇没有旅行社，节庆活动的接待由龙潭镇政府办公室负责。

第二节 “SWOT”分析

“SWOT”分别是 strenghts、weaknesses、opportunities、threats 的缩写，对应的汉语意思分别是：优势、劣势、机遇、挑战。

一、优势

（一）良好的政策环境

龙潭镇镇政府不断打造全镇人民满意的现代服务业，促进国民经济发展和社会进步，同时，将定位为具有产业能力的文化生态型镇，明确提出由观光旅游向休闲度假旅游目的地发展。这为该镇农业和旅游融合发展创造了良好的条件。

（二）旅游资源具有潜在的竞争优势

龙潭镇自然资源和满族民俗人文旅游资源丰富，特别是官木沟的鸭绿沙塘鳢鱼类资源在国内独一无二，有一定知名度。作为满族自治县辖下的村镇，满族民俗文化在该村底蕴深厚，知名度较好，国内没有其他乡村可比。同时，该镇具有的森林生态资源、民族民俗文化、避暑气候资源等具有较好的组合性。满族民俗与休闲度假场所、乡村风光、游憩河段等也具有很好的组合性。夏季的避暑气候资源在国内比较少有。

二、劣势

（一）观念落后

一是旅游开发建设缺乏科学规划和统一管理，城镇、生态规划和建设缺少旅游功能，旅游配套设施不完善，不能适应现代旅游发展的需要；二是由于大环境制约，没有重视新型旅游项目的开发与创意设计，政府资金导向性投入不足，社会招商成效不大。

（二）缺乏旅游与农业融合发展规划

多年来，缺乏科学合理的规划设计，成果转化系统梳理不够，究其原因，没有专人管理这项建设。旅游资源开发度低，多数资源受规模小、位置偏、空间分布散等因素的制约，整合难度大。主体产品、规模产品少，旅游产品结构单一，季节性很强，深层次开发和动态展示不够。

（三）乡村发展资金来源少，投入渠道单一

龙潭镇具有丰富的民俗文化、生态资源，发展特色产业潜力巨大，但目前由于发展特色产业资金来源少，投入渠道单一、基础设施相对薄弱，旅游景区景点可进入性差，龙潭镇旅游区（点）建设相对滞后，吸引力不强。旅游交通服务体系的不完善制约了景区景点的可进入性，重点旅游区仍存在交通制约的问题，给旅游业发展带来不利影响。总体发展水平在龙潭镇处于较为滞后的状态，投资乏力，投资环境有待改善。尚未形成一定规模的文化产业效益。

（四）农业生产结构单一，与旅游产业融合度不够

目前，村庄种植品种过于单一，经济结构风险高，经济效益低。缺乏集农耕体验、田园观光、教育展示、文化传承于一体的休闲农业庄园设计。

三、机遇

（一）地方政府的旅游业发展政策

龙潭镇“十三五”规划将本镇的旅游业作为第三产业的重要支撑点进行培植，明确了依托龙潭湾，突出满族民俗风情和农业产业的“两大特色”，重点开发鹿圈村的官木沟沿河带景观旅游区、龙潭湾自然风光生态旅游区和鹿圈村民俗旅游区之“三区”的发展思路，制定出台一系列加快旅游业发展的优惠政策，使龙潭的旅游业有了明确的发展目标。

（二）生态旅游是一种需求

鞍山市建设生态经济示范县的决策为全县带来了整体经济结构调整的巨大机遇，推动了旅游业的发展和地位提升。岫岩满族自治县的整体旅游发展是与鞍山市相一致的，岫岩满族自治县发展旅游的规划和政策对龙潭镇发展旅游具有推动作用。随着建立和谐社会的要求，人们更加追求自然、生态、休闲、和谐。人类对环境保护意识的提高，科技的进步，使生态旅游渐趋升温。全镇具有良好的生态条件，借此机会发展生态旅游，既符合龙潭镇的整体旅游产业发展的要求，又能提升自身的旅游形象。

四、挑战

根据岫岩满族自治县“十三五”总体规划，龙潭镇在其中处于旅游发展劣势地位，周边的石灰窑镇、前营子镇、新甸镇现有旅游资源优于龙潭，龙潭镇所具有的两大资源，即生态资源和民族文化资源与其周围村镇具有同质性，客源市场容易造成分割，对客源市场份额带来威胁，也为龙潭镇旅游发展带来挑战。

五、结论

“SWOT”分析表明，在客观分析龙潭镇旅游发展的机遇和挑战的同时，应当看到该镇旅游发展的前景，总的来说是机遇与挑战并存。要发展龙潭镇旅游业，需要抓住机遇，善于迎接挑战。回顾该镇旅游发展，目前是最有利于发展的大好时机。可以依托龙潭镇政府塑造自己镇区的旅游形象，突出自己的特色和个性，利用科学技术，发展生态旅游，同时通过镇内整体发展，协同推进，加速形成村村联动、“一村一品”的大旅游格局，全面建设旅游服务功能，挖掘民族文化潜力，再造新的龙潭镇旅游。

第三节　产业协调发展

旅游业是极具经济拉动型的产业，也是未来龙潭镇重点发展的产业。龙潭镇要对全镇的三大产业进行调整，就要围绕旅游产业形成产业集群，充分发挥旅游业对龙潭镇三大产业的带动作用和优化作用，形成发展旅游产业促进其他产业优化组合，助推旅游业迅速发展的产业发展格局。

一、第一产业发展

（一）依托资源

龙潭镇第一产业门类包括农业、林业、畜牧业和渔业，代表性资源主要有农业作物种植、中草药种植、特色养殖等。其中，农业和特色养殖业是龙潭镇最重要的第一产业资源，可以通过提高产品附加值和其他产业融合的措施，打造旅游型第一产业。

（二）重点发展区域

重点发展区域包括鹿圈村、梨酒村、相信村、龙潭村、相荣村、蜜蜂村、大房村、张堡村。

（三）重点发展方向

1. 促进品种化发展

旅游型第一产业与传统第一产业具有本质区别，并非靠规模增加经济收益，而是精耕细作，种植特色作物、经济作物，发展特色渔业，通过增加产业附加值的形式，为当地居民增加收入。在苹果、板栗等传统种植品种的基础上，与市场对接，积极引进中草药新品种；在本地中草药种植基础上，引进外来优良观赏花卉苗木，重点发展轮叶党参等种植，对经过试种研究，表现良好的种类，应该尽快繁殖和推广。继续推进苹果品牌的推广，让龙潭的水果更具市场知名度。

2. 挖掘品牌，提高产业附加值

充分利用龙潭镇临近鞍山市、庄河市、沈阳市等消费市场的优势，依托其在人才、技术、交通等方面的有利条件，形成发达的绿色产品加工体系。以雄蚕蛾、苹果、轮叶党参、鸭绿沙塘鳢鱼、牛、羊等特色种养殖业为主，积极吸引更多的社会资金进入农产品加工领域，提高种养殖业的附加值。适度促进以水果保鲜储存、有机水果为主的绿色加工业的发展。

3. 拉长农业产业链

调整农业种植养殖结构，大力发展特色种植、养殖业，拉长农业产业链条，促进传统农业向景观农业、生态农业、休闲农业方向发展。

（1）根据市场需求，带动当地种养殖业生产转型

继续指导村镇软枣猕猴桃项目开发、食用菌养殖产业和鱼塘建设，实践证明，发展具有客观前景与巨大潜力的农旅融合产业，可以实现农业脱贫与高质量发展。

（2）景观农业

在种植结构调整中，将第一产业同景观改造紧密配合，将经济效益与环境改造相结合，依托农业资源优势，重点开发林果、花卉观光等景观农业产品，加强第一产业在景观建设中的重要作用。通过规模种植为当地居民带来收益的同时，营造大地景观，打造休闲氛围。

（3）生态农业

继续推进龙潭现有的沼气清洁能源，继续利用猪排泄的垃圾所产生沼气，沼气池废杂物成为林果的肥料，形成“猪—沼—果”的良好运作模式；继续推广大田复式中喷节水灌溉工程，有效节约林果用水，积极推广微喷、大田中喷、管道灌溉等节水灌溉工程。另外积极争取智能温室、循环经济建设、现代农业产业技术体系建设的财政支持和现代农产品开发的科研资金支持，推动农业向生态农业方向发展。

4. 推进第一、三产业互融

（1）创意农业

依托鹿圈村绝佳的俯视角度，在鹿圈村连接的“官木沟”建设大地景观，利用绿道纵横体系形成“全镇一幅画，处处有新意”，推动农业向创意农业方向发展，增加农产品的附加值，丰富旅游产品内涵。

（2）休闲农业

按照“一村一品”的模式，通过创意策划、文化挖掘、景观营造、休闲设计、产品创意、要素完善、设施配套、标准管理等方式，打造特色旅游品牌，丰富旅游休闲内容；依托鹿圈村、梨酒村丰富的生态资源、丰沛的沟域水资源，开发“休闲农庄”“特色农庄”等农业新业态，积极培育特色鲜明的休闲旅游。

（3）助推农旅融合，实现三产经济

结合本地资源禀赋市场潜力，引导支持农业向新业态蓬勃发展，推动农业向二、三产业延伸，提高农产品的附加值。

大力发展全域旅游，将村镇整体打造成一个超大旅游景区，将乡村融入景区，解决本村的景、林、果、水、路、村六大问题，以产品和市场为核心，按照地域相邻、文化相同、条件相似的原则，整合精品旅游资源，加强乡镇间的横向联系，形成“优势互补，合力发展”的区域合作格局。

二、第二产业发展

（一）依托资源

龙潭镇的第二产业主要是蚕丝被生产企业的丝毛产品加工。

全镇8个行政村已有5个村有丝棉加工企业，以国发丝棉加工业、龙潭丝棉加工厂、龙盛缫丝厂、龙达丝棉厂、龙潭民政丝棉加工厂、龙乡酒业有限公司等企业为龙头。

（二）重点发展区域

重点发展相信村、龙潭村、梨酒村。

（三）重点发展方向

1. 调整工业产业结构

对全镇工业企业进行普查，按照两型社会的建设要求和旅游发展的现实需要，淘汰和改造传统工业，加强节能减排和循环经济发展力度，加快建设绿色加工业、旅游纪念品制造业等旅游相关工业项目。重点发展龙潭柞蚕保健被等。

2. 增加工业旅游内容

依托龙潭镇丰富的蚕丝和雄蚕蛾资源及满族地方特色民俗，融入创意思想，如依托雄蚕蛾发展酒业、依托轮叶党参发展保健品等，进行旅游商品研发，形成创意加工产业。

3. 推进二、三产互动

结合体验旅游，以产业参观为旅游形式，配合相应的科学知识的普及，让游客了解加工的过程以及工业产品的优势。同时，以此为契机，将产业参观转化为旅游商品销售基地。

三、第三产业发展

（一）依托资源

依托龙潭湾景区现有的知名度以及每年的游客量，发展创意休闲农庄，以旅游业为主导，带动其他三产门类的发展，形成产业门类互相促进、共同发展的格局。

（二）重点发展区域

重点发展鹿圈村、梨酒村等村落。

（三）重点发展方向

1. 旅游业与文化产业

深入挖掘民俗文化、生态文化等龙潭镇特有文化的丰富内涵，开发旅游文化产品，在文化资源中嵌入创意元素，促进文化资源和创意产业的耦合，形成文化创意产业，建立文化与旅游部门的协调工作机制；推动文化与旅游企业间的合作；扶持文化旅游项目建设；推动文化资源向旅游产品的转化。重点在官木沟等地开发具有鲜明特色的大型旅游演艺项目，打造满族祈福庙会、满族文化摄影节活动，与龙潭镇的农业资源相结合，打造龙潭玉米节、龙潭美食节，实现旅游产品和服务的转换与创新，带动相关传统产业的升级和转型，提升文化资源和旅游产品的附加值。建立文化与旅游部门的协调工作机制；推动文化与旅游企业间的合作；扶持文化旅游项目建设；推动文化资源向旅游产品的转化。

2. 旅游业与商业

完善商品流通体系，加速商业与旅游业的融合发展，形成以龙潭镇政府为中心，以梨酒村为核心的旅游商贸格局；通过文化创意元素的注入、政府加大扶持力度等措施，开发购物旅游、会议旅游、休闲旅游等旅游产品，并策划举办旅游商品展销会，推动传统商业向休闲商业方向的发展。

重点推出以满族民俗文化、地域特产、新品种引进为代表的系列旅游商品，丰富旅游商品的内容。对旅游商品的开发要制定规划、明确进度，组织、培训和引导农民参与设计和销售，使更多的农民成为制作和生产特色食品、手工艺品和旅游纪念品的能工巧匠，提升农业和手工业的附加值，帮助更多的农民群众借助旅游服务增加收入。

3. 旅游业与房地产业

推动旅游产业和房地产业的融合发展，通过增加旅游用地的供应、建设旅游新村等新模式，促进土地流转，开发度假休闲酒店、休闲庄园等各类休闲地产项目，推动房地产向休闲地产方向的发展。重点在鹿圈村、梨酒村建设休闲度假区，开发集餐饮、住宿、娱乐等一体的休闲地产项目。

4. 旅游业与其他相关产业

加强旅游与体育、水利、地质、环保、金融业等相关产业和行业的融合，切实推动相关产业融入旅游业。

旅游业是一个综合性的大产业，对区域经济的发展具有极大的拉动性。龙潭镇的产业发展可以以“一三互融、二三互动、三三互荣”为方针，对全镇的产业发展进行统筹调整，围绕旅游产业进行产业布局，发挥产业集群效应，充分发挥旅游业对三大产业的巨大带动和优化作用，形成“以旅游促发展，以发展助旅游”的产业发展格局。

第四节　旅游产品创意开发

一、美味在龙潭

龙潭镇旅游开发的思路可以从以下几方面入手。

（一）提升餐饮服务品质

引导龙潭村、鹿圈村、梨酒村等村庄的村民进行标准旅游餐饮接待，通过相应管理措施进行整治和集中，如发放经营许可证、进行农家院落评比、给予相应奖励措施，鼓励和引导村民有序参加旅游餐饮接待。在龙潭村、鹿圈村、梨酒村设置餐饮集中区，引导当地村民形成民间组织，努力提高餐饮供应水平和服务管理水平。

对整个规划区的餐饮供应从数量、质量上进行监控，通过引导使其向有序化、精品化方向提升发展，打造龙潭镇餐饮标准化试点工程。

（二）打造特色餐饮品牌

结合当地的鸭绿江沙塘鳢鱼类、林蛙、雄蚕蛾等发展特色餐饮，以生态、健康作为主导思想，实现旅游餐饮的绿色化、精品化、特色化。

以“舌尖上的鱼鲜味”为主题建设生态餐厅，餐厅的装修风格要体现乡村建筑、乡村景观，要保证景观的乡村化和休闲化，避免出现“城市化”的痕迹。开发特色碰头鱼菜肴，打造“龙潭第一吃”餐饮品牌。开发碰头鱼的不同种类的食用方法：烤、清蒸、红烧、醋溜、生鱼片，打造全鱼宴。

利用官木沟沿途沟域林蛙的食用方法，打造龙潭的“林蛙宴”。

（三）构建多元化餐饮体系

针对不同的游客和不同的季节，打造高、中、低档酒店、农家，形成商务餐、便餐、快餐、特色餐种类完备，白天、夜间各具特色的全时空、多元化的餐饮体系。

（四）建设深厚满族乡村餐饮文化

结合龙潭湾自然生态文化和当地的满族民俗文化底蕴及独具特色的菜品，通过就餐环境的营造、服务程序的规范，建设独具特色的龙潭镇餐饮文化。

1. 餐饮用具

所有餐具在花色、图案等方面尽量体现本地特色。普遍推广使用全镇统一设计的 LOGO，既统一形象，又打造品牌。

2. 菜品名称

在菜品的名称上多下工夫，结合当地特色、当地文化以及历史典故等，打造耳熟能详的菜品名称。

3. 用餐环境

注重用餐环境的打造，在用餐地点的装饰装潢、菜品点缀等方面体现龙潭镇当地特色。服务人员的服装等方面也可以结合当地文化进行特色打造。

（五）强化餐饮服务

对整个规划区内旅游餐饮行业的设施设备、服务水准、服务内容等进行规范化管理，对餐饮从业人员进行培训，着重培养服务意识。

（六）规范化管理

依据《餐饮服务食品安全监督管理办法》《关于进一步加强旅游景区餐饮服务食品安全监管工作的意见》等文件，制定《龙潭镇餐饮接待标准》，对餐饮行业的设施设备、服务水准、服务内容等进行规范化管理。

二、美宿梦龙潭

龙潭镇要优化住宿档次，可以从下面几个方面努力。

（一）类型多元化

打造高中低档档次齐全、种类丰富、常规体验、类型多样的住宿体系，确保满足各类型游客的需求。

1. 高端酒店

在官木沟体验园区的鹿圈村建设雅舍或会所，营造水景景观，建设高端水景度假别墅。内部设施和装修风格要充分体现满族文化的传统特色，提倡原汁原味的民族乡村特色，杜绝城市化的装修和装饰，满足对高端商务、度假、休闲旅游市场的需求。

2. 农家住宿

农家院住宿主要是满足大众消费人群，由农民自家住房改造而成，保留独特的民俗民风。通过规范化管理、统一风格、质量审核等方式打造农家住宿品牌，挑选“农家乐”标准示范点，成为其他农家发展的依据，对符合标准的农家进行统一颁牌、统一管理、统一推广宣传。对现有农家院进行统一的装修，将农家院外部保持原汁原味的龙潭农家建筑特色，内部进行现代化的装修。

3. 会议酒店

在龙潭镇政府驻地的游客服务中心旁修建商务会议培训酒店，主要接待中小型会议培训、商务宴会等。设置会议室 5 个，容纳 200—1000 人不等，使之成为龙潭镇商务、会议接待中心。酒店设置标准间、大床房、商务间、豪华套间等房间，按照三星级标准进行装修，满足商务客人的需要。

（二）布局集聚化

各种住宿类型在分布上采取聚集化的布局战略。各种配套设施齐全；高端型酒店集中于官木沟沟域的玉石交易中心；农家住宿主要分布在鹿圈村和梨酒村周边的村落，保留村落、民俗的原汁原味；会议培训酒店主要分布在镇政府所在地。

（三）接待服务优质化、标准化

加强对服务意识与服务素质的培训，推行服务技术认证，提高接待水平，以为游客提供更好的服务为宗旨。根据现有住宿业的相关服务标准规范，结合旅游业的行业服务特性，制定《龙潭镇乡村酒店接待标准》，对旅游住宿行业的设施设备、服务水准、服务内容进行规范化管理。

三、美娱舞龙潭

文化娱乐业的繁荣不仅体现了旅游目的地的经济发展水平，也对延长游客的逗留时间、提高游客的人均消费起到了积极的推动作用，是活跃整个地区、表现地区精神文明建设的重要方面。龙潭镇文化娱乐产业开发思路主要有以下两方面。

（一）参与性活动

1. 采摘园体验

采摘园内提供统一的采摘装束、采摘篮、包装盒等用品，旅游者可以自己进到果园中，感受收获果实的乐趣。“我在乡下有点田”，旅游者可以认领自己的一块田地，在节假日的时候到自己的“自留地”里感受耕作的乐趣，也可以请农庄代为管理田地，等到作物成熟后，业主可以自己前来采摘，也可以委托农庄送货上门或出售。开通农庄的微信、微博或者网络直播，实时发布信息，让旅游者每天都能看到认领果树的最新情况。

2. 垂钓体验馆

在官木沟沟域乡村旅游度假区的养殖池鸭绿江沙塘鳢鱼旁边设置垂钓台，服务中心出租或出售各种钓鱼器具，钓到的鱼称斤卖给旅游者，也可以请鲜鱼餐厅现场烹调。

3. 雄蚕蛾酒品尝区

游客到雄蚕蛾酒酒庄品尝美酒。

（二）节庆活动

1. 龙潭采摘节

将现有的“金秋丰收节”和农庄的林果收获季采摘联系在一起，形成金秋果实大丰收民俗节，打造辽宁省最大的采摘基地。

2. 满族民俗节

预示在春天放飞希望，祈求风调雨顺、庆祝五谷丰登。

3. 满族美食节

利用现有的鸭绿沙塘鳢鱼、蘑菇、野鸡和雄蚕蛾酒，打造满族美食节活动。

4. 龙潭苹果节

利用现有的苹果资源、苹果产业，大力做好宣传，加大宣传力度和开拓宣传手段，力争将龙潭苹果节推向辽宁，享誉中外。

第五节　“满家乐”文化创意旅游开发

“满家乐”文化创意旅游开发是龙潭镇以乡村文化环境为依托、以满族文化为魂、以玉石为媒介，以农业产业发展为重点，以需求为引导，以特色旅游产品为支撑，整合区域旅游资源，实现区域合作。

“满家乐”文化创意旅游突出满族风情、满族文化为主的村寨形式，室内外装饰以满族文化为元素，跳满族舞、吃满族饭、住满族屋，体现具有浓郁的满族乡村风情。

龙潭镇鹿圈村风景秀丽，河域中有很多生物，如鸭绿沙塘鳢、鲢鱼、鲫鱼、鲤鱼、林蛙等，自然资源比较丰富，开发前景可观。目前该地区无旅游产品，旅客多以本地旅客为主，滞留时间短。良好的生态环境和人文文化没有很好地利用，可开发的环境项目基本处于空白。

一、国家民族村寨示范基地型

（一）位置

主要是指鹿圈村。在大童线主公路 29 千米处，是该镇最西部，典型的盆地地貌，比其他村晚一个节气，春天迟而霜期早，被当地群众称为“二边外”。

（二）主要功能

利用鹿圈村这种小盆地资源，打造集餐饮、住宿、采摘、娱乐、购物、影视、休闲为一体的满族乡土民族风情体验、生态观光度假 4A 级景区。

（三）形象定位

乡土民族风情，美食之乡，绿色村庄。

（四）开发主导思想

1. 规划思路的创新

以农业为基础，以大生态理念为指导，注重整体性、系统性、科学性。在旅游区规划方面，突破以往景点式规划思路，突出景区规划的整体性、系统性、科学性。注重旅游景区“点”“线”“面”相结合，侧重全镇范围的面上规划、区域性规划，即规划的整体性。

2. 创新的开发思路

龙潭镇生态旅游区开发应该与其他相关产业的发展紧密结合，经济效益社会效益并重，兼顾多方利益。以农村为基地，以满族农村为特色，以农民为主体参与开发，发展旅游休闲度假，实现社会主义新农村建设和现代服务业的引导及“催化”作用，以农民增收、村政民主，经济社会全面协调可持续发展为目的。旅游开发必须让农民走上脱贫致富之路。反过来，农民的富裕和文明程度将提高旅游区的功能和形象。

（五）开发原则

1. 开发总则

文化软资源的轻着陆，大现身；基础设施硬资源的软开发，强发力。

2. 民族性原则

注重特点，做出特色和品牌，注重传统，赋予新意，反映历史、区域、民族的和谐。特别要注意衣、食、住、行文化、房屋外观建筑特征及满族文化祭祀活动、满文挂签、祈福、满族歌舞表演等。

3. 生态化原则

田野本色，民族原真，民族的也是生态的。注重洁净优美、整体和谐适宜，系统理念，统筹开发，综合利用，简约自然，人性化服务。

4. 效益性原则

科学、经济、合理，总体筹划，有重点、有计划地优化开发、软效应与实际效益并重，软效应产生软实力，“软实力”转化为实际效益，以经济为中心，政治、经济、社会、生态统筹营造，协调发展。

（六）开发思路

重点开发教育体验、娱乐体验、美学体验、遁世体验。

岫岩满族自治县龙潭镇是著名的玉米之乡，这里有多达 3 万余亩的玉米种植，可将玉米进行系列的衍生开发并与旅游结合，使得传统农业向休闲农业转变，共同构成龙泉镇的休闲度假旅游产品。

（七）开发理念

利用当地丰富的农业玉米资源，开发龙潭镇乡村旅游度假区，建设满族特色农业区域，打造种植、餐饮、加工等农业产业链。配合“一村一品”的建设，全方位诠释休闲度假理念。

（八）主要项目

1. 建设庭院“满家乐”庄园

利用“玉米之乡”品牌，树立生态旅游特色，开发民俗、农事休闲度假产品。充分利用该镇资源，开发本镇独有的不可替代产品系列，即建立以玉米为核心的生态农庄，种植具有观赏价值的草莓玉米和菠萝玉米以及具有食用价值的水果玉米，突出其新异性。满足不同游客的消费心理，摆脱大众化的玉米产品。可以旅游集镇模式进行建设，发展家庭接待业，为游客提供新颖的家庭化度假服务，以旅兴镇，以旅致富。以鹿圈村为试点，通过一定的规划使生态产业，如种植业、园林业、畜牧养殖业，布置有致，成为景观。注意保护自然景色和田园风光，其中可安排“满家乐”式庭院庄园。以满族饮食为特色，以满族膳食等为开发重点，树立乡村度假旅游的独家品牌。

在居住区保护并修复满族老建筑，并以鹿圈村整修旧民居建筑向周边扩展，对镇上过多的缺乏特色的现代建筑进行必要的风格改造，逐步形成龙潭镇特有的民族建筑风貌。生态建筑除生态道路、停车场外，注意满族文化农村房舍的特点，既有外观，又有内涵，注意生态的选择和解释。

2. 生态农庄

生态农庄设施辅以休闲区，在休闲区内修建池塘，供游人垂钓，在其中种植荷花，修建亭台楼阁和供游人休息的桌椅，散发古典韵味。

以农庄为中心举行关于玉米的活动，比如举办采摘玉米的比赛，种植玉米活动，专门开辟玉米发泄场地，用以缓解城市工薪阶层的压力。另外也可以开展密林寻宝的活动，将玉米与玉石结合，形成“双玉”结合的产品，增强旅游产品的趣味性。

建立一个小型的畜牧场地，养殖当地的绒山羊，将玉米果实融入其中，让游客亲自去喂养可爱的绒山羊，实现研学游模式，努力构建一个良性生态循环圈。

在生态农庄配套富有地域特色的餐厅。餐厅的设施布置具有满族文化情调，红窗户、白墙。内部的设施必须摒弃现代化，内以满足都市生活的便捷性为主旨，在保留原有特色的同时，为游客提供方便的旅游体验。餐饮菜肴更加符合当地的特点，开发自己的特色玉米窝窝头、蚕茧、玉米汁、玉米饭、煮玉米等食品，让人感知玉米的世界。玉米文化节可以体验和参观为主，体验与玉米有关的活动，比如扔玉米大赛、收玉米大赛、亲子互动游戏、玉米知识有奖问答，用玉米叶手工制作简易的物品等。参观主要是围绕传统农耕文化，向大众展示玉米的发展历程，展示传统的农具，如锄头、施肥工具、犁头、镰刀等从古代向现代的转变，让游客体验现代玉米的种植方式，比如参观玉米种植大棚，由专人讲解有关玉米的农业知识，达到寓教于乐的效果。

二、乡土文化体验模式

（一）依托资源

鹿圈村满族乡土文化、农业文化、玉石文化。

（二）开发理念

以满族乡土文化为灵魂，以满族人民的生活行为和特色建筑为载体，以生态农庄和主题公园为形式，以生态环境为依托，打造文化主题与生态环境相结合的主题性景区，争取到2022年，建成国家4A级景区。

（三）主要项目

1. 满族传统农居

对此项目主要进行分区打造，一是餐饮娱乐区，提供的是当地特色食品，保留传统农居的特色，整个村落现有的格局也要保留，对传统村落的建筑进行内部设施装修，杜绝城市化的装饰。二是特色住宿区，将当地的玉文化引入，房间进行玉产品的装饰，房屋外围可以掩映当地特有的绿色植物。

2. 休闲娱乐场地

建立村民舞台，选编舞台剧，内容主要是对人们的生产生活和日常行为模式的展现，充分体现民俗性。打造休闲饮吧，出售当地特有的玉米汁和其他饮品。

3. “绿色之乡”

在鹿圈村建立“绿色之乡”，建设生态文化乐园（或乡村会所）。以寻找洁净的环保世界为主，发掘传统文化内涵，开展民俗活动。

大力开展生态环境建设，引种各种观赏性植物品种，进行全镇范围的植树造林、多栽乡土树木和满族喜爱的花草，彰显满族村落的特色，营造优美的生态环境。

实现“循环经济”和生态化，还可适当引用一些污水处理、沼气、秸秆气化等生态工程和技术。生态文化园可以结合康体活动，也是怡情尚礼的最好场所。

4. 生态大市场

市场中出售各种绿色、有机、无公害、自然野生的商品等。

根据鹿圈村自然环境和资源分布及发展民族生态旅游的总体方向，将该村生态旅游区划分为人文生态旅游区、绿色产品生产与游憩区、自然生态科普教育旅游区。

（四）规划内容

1. 行政管理与服务区

以鹿圈村村口为核心和形象工程中心，建立服务区，设停车场。该段是发展旅游集镇的重点地段，按照民族建筑风格设计建造，建筑控制体量不宜过大，建筑风格必须与整体风貌相协调。加强街道两侧的立体垂直绿化，以常绿树、香味花木、攀援植物为主要树种，营造生态度假区的环境氛围。

2. 对现有鹿圈村旧民居进行改造

按照精品工程要求设计并建设，形成以民俗文化为重点的景观区。以外部环境为主，对屋内环境进行必要的整治，使环境幽雅、洁净。以此为中心，发展家庭服务接待业，由镇上制定开展家庭接待业的家居环境标准、卫生标准等各种相应标准，促进村民主动进行家居环境改造和必要的室内装修，推动乡村文明和进步。

3. 建立生态文化乐园型民俗活动场所和活动广场

根据地方习俗，举办相应活动。广场以旅游广场接待为主要功能，规划和集中售货摊点，使广场成为鹿圈村人流集散之地。根据满族习俗，举办民俗文化节、农家乐丰收节、美食节等。可以自然生态为背景，展示和进行民族民俗风情、日常礼仪、节庆活动等表演。还可以展示儿童（妇女）的游戏、民间绝活等表演。

4. 建立美食区

依照鹿圈村满族独有的餐饮系列，建立美食研究中心和美食文化街。

5. 开辟商业区

把村街区路段辟为商业街，经营村内绿色、特色产品，销售天然野生、有机或绿色食品或产品，包括农副特殊产品、乡土特殊餐饮菜肴，以及民族服饰、礼品、纪念品等。

6. 蔬菜和花卉种植区

以生产无公害绿色蔬菜为主，整治田间环境，使之具有相应的旅游观光功能；开发花卉园，具备观赏与生产两大功能，使之成为龙潭镇主推的鲜花生产、销售基地。

7. 科研区

研究基地具有科学研究和观光两大功能。可成立“生态旅游研究开发中心”，研究旅游及旅游商品的开发，也可出让或承包开发生态、旅游科技项目。

三、民族生态休闲度假村策划

（一）位置和功能

民族生态休闲度假村策划主要是指梨酒村，利用梨酒村打造集餐饮、住宿、采摘、影视、娱乐、购物于一体的休闲度假村。

（二）核心理念和设计原则

该度假村位于龙潭镇梨酒村，在大童线主公路 19 千米处，总占地 17.88 平方千米。以餐饮、娱乐、度假为载体，以让客人享受清新自然、远离污染的高品质生活为经营宗旨。

在设计上突出“四文化”，即热情好客的民俗文化、精耕细作的耕作文化、知味审美的民族美食文化、独具特色的民居建筑文化。同时因地制宜，以市场为导向，以生态农业为依托，以“绿色、循环经济、可持续发展”为经营理念，坚持“以农为本，大力发展特色农业旅游”的发展方针，在建设“高产、优质、高效”生态农业的基础上，将农业和旅游两种产业结合，形成“农游合一”的综合模式，集生态旅游、生态农业、生态食品和综合利用于一身，“以园兴店，以店促园”，开辟一条高效的农业旅游途径。

该度假村目标是打造以城郊旅游度假为载体，田园体验和民俗文化体验融合的绿色环保观光农业（三农）企业。

（三）基于生态科技的旅游体验经济

在乡村积极推行“三改”，即改水、改厕、改灶，全面推行沼气清洁能源的使用。

大力推行太阳能、秸秆气化和沼气，实现污染物零排放；人畜粪便单独处理，经发酵后高温杀菌产生沼气，供做饭、炒菜和照明，沼气废液（可作速效肥和农药），残渣可做农田基肥；水循环利用，污水经处理后灌溉农田；物质、能源的循环再利用：粮食酿酒，酒糟饲养猪、牛、羊等家畜。

整个度假村遵循循环经济的生产原则。资源利用的减量化，即在生产的投入端尽可能少地输入物质资源；产品的综合和再利用，即尽可能延长产品的使用周期，并充分利用其多方面的功能；废弃物的再循环利用，即最大限度地减少废弃物排放，力争做到排放的无害化，实现资源再循环。

（四）经营模式

经营管理独立核算。首先是农业区和度假村分开管理、独立核算，实行整体循环。民族度假村和民俗村民居，实行分开管理、独立核算制度，度假区聘请专门人士经营，农业区实行承包责任制，遵循“以园养村、以村促园”，即“以（农业）园养（旅游）店、以（旅游）店促（农业）园”的经营思想和发展思路。

（五）空间布局

度假村在布局上采取“前店后园”的模式，“园”有种植园区、养殖园区、科技园区。园区部分主要在梨酒村。

1. 前店（梨酒村旅游度假区：商旅或商贸中心）

（1）民宿

突出仿古式农庄住宿区、标准间、农家小院，建筑风格保留满族农村的村容村貌，装饰布局突出满族独有的风土人情，展现满族住宅独有的民俗文化，提供农村、农民生活体验。

（2）餐饮区

体现原汁原味的满族饮食文化，所有食品是绝对的无污染、纯天然，突出一个“绿”字。以满族风味和有机食品为基础，发展独树一帜的风味菜肴。

（3）购物区

形成玉米市场、农产品市场、农副食品专卖点、加工食品专卖点等，进行规模化加工生产，树立有机食品品牌。

2. 后园（梨酒村生态农业园：产业和生产中心）

（1）种植区

玉米耕作区等项目适当配有高科技温室大棚。让游客走进自然，接触有机农业，认识有机农业，享用有机食品，亲身体验农民生活的乐趣。

（2）建设自然生态科普园（生态趣味科技园）

引种各种食用、药用植物（轮叶党参等），处处融入生态科技，发展中药生产基地和重要代理商制，争取成为药材的重要产地和集散地，延伸旅游产业链。

（3）养殖区

各种家畜家禽实现生产、加工、销售“一条龙”。游客可以体验吃猪肉、见猪跑、喂鸡、放羊等乡村生活。

（4）再生能源区

地热水系统、水循环系统、污水处理厂、沼气池构成园区生态链的心脏与血脉，让游客体验循环经济。

（六）体验塑造

注重从各方面塑造绿色的乡村生活体验。

1. 食

现场消费是销售绿色食品的关键。绿色食品重“鲜”，度假村实现肉现宰现吃，鱼现钓现做，牛奶现挤现喝，豆腐现磨现吃，蔬菜现摘现做。以度假村为主形成各类型餐厅，可同时容纳千人就餐。

2. 住

以展现中国满族村落为宗旨，投资兴建仿古满族农庄，“度假农庄”复原满族乡土风情，展现满族民居的发展和变迁，突出满族建筑文化特色。设计酒肆作坊等，让绿树环绕房前屋后等。

3. 游玩

园内采摘等，同时采用生态交通，可以体验羊拉车、牛拉车、马拉车、狗拉车。尽可能地使用畜力交通工具，或者以步代车，不用有害于环境和干扰生物栖息的交通工具。同时对道路交通网要求生态设计，合理的道路设计及绿化屏障是生态交通的重点之一。

4. 购

销售游客自己采摘与垂钓的农产品，或者是绿色蔬菜盒，价格可以是市场价的数倍。

延长绿色产业链。在未来的几年内，应该进一步加强生态农业基地建设，完善种植、养殖业的规模。利用当地资源优势扩大种植、养殖面积，增加种植和养殖品种；开设两至三家“有机食品专卖店”，积极推进品牌战略，以营销有机食品为主，集农产品销售与餐饮为一体，让市民享受远离污染、益于健康的高品质生活。

四、会展舞台等策划

（一）区位和功能

在龙潭镇政府所在地设置整个龙潭镇的会议现场中心、游客服务中心，高端商务、游客接待中心。

（二）规划策略

辐射到整个规划区域，未来作为整个龙潭旅游集散地和客流集散中心。

（三）建设内容

1. 会议培训中心及会展广场

修建商务会议培训酒店，主要接待中小型会议培训、商务宴会等，主要设置会议室 5 个，容纳人数 200—1000 人不等，成为龙潭镇商务、会议接待中心。酒店设置标准间、商务间、豪华套间等房间，按照四星级标准进行装修，满足商务客人需要。会展广场设在中心点，搭建大型舞台，日常进行广告宣传。

2. 满族文化一条街

按照满族统一风格，对游客服务中心一条街的住宅、居民楼进行古朴建筑复原，建设文化景观墙 10 千米，初步展现“一条古街、慢步市井”的美丽画卷。

3. 游客集散中心

游客集散中心需要体现龙潭特有的文化品质，外观建筑可以和景区对接，统一建成满族建筑风格。游客集散中心是龙潭旅游的窗口，既要满足游客对旅游设施的需求，又要凸显龙潭旅游的品牌。建设两层的游客服务中心，建筑面积约 400 平方米，内部主要包括以下建设内容。

游客咨询中心：为旅游者提供休憩停留的空间，大厅设置平板多媒体设备，滚动龙潭的旅游宣传片、龙潭的特色民俗文化展示等视频文件，让游客在休息之余了解龙潭。

免费的报纸、杂志和宣传册、导游线路图：让游客全面地了解龙潭的旅游资源和游览项目，可以将龙潭的各种旅游资源设计成不同水果形象的书签，向游客免费赠送，增加口碑宣传的机会。

导航触摸终端：方便自驾车游客自行前往各个景点。

旅游服务热线：为从网站上查询到龙潭旅游信息的旅游者提供更为翔实的信息咨询。

物品供给中心：为旅游者提供食物、水以及汽车常用物品等，同时提供雨伞、雨衣等租赁服务。价格公道、注重管理，为游客提供方便。

商品销售中心：开设专柜，集中展示龙潭特色旅游商品。将龙潭的各种林果资源、农产品资源以及各种特色小吃等进行品牌化运作，在原有销售链的基础上扩大销售面。将当地极具满族特色的剪纸等进行包装，打造礼品，提高附加值。

4. 生态停车场

修建生态停车场，缓解节假日停车紧张问题。停车场体量为停放 150 辆大车和 200 辆小车，成为整个龙潭镇的交通中心。停车场可以分批进行修建，采用草坪式形式，旅游旺季可以使用临时停车位，确保生态安全。节假日时龙潭镇进行交通管制，各园区的旅游大巴车统一停放到龙潭游客集散中心。大巴车将游客送至景区门口后将车停到集散中心，待游客游览完毕后到景区门口接游客，这将大大缓解各景区的停车压力。

5. 完善配套设施

在阡陌连接处设置多处景观小品，增设道路交通提示牌、大幅面宣传牌、“农家乐”引导牌等。道路沿线插彩旗，悬挂灯笼，悬挂特色条幅。设置应急处理系统，每隔一段距离摆放急救报警设施。

五、“一村一品”策划

（一）区位和功能

在鹿圈村、梨酒村、相荣村、龙潭村、蜜蜂村开展民俗接待、农家乐接待。

（二）规划策略

依托龙潭镇未来发展的方向、各个村落自身所拥有的村落景观、农林资源、民俗风情等，以特色产业培育和乡村休闲为主要发展方向，规划建设龙潭镇特色乡村。统一打造“龙潭人家”品牌，将五个重点村落建设成为龙潭镇最有吸引力的名村。制定统一的评定标准，对民俗接待的经营设施、经营项目以及综合管理制度做出规定。根据各村落产业发展的特点和民俗打造特色的不同，进行“一村一品”创意策划，实现各村功能、品质和服务的特色差异化定位，积极培育乡村旅游发展新业态。

通过外立面的规划和绿地景观建设等手段，将各个村落的景观实现特色化，凸显村落的古朴以及与自然的和谐，实现“一村一色”，根据各个村落自身的特点，打造不同的外立面。

（三）建设内容

1.“平安牌”苹果打造

以蜜蜂村、张堡村组团构成“一村一品”发展基地，依托现有的丰富的苹果资源，大力发展苹果采摘园。规范采摘篮、果品包装盒，包装盒要适合小轿车后备箱尺寸，瞄准“后备箱”市场。深入挖掘苹果文化，面向爱情婚庆、圣诞节市场。

“一村一色”打造。村落牌楼、外立面、景观小品、自行车租赁站、休息桌椅、垃圾箱等基础设施均使用苹果色系。村内外、道路两旁种植木本植物进行整体环境营造。

2.“蔬菜之家”建设

以相信村、龙潭村组团构成“一村一品”发展基地。扩大现有种植面积，种植蘑菇、韭菜等蔬菜新品种。在现有采摘园的基础上发展蔬菜乐园，开展“我在乡下有点田”、亲子游等活动。统一农家乐接待标准，以绿色蔬菜为食材进行蔬菜宴打造。

实施“一村一色”建设。村落牌楼、外立面、景观小品、自行车租赁站、休息桌椅、垃圾箱等基础设施点缀葡萄的紫色系设计。建设葡萄、葡萄酒元素景观小品。农家乐接待院落内进行葡萄藤搭建，建设葡萄藤下农家小院。

3.“满乡人家”建设

以鹿圈村、相荣村、蜜蜂村、大房村、张堡村等为发展基地，养殖蛋鸡和肉食鸡为主。扩大现有鱼塘面积，增加鱼苗投放数量，扩大养殖规模，引进不同种类鱼苗，对应市场多样化需求。建设生态餐厅，开发不同鱼类的吃法，打造“龙潭第一吃”餐饮品牌。

引进野鸡优良品种，改善相荣村、蜜蜂村、大房村、张堡村等蛋鸡和肉食鸡种，发展养殖业，与梨酒村轮叶党参和蘑菇一起共同开发养生食品。

“一村一色”建设。聘请专业画家对村路外立面进行设计，美化环境的同时进行科普教育。

4.“文化村落”建设

以鹿圈村、梨酒村、相荣村、大房村“一村一品”为发展基地，对村落满族民居进行文化提升改造，外部按照原有的建筑风格进行整修，内部进行满族文化布置和装修，形成外部典雅、内部民俗文化突出的村庄院落，为自驾游游客提供服务。

“一村一色”建设。对现有环境进行整治，营造清幽氛围。

第六节　市场营销策略

一、形象定位

（一）形象定位原则

1. 鲜明地方性原则

突出地方特色是龙潭镇旅游形象设计的首要原则，只有形成具有鲜明地方特色的旅游产品结构，进行特色突出的旅游功能定位，才能保证龙潭镇在未来激烈的旅游市场竞争中保持旺盛的生命力，取得明显的旅游市场竞争优势。

2. 整合相关性原则

旅游地形象是由物质景观、社会人文因素等多要素构成的综合体，而且各要素相互联系，共同作用于旅游地形象，因此，龙潭镇形象设计要遵循整体联系的原则，既要充分对主体形象进行设计，又要注意主体形象与辅助形象的协调设计。

（二）旅游形象定位

1. 形象构建

奇特的沟域地貌、深厚的满族文化底蕴、丰富的鱼果资源是龙潭镇得天独厚的资源，将其深度挖掘、整体提升、统筹协作、优化发展，打造“野生鱼”“民族乡土文化”“中草药”“沟域”“果蔬”特色的龙潭镇。

2. 形象定位

龙潭游龙、有龙则灵。

3. 宣传口号

龙潭游龙，物华天宝，有龙则灵。

二、营销策略

（一）突出重点

1. 重点细分市场

休闲度假市场、民族文化体验市场、农业观光市场、会议培训市场等是龙潭镇的主要细分市场，针对这些市场的不同特点，制定不同的营销手段和营销途径，有针对性地进行营销。

2. 重点区域市场

岫岩满族自治县、鞍山市、锦州市、辽阳市、沈阳市、大连市、庄河市等是规划区的营销重点区域，通过对游客接触到旅游信息的主要渠道，对重点市场和潜力市场采取电视、网络、报纸和广播的形式进行宣传。主要采取跟随岫岩满族自治县旅游局进行旅游推广，参与岫岩满族自治县旅游局对外推广的营销活动等形式推广龙潭镇的旅游产品。

（二）立体宣传

1. 营销媒介的立体化

创新营销观念，贯彻大营销的理念。结合产品营销、价格营销和淡季促销等多种营销手段，扩大宣传效果；借助电视、广播、互联网、报纸杂志、移动传媒等媒介进行全面推广，扩大龙潭镇的影响。

2. 营销途径的立体化

全面构建一个包括网络营销、平面营销、电视广告营销、新媒体营销、节事庆典活动营销在内的全社会参与的立体营销体系，运用多种营销途径，力争通过三至五年的市场开发和经营，使龙潭镇成为岫岩满族自治县著名的旅游目的地，成为辽宁省旅游景观特色名镇。通过景区建设和景观打造，使龙潭镇具备申请国家级旅游景观特色名镇的水平。

三、营销方式

（一）传统媒体营销

借助报纸、电视、广播等传统媒体，对龙潭镇进行品牌推广和宣传，扩大知名度。调查表明，传统媒体在旅游者的信息来源中占有重要的作用，因此传统媒体营销依然有很大的作用。

（二）新媒体营销

重视网络、移动传媒、3G网络、微博等新媒体的巨大宣传效应，开展独具特色的新媒体营销。新媒体营销在现代营销手段中的作用是巨大的，效果也是非常显著的，因此要利用新媒体的宣传促销作用。首先，要开通一条全镇旅游系统工作人员手机彩铃，利用手机短信的方式进行促销；其次，要开通龙潭的官方旅游微博和微信，指派专人进行定期更新和维护，对龙潭镇的旅游进行针对性营销；再次，统一设计名片，作为龙潭镇政府对外交往的统一名片，使每一个工作人员都成为龙潭镇形象营销的一部分。

（三）联合营销

融入整个岫岩满族自治县的旅游推广体系，推广全镇旅游产品，将龙潭镇的旅游产品与岫岩满族自治县旅游产品和旅游营销对应起来，充分利用岫岩满族自治县旅游营销网络和旅游营销资源。

（四）节庆营销

利用龙潭采摘节、满族民俗节、满族美食节和龙潭苹果节四个节庆活动，对其他节庆进行提升和合并，做大做强龙潭镇的满族民俗节和满族美食节，形成龙潭镇每年固定的大型节庆活动。

1. 龙潭采摘节

将现有的“金秋丰收节”和农庄林果收获季采摘联系在一起，形成金秋果实大丰收民俗节，打造辽宁省最大的采摘基地。

2. 满族民俗节

预示在春天放飞希望，祈求风调雨顺、庆祝丰收、五谷丰登。可举办各种表演。

3. 满族美食节

利用现有的鸭绿沙塘鳢鱼、蘑菇、野鸡和雄蚕蛾酒，打造“满族美食节”活动，大力做好宣传。

4. 龙潭苹果节

利用现有的苹果资源、苹果产业，加大宣传力度和开拓宣传手段，大力做好宣传，力争将“龙潭苹果节”推向辽宁，享誉中外。

四、营销资金投放比例

按照核心市场、重点市场、机会市场的分类，三个市场的投放资金比例为60%∶30%∶10%。具体投入资金量应为旅游收入的20%左右。资金包括景区市场营销资金和政府市场营销资金。

小 结

对民族地区创意旅游融合发展研究是一个长期的课题，但由于时间、精力和能力所限，尚未能把它们很好地在书中体现。本书只是对民族地区文化创意旅游业的发展现状、存在问题与政策和融合发展模式有选择地进行初步研究。虽然对多个民族地区典型案例点文化创意旅游业融合发展模式进行了一定的实践尝试，并针对性地提出了一些建议，但要对案例地区文化创意旅游业融合发展模式进行因地制宜、全面、完整、科学的归纳，适时导入有效的驱动机制，还需要更多的研究者进行长期跟踪调查，这是一项长期的系统工程。本书的研究离成熟仍距之较远，还有待于在今后的学习工作中不断探索、研究和探讨。此外，下述方面仍值得进一步探讨。

一是文化创意产业的相关理论研究只是在借鉴外国的研究成果，而我国文化创意旅游产业理论研究有待进一步深入。

二是文化创意旅游产业发展模式研究不够深入，多以理论研究为主，部分实际案例研究处于探索阶段，指导作用不强，民族地区文化创意旅游业处于概念研究阶段，有待深入研究更加适合民族地区特点的动态发展模式。

三是从文化创意产业等视角进行的文化创意旅游产业融合研究较为分散，还不能形成系统的、完整的理论体系；缺少有效的运行机制研究，特别是缺少适合我国民族地区的文化创意旅游产业发展运行机制方面研究。

因此，必须充分运用系统理论、融合理论、文化创意、市场经济理论和可持续发展等相关理论全面审视我国民族地区文化创意旅游产业的现状与不足，构建我国民族地区文化创意旅游产业融合创新模式及运行机制，推动民族地区文化创意旅游产业持续、健康发展。

参考文献

一、著作类

[1] 张京成 . 中国创意产业发展报告（2011）. 北京：中国经济出版社，2011.

[2] 周振华 . 信息化与产业融合 . 上海：上海人民出版社，2003.

[3] 傅玉辉 . 大媒体产业：从媒介融合到产业融合 . 北京：中国广播电视出版社，2008.

[4] 邹统钎 . 旅游景区开发与管理 . 北京：清华大学出版社，2004.

[5] 孙德禄 . 点击中国策划城市策略 . 北京：中国经济出版社，2008.

[6] 金元浦 . 创意产业：城市发展的新引擎 . 上海：上海社会科学院出版社，2005.

[7] 裴长洪 . 利用外资与产业竞争力 . 北京：社会科学文献出版社，1998.

[8] 叶取源 . 中国文化产业评论 . 上海：上海人民出版社，2004.

[9] 徐赣丽 . 民俗旅游与民族文化变迁 . 北京：民族出版社，2006.

[10] 中共中央马列著作编译局 . 列宁选集（3 卷）. 北京：人民出版社，1965.

[11] 郑琦 . 创意旅游：产业创新与规划研究 . 上海：上海社会科学院出版社，2012.

[12] 王衍用，曹诗图，孙丽坤 . 旅游策划理论与实务 . 北京：北京大学出版社，2010.

[13] 孙丽坤 . 民族地区文化旅游产业可持续发展理论与案例 . 北京：中国

环境科学出版社，2011.

[14] 马林，孙丽坤 . 民族地区旅游业发展论 . 北京：民族出版社，2007.

[15] [美] 福雷斯特 . 工业动力学 . 胡汝鼎，等，译，北京：科学出版社，1985.

[16] [英] 约翰·霍金斯 . 创意经济：如何点石成金 . 洪庆福，孙薇薇，刘茂玲，译 . 上海：上海三联书店，2006.

[17] [美] 苏珊·朗格 . 情感与形式 . 北京：中国社会科学出版社，1986.

二、论文类

[1] 习近平 . 文明交流互鉴是推动人类文明进步和世界和平发展的重要动力 . 求是，2019（09）.

[2] 胡锦涛 . 在主持中共中央政治局就深化我国文化体制改革研究问题第二十二次集体学习时强调推动社会主义文化大发展大繁荣 . 理论学习，2010（8）.

[3] 王素娟 . 我国文化创意产业发展中涉及的主要法律问题 . 科技管理研究，2012（7）.

[4] 韩宁 . 以高度的文化自觉推动民族地区文化繁荣发展 . 实践（思想理论版），2013（6）.

[5] 孙丽坤 . 民族地区非物质文化与旅游产业价值增值研究 . 大连民族学院学报，2013（6）.

[6] 孙丽坤 . 方兴未艾的中国葡萄酒庄旅游 . 大连民族大学学报，2016（3）.

[7] 孙丽坤 . 基于点——轴理论的民族文化旅游空间发展模式研究——以延边州图们市为例 . 大连民族学院学报，2011（2）.

[8] 孙丽坤 . 基于 SWOT 分析的延边地区旅游发展战略选择 . 中国经贸导刊，2010（4）.

[9] 孙丽坤 . 延龙图区域一体化旅游发展战略研究 . 中国商贸，2011（4）.

[10] 孙丽坤 . 图们市旅游业发展的 SWOT 分析及战略构想 . 特区经济，2009（2）.

[11] 孙丽坤.民族地区旅游业可持续发展中的问题与对策.大连民族学院学报，2006（4）.

[12] 孙丽坤.旅游区水资源的开发与保护——以图们市水域景观的生态开发为例.生态经济 2009（5）.

[13] 孙丽坤.新农村建设与辽宁乡村旅游品牌化战略初探.生态经济，2009（10）.

[14] 孙丽坤.西藏地区生态旅游开发与可持续发展战略.特区经济，2009（4）.

[15] 孙丽坤.现代餐饮企业网络营销策略研究.商场现代化，2009（3）.

[16] 汤红娟.文化创意产业评估的统计指标体系研究.科技创业，2011（8）.

[17] 叶朗.我们已经进入一个文化时代.新湘评论，2012（1）.

[18] 邱清华，邓绍云，陈少军，马哈沙提.我国少数民族村寨旅游发展建议.科学咨询（科技·管理），2020（14）.

[19] 袁俊.深圳市旅游业与文化产业互动发展模式研究.热带地理，2011（1）.

[20] 方卿，张新新.推进出版业高质量发展的几个面向.科技与出版，2020（5）.

[21] 石仲泉.邓小平与新中国七十年.中共党史研究，2020（4）.

[22] 王晓川.文旅融合背景下南宁市旅游产业发展路径探索.通化师范学院学报，2020（5）.

[23] 张婕.新常态下民族地区文化旅游产业发展策略——基于黔南地区的调研.当代旅游，2020（5）.

[24] 欧荔.文化创意视角下的闽台修学旅游研究.华侨大学学报（哲学社会科学版），2010（12）.

[25] 屈华，夏雪飞.我国非物质文化遗产理论研究述评.文学界（理论版），2010（4）.

[26] 李世忠 . 文化创意产业相关概念辨析 . 兰州学刊，2008（8）.

[27] 董云飞 . 借鉴国外经验，发展我国创意产业 . 学术交流，2007（7）.

[28] 徐贤如 . 对文化创意产业基本理论问题的再认识 . 新疆艺术学院学报，2013（3）.

[29] 胡郑丽 . 浅析“眼球经济”对创意产业的影响 . 学理论，2012（6）.

[30] 陈中文，韩进林 . 李时珍中医药文化创意产业发展研究 . 亚太传统医药，2012（4）.

[31] 阳学文 . 文旅地产的发展及存在的问题 . 商业文化，2017（10）.

[32] 周忠菲 . 沪台文化创意产业合作研究 . 上海经济研究，2008（10）.

[33] 赵宏伟，黄秀娟 . 休闲农业供应链的理论思考 . 福建论坛（人文社会科学版），2020（2）.

[34] 段娅芳 . 江西文化产业价值链建构研究 . 产业创新研究，2019（12）.

[35] 李午兴 . 创意经济背景下陶瓷工艺专业创新创业能力培养研究 . 山东社会科学，2014（5）.

[36] 高福安 . 我国文化创意产业现状分析与对策 . 太原科技，2007（2）.

[37] 邓晨光，张菁菁，“互联网 +”时代中国文化产业新发展 . 牡丹江师范学院学报（社会科学版），2019（12）.

[38] 束霞平 . 大学与创意城市发展共生系统的建构 . 安徽农业大学学报（社会科学版），2015（11）.

[39] 段学芬，王悦，雷鸣 . 中国城市创意指数指标体系构建研究 . 学术界，2013（11）.

[40] 杨凤鸣 . 基于 3T 理论视角的长沙创意产业发展研究 . 经济地理，2014（7）.

[41] 王莹 . 城市形象传播力研究 . 武汉理工大学，2010（11）.

[42] 易慎文 . 创背景下“梅山剪纸”的创新研发及产业化发展研究 . 花炮科技与市场，2020（5）.

[43] 陈柳钦 . 文化与旅游融合: 产业提升的新模式 . 学习论坛，2011（9）.

[44] 陈柳钦 . 产业融合问题研究 . 长安大学学报（社会科学版），2008（3）.

[45] 陈柳钦 . 产业融合的发展动因、演进方式及其效应分析 . 西华大学学报（哲学社会科学版），2007（8）.

[46] 陈柳钦 . 产业融合效应分析及我国的应对措施 . 经济前沿，2007（5）.

[47] 肖琼 . 我国民族旅游村寨研究综述 . 西南民族大学学报（人文社科版），2009（6）.

[48] 陈红进 . 产业结构转型升级的国际比较研究 . 上海社会科学院，2013（4）.

[49] 伍鹏 . 文化创意产业与旅游业融合互动发展刍议 . 宁波大学学报（人文科学版），2012（1）.

[50] 王培英 . 北京市文化创意旅游产业发展路径探析 . 北京城市学院学报，2014（2）.

[51] 程锦，陆林，朱付彪 . 旅游产业融合研究进展及启示 . 旅游学刊，2011（4）.

[52] 刘咏梅 . 推动文化与旅游产业融合发展 . 传承，2011（6）.

[53] 龚一萍，熊巍俊 . 企业动态能力构建的制度安排与机制设计 . 理论建设，2011（4）.

[54] 陈淑兰，付景保 . 旅游创意人才的培养模式与途径 . 河南教育学院学报（自然科学版），2010（12）.

[55] 李更生 . 推进贵州特色民族文化和旅游融合发展探析 . 理论与当代，2012（9）.

[56] 孙刘伟 . “文化强省”背景下河南文化旅游资源产业化研究 . 新乡学院学报（社会科学版），2011（2）.

[57] 吴桂华，王历，邱中慧 . 贵州文化旅游发展创新区研究 . 贵阳市委党校学报，2012（12）.

[58] 薛盈洲 . 基于文化创意的武夷山主题酒店研究 . 乐山师范学院学报，

2013（7）.

［59］杨春宇，邢洋，左文超，肖宏，高红艳．文化旅游产业创新系统集聚研究——基于全国 31 省市 PEF 实证分析．旅游学刊，2016（4）.

［60］程晓丽，祝亚雯．安徽省旅游产业与文化产业融合发展研究．经济地理，2012（9）.

［61］中国青年报编辑．文化旅游不是吃祖宗饭，十年转型经验教训积累多．旅游纵览（行业版），2011（4）

［62］吴平．非物质文化遗产的载体化保护与传承．贵州社会科学，2008（11）.

［63］李昕．符号消费——文化资本与非物质文化遗产．西南民族大学学报，2008（8）.

［64］刘邦凡，冯颜利．加快发展文化产业，增强文化产业整体实力和竞争力．学习“十八大”精神与河北沿海地区发展论坛论文集，2012.

［65］宋娜．旅游产业融合方式与实现机制研究．江苏商论，2011（9）.

［66］王慧敏．文化创意旅游：城市特色化的转型之路．学习与探索，2010（7）.

［67］王立丽，牛继舜．伦敦文化创意产业发展模式借鉴与启示．商业时代，2013（14）.

［68］李美云．论旅游景点业和动漫业的产业融合与互动发展．旅游学刊，2008（1）.

［69］李美云．国外产业融合研究新进展．外国经济与管理，2005（12）.

［70］厉无畏，王慧敏．产业发展的趋势研判与理性思考．中国工业经济，2002（4）.

［71］厉无畏，王慧敏．创意产业促进经济增长方式转变——机理·模式·路径．中国工业经济，2006（11）.

［72］厉无畏，于雪梅．中国和欧洲民族地区创意产业发展的比较研究．世界经济研究，2011（2）.

[73] 胡汉辉、邢华．产业融合理论以及我国发展信息产业的启示．中国工业经济，2003（2）.

[74] 周建标．文化产业与旅游业的产业链融合机制探究．新疆社科论坛，2017（5）.

[75] 胡晓鹏．基于资本属性的文化创意产业研究．中国工业经济，2006（12）.

[76] 刘贵富．产业链功能效应研究．社会科学战线，2006（3）.

[77] 黄志锋．创意产业理论研究综述．延边大学学报，2010（10）.

[78] 秦瑶，陆昕．创意产业统计核算方法及实证研究．统计研究，2008（3）.

[79] 王鹏．香港文化创意产业的发展及其启示．亚太经济，2011（6）.

[80] 褚劲风，高峰，马吴斌．上海民族地区与创意产业园区协调发展研究．中国人口资源与环境，2011（6）.

[81] 宋泓明．文化创意产业集群发展研究——以民族地区市朝阳区为例的分析．上海经济研究，2011（12）.

[82] 吴俐萍．创意产业发展的政策支撑体系研究．科技进步与对策，2006（11）.

[83] 胡彬．创意产业价值创造的内在机理与政策导向．中国工业经济，2011（5）.

[84] 刘友金，胡黎明，赵瑞霞．创意产业与民族地区发展的互动关系及其耦合演化过程研究．中国软科学，2009（1）.

[85] 王发明．互补性资产、产业链整合与创意产业集群——以动漫产业为例．中国软科学，2009（5）.

[86] 王家庭，季凯文．中国民族地区创意产业的投入产出效率评价．西安交通大学学报（社会科学版），2009（3）.

[87] 戴双兴．产业融合与产业竞争力的提升．山东工商学院学报，2004（5）.

［88］何立胜．产业融合与产业竞争力．河南社会科学，2005（3）．

［89］姚孟超，叶艳萍．试论松阳茶文化旅游产品开发价值和策略．茶叶，2018（6）．

［90］赵彦云，余毅，马文涛．中国文化产业竞争力评价和分析．中国人民大学学报，2006（4）．

［91］张争胜，周永章．民族地区旅游竞争力的实证研究——以广东省为例．资源开发与市场，2005（1）．

［92］温碧燕，梁明珠．基于因素分析的区域旅游竞争力评价模型研究．旅游学刊，2011（2）．

［93］徐丹丹，孟潇，卫倩倩．文化创意产业发展的文献综述．云南财经大学学报，2011（2）．

［94］赵秀玲，孙晓涛，张保林．论文化核心竞争力．中州学刊，2008（5）．

［95］李炎，刘薇琳．民族文化与民族文化产业浅论．经济问题探索，2001（2）．

［96］吴芙蓉，丁敏．文化旅游——体现旅游业双重属性的一种旅游形态．现代经济探讨，2003（7）．

［97］郑海燕，徐红罡，戴光全．构建旅游目的地的文化旅游产品结构体系——以苏州为例．人文地理，2003（2）．

［98］庄大昌．南京文化旅游深度开发策略研究．商业研究，2006（16）．

［99］祁述裕．国际文化竞争力与中国文化产业发展．国家行政学院学报，2001（5）．

［100］尹贻梅，创意旅游：文化旅游的可持续发展之路．旅游学刊，2014（3）．

［101］尹贻梅，鲁明勇．民族地区旅游业与创意产业耦合发展研究——以张家界为例．旅游学刊，2009（3）．

［102］付瑞红．文化产业和旅游产业融合发展的模式与路径．经济师，2012（9）．

［103］王欣，凌天宇，杨文华．文化创意产业与旅游业融合中政府作用的研究．山西师范大学学报（自然科学版），2014（3）．

［104］周智生．多元文化资源整合与区域文化旅游创新发展——以云南丽江为例．资源开发与市场，2007（1）．

［105］韦复生．耦合与创新：民族文化创意与区域旅游发展———西部民族地区经济结构调整与发展的新视角．广西民族研究，2011（1）．

［106］张海燕，龙丽羽．基于互联网的民族地区文化旅游商业模式创新研究．贵阳学院学报（自然科学版），2016（4）．

［107］蒋莉莉．文化创意旅游产业发展模式的国际经验研究．商场现代化，2010（11 上）．

［108］高朦．文化创意产业与旅游产业融合发展机制研究．经贸实践，2017（19）．

［109］姚武华．文化创意产业发展问题的研究综述——兼论文化创意产业的内涵与属性．洛阳师范学院学报，2016（7）．

［110］胡梦雪．国外文化创意旅游产业发展的研究综述．特区经济，2016（2）．

［111］李修松．文化创意和文化旅游产业的融合．新产经，2015（4）．

［112］夏小莉．民族文化创意旅游产业发展机理与发展模式．经济研究导刊，2010（31）．

［113］袁锦贵．基于全产业价值链的文化创意旅游发展研究．旅游论坛，2015，8（2）．

［114］赵刘．旅游产业与文化创意的融合发展．江南论坛，2015（3）．

［115］张胜男．旅游文化创意产业研究综述．价值工程，2015（3）．

［116］周钧，冯学钢．创意旅游及其特征研究．桂林旅游高等专科学校学报，2008（6）．

［117］邢华．文化创意产业价值链整合及其发展路径探析．经济管理，2009，31（2）．

[118] 李庆雷，吕文艺，王峰 . 旅游创意的价值表现与生成机制 . 吉首大学学报（社会科学版），2012（6）.

[119] 文嫣，胡兵 . 中国省域文化创意产业发展影响因素的空间计量研究 . 经济地理，2014（2）.

[120] 吴必虎，余青 . 中国民族文化旅游开发研究综述 . 民族研究，2000（4）.

[121] 吴其付 . 国外民族旅游研究进展 . 黑龙江民族丛刊，2007（5）.

[122] 李季康 . 浅析民族文化旅游资源的开发与保护 . 今日民族，2008（12）.

[123] 安颖 . 试论民族文化保护与民族文化旅游可持续发展 . 黑龙江民族丛刊，2006（3）.

[124] 曹诗图，袁本华 . 论文化与旅游开发 . 经济地理，2003（3）.

[125] 陈如霞 . 论民族文化与旅游业发展的关系 . 贵州民族研究，2010(2).

[126] 洪颖 . 论民族文化与旅游业的发展 . 广西右江民族师专学报，2000（6）.

[127] 林振华 . 旅游吸引物形态与旅游形象策划 . 林业调查规划，2006(1).

[128] 王登凯 . 发达国家文化产业发展的特点与启示 . 湖北经济学院学报，2007（9）.

[129] 徐菊凤 . 北京文化旅游：现状、难点、战略 . 人文地理，2003（5）.

[130] 张梦 . 区域旅游业竞争力评价：指标构建与方法选择 . 旅游学刊，2011（2）.

[131] 吴海瑾 . 产业融合、产业创新与经济发展方式转变 . 科技与经济，2009（1）.

[132] 张海涛，苏同华，钱春海 . 创意产业兴起的背景分析及其启示 . 中国软科学，2006（12）.

[133] 王志成，谢佩洪，陈继祥 . 民族地区发展创意产业的影响因素分析及实证研究 . 中国工业经济，2011（8）.

[134] 伍进 . 旅游景区核心竞争力构建探析 . 特区经济，2006（1）.

[135] 李剑 . 民族地区文化创意产业推进传统产业改造路径探索——以藏羌彝文化产业走廊为例 . 新西部，2017（4）.

[136] 黄江华，莫远明 . 文化创意产业园区的改革创新与融合发展 . 出版广角，2020（6）.

[137] 郑斌，刘家明，杨兆萍 . 基于“一站式体验”的文化创意旅游产业园区研究 . 旅游学刊，2008（9）.

[138] 李红梅 . 北京与台湾文化创意产业的交流与合作 . 海峡科技与产业，2007（4）.

[139] 周锦，王廷信 . 影响文化产业发展的五大关键问题 . 文化产业研究，2015（5）.

[140] 张杰，李莱 . 青海民族文化创意产业发展探索 . 企业经济，2014（7）.

[141] 南旭光，周孝华 . 从潮流式兴起到理性反思——对创意产业发展的研究述评 . 华东经济管理，2010（8）.

[142] 张燕，南旭光 . 我国创意产业发展的“五力协同”策略机制研究 . 科技管理研究，2010（10）.

[143] 徐艳红，石长波 . 哈尔滨市文化创意旅游发展研究 . 旅游纵览（下半月），2016（9）.

[144] 张生寅 . 加快青海文化旅游产业发展的几点思考 . 青海社会科学，2011（5）.

[145] 谭兵 . 发展民族文化创意产业创新民族文化保护传承 . 民族大家庭，2016（12）.

[146] 刘腾 . 创意文化产业视角下四川传统文化资源开发的研究 . 科技经济市场，2011（8）.

[147] 林光旭 . 基于 USP 理论技术路线的核心文化资源的发掘 . 中华文化论坛，2011（7）.

[148] 解巍 . 我国茶文化旅游业的发展方向探析 . 福建茶叶，2016（4）.

[149] 杨晓佳. 旅游广告在推广中的最佳应用——平面、影视、互联网一个都不能少. 旅游时代，2008（11）.

[150] 李凤亮，潘道远. 文化创意与经济增长：数字经济时代的新关系构建. 山东大学学报（哲学社会科学版），2018（1）.

[151] 梁爱文. 民族地区发展民族文化创意旅游产业的三维路径——以德宏傣族景颇族自治州为例. 黑龙江民族丛刊，2012（6）.

[152] 刘敏. 中国文化创意产业园区旅游与文化产业融合发展现状. 旅游纵览（下半月），2013（6）.

[153] 刘妤. 西藏文化产业园区发展现状与对策思考——以中国西藏文化创意旅游园区为例. 知识经济，2017（8）.

[154] 杜国华. 宁夏贺兰山东麓葡萄产业发展历程与目标. 农业科学研究，2012（9）.

[155] 王华，赵现华，刘晶，付瑞鹏. 葡萄与葡萄酒生产可持续发展研究进展. 中国农业科学，2010（43）.

[156] 刘魁立. 从人的本质看非物质文化遗产. 江西社会科学，2005（1）.

[157] 田美蓉，保继刚. 游客对歌舞旅游产品真实性评判研究——以西双版纳傣族歌舞为例. 桂林旅游高等专科学校学报，2005（1）.

[158] 林秋朔. 抢救我国非物质文化遗产建言. 民间文化论坛，2004（5）.

[159] 崔凤军，罗春培. 旅游与非物质文化遗产的保护. 法制与社会，2006（10）.

[160] 梁保尔，马波. 非物质文化遗产旅游资源研究——概念、分类、保护、利用. 旅游科学，2008（2）.

[161] 吴馨萍. 无形文化遗产概念初探. 中国博物馆，2004（1）.

[162] 许静娜，沈世伟. 国内葡萄酒旅游研究综述与展望. 旅游研究，2015（7）.

[163] 张浩. 文化创意对旅游经济融合发展的策略研究. 旅游纵览（下半月），2019（1）.

［164］边莉．内蒙古文化产业园区：现状、问题及对策．北方经济，2013（11）．

［165］姚曦，秦雪冰．以广告产业集群为导向建设广告产业园．广告大观（综合版），2012（4）．

［166］符振彦．创意地产的商业模式引发关注．北京房地产，2009（3）．

［207］雒树刚．发挥文化制度优势提高文化治理能力．毛泽东研究，2020（1）．

［167］李更生．推进贵州特色民族文化和旅游融合发展探析．理论与当代，2012（9）．

［168］姚艳红．国家治理体系和治理能力现代化的深厚支撑：历史文化、精神力量、文化制度．实事求是，2020（3）．

［169］王杰，衣玮，林峰．打造景区夜间旅游吸引力．中国旅游报，2009-12-21.

［170］杨会春，赵敏．迈向文化强国的纲领性文件．新湘评论，2011（11）．

［171］李德团．论永州古城文化创意产业的品牌化传播路径．品牌（下半月），2015（11）．

［172］何勇军，傅利平．基于系统动力学的文化产业集聚仿真模型．求索，2013（10）．

［173］王少华．中原城市群的区域旅游合作开发研究．中国商贸，2010（12）．

［174］王向明．青海省“十二五”时期文化建设的思考．青海社会科学，2011（5）．

［175］李烨，陆军．创意旅游视角下的红色旅游品牌培育研究．市场论坛，2010（2）．

［176］包文瑞．动漫产业的转型升级之路——评《中国动漫产业转型研究》．出版广角，2016（9）．

［177］田雪平．“互联网＋动漫”思维在出版界的创新突破——2016 漫像文化年会在京召开．中国出版，2016（15）．

［178］胡纯琦．新时代，推动中国动漫的产业化发展．出版广角，2018（13）．

［179］陆朋．基于游客感知的旅游目的地品牌形象研究——以湖北省武汉市为例．社会科学家，2015（5）．

［180］李梦子，隋鑫．文化产业与旅游产业融合发展研究综．旅游纵览（下半月），2019（11）．

［181］钱晨，樊传果，洪图．打造超级符号：中小型博物馆文化创意品牌的突围．戏剧之家，2019（11）．

［182］李玲．从保护非物质文化遗产谈公共图书馆承担的社会责任．农业图书情报学刊，2008（5）．

［183］彭延炼，张琰飞．民族地区非物质文化遗产保护的重要途径：旅游开发——以湘西苗族鼓舞为例．资源开发与市场，2009（3）．

［184］尹华光，彭小舟，于洁．非物质文化遗产旅游开发潜力评估指标体系的构建．湖南大学学报（社会科学版），2009（11）．

［185］周武忠．基于乡村文化多样性的创意农业研究．世界农业，2020（1）．

［186］郑娟．传承“非物质文化遗产”的文化创意旅游产品设计．西部皮革，2019（5）．

［187］王莉霞，陈荣婕，许中媛．非物质文化遗产知识产权保护研究进展．人文地理，2009（10）．

［188］肖刚，肖海，石惠春．非物质文化遗产的旅游价值与开发．江西财经大学学报，2008（3）．

［189］赵树杰．泰山区文化旅游产业融合发展探析．新西部，2019（10）．

［190］任平．合肥市非物质文化遗产旅游开发研究．现代商业，2013（12）．

［191］屈华，夏雪飞．我国非物质文化遗产理论研究述评．文学界（理论版），2010（4）．

［192］徐迅．非物质文化遗产传承和保护中公共图书馆应担负的角色研究．前沿，2011（9）．

［193］付江，董媛媛 . 论新疆非物质文化遗产的类型与价值 . 山花，2012（3）.

［194］宋和平，徐海燕 . 中国年画的民间形态及其传承流变中的文化思考 . 学术论坛，2010（11）.

［195］王新燕 . 多元文化与社会主义核心价值体系——兼论社会主义核心价值体系建设需要提升“文化自信”. 山西农业大学学报（社会科学版），2012（10）.

［196］贾克勤 . 创意文化经济发展研究的几点思考 . 经济师，2010（1）.

［197］朱仁鹏，张萍，丁爱芹 . 甘肃省武威市葡萄酒旅游初探 . 河北旅游职业学院学报，2009（6）.

［198］徐兴利 . 我国葡萄酒产区的发展（下）. 中国食品，2008（10）.

［199］杨琼，施威 . 非遗与文创产业融合发展机制研究——以雕版印刷技艺为例 . 中国集体经济，2020（3）.

［200］杨晗 . 黑龙江省少数民族旅游发展研究 . 黑龙江民族丛刊，2017（12）.

［201］罗洋，安佑志 . 兴义市山地旅游发展现状及对策研究 . 农村经济与科技，2017（2）.

［202］赵迎芳 . 中国博物馆文化创意产品开发的理论与实践 . 山东社会科学，2020（4）.

［203］姚茂权，廖明才 . 乡村旅游扶贫精准化路径探讨——以江口县乡村旅游扶贫为例 . 知行铜仁，2018（6）.

［204］薛媛 . 基于整合营销传播理论的网络广告创意策略 . 传媒观察，2007（10）.

［205］马晓河，涂圣伟 . 新时期推进农村改革的战略思考 . 中国经贸导刊，2011（1）.

［206］高尚立，徐礼球 . 加快现代农业建设四步棋 . 江苏农村经济，2011（9）.

［207］石美玉，孙梦阳．非物质遗产旅游利用中的三大环节探论——以北京为节点的实证研究．旅游学刊，2010（6）．

［208］赵斌．养老产业养谁之老．新产经，2014（8）．

［209］周勤，余晖．转型时期中国产业组织的演化：产业绩效与产业安全．管理世界，2006（10）．

［210］王阜刚．发展我国网络营销问题的思考．辽宁经济，2008（1）．

［211］徐福英．中国经济型酒店的价值创新策略研究．江苏商论，2010（1）．

［212］陈思语．我国网络虚拟财产法律保护研究．法制与社会，2016（6）．

［213］曾钰诚．蜕变与新生：数字化时代视域下民族文化版权产业发展的契机与策略．四川民族学院学报，2016（10）．

［214］朱建定，杨学英，杨正伟．生态文明建设背景下云南康养旅游产业发展探析．西南林业大学学报（社会科学），2019（11）．

［215］袁志才．铜仁市环梵净山“金三角”文化旅游创新性研究．中共铜仁市委党校学报，2013（12）．

［216］黄琨．民族地区文化产业发展研究．武汉：中南民族大学硕士学位论文，2009.

［217］刘海洋．民族旅游对民族文化变迁的影响研究．长春：东北师范大学硕士学位论文，2010.

［218］张婧．藏族文化创意产业研究．北京：中央民族大学硕士学位论文，2013.

［219］张望．中国文化创意产业发展模式研究．南京：南京大学博士学位论文，2011（5）．

［220］丁友林．文化创意产业与旅游产业融合发展路径研究——以泉州市为例．泉州：华侨大学硕士学位论文，2018.

［221］郑洪涛．基于区域视角的文化创意产业发展研究．郑州：河南大学硕士学位论文，2008.

［222］喻丽君．杭州文化创意产业人才培养模式研究．杭州：浙江工业大

学硕士学位论文，2011.

［223］华正伟. 我国创意产业集群与区域经济发展研究. 长春：东北师范大学博士学位论文，2012.

［224］李薇. 中国创意产业规制的均衡分析. 西安：西北大学博士学位论文，2013.

［225］占旖琼. 创意旅游视角下景德镇陶瓷文化旅游开发研究. 南昌：江西财经大学硕士学位论文，2019.

［226］吴春集. 上海电影产业竞争力发展研究. 上海：复旦大学博士学位论文，2014.

［227］杨睿. 文化创意产业与旅游产业融合发展研究——以昆明市为例. 昆明：云南财经大学硕士学位论文，2018.

［228］刘雪婷. 中国旅游产业融合发展机制理论及其应用研究. 成都：西南财经大学硕士学位论文，2011.

［229］施永红. 产业融合理论视角下长三角文化产业发展研究. 上海：上海师范大学硕士学位论文，2010.

［230］王丹. 产业融合背景下的企业并购研究. 上海：上海社会科学院博士学位论文，2008.

［231］亓鹏. 旅游文化创意产业园区发展的协同机制研究. 昆明：云南财经大学硕士学位论文，2014.

［232］张祖成. 旅游开发背景下民族文化变迁及其对策研究. 西安：西北民族大学硕士学位论文，2013.

［233］高栓成. 非物质文化遗产旅游体验质量研究. 西安：西北师范大学硕士论文，2011.

［234］周林英. 我国葡萄酒业国际竞争力的研究. 杭州：浙江工业大学硕士学位论文，2008.

［235］李澍. 赫哲族传统体育文化发展现状及对策研究. 长春：东北师范大学硕士学位论文，2014.

[236] 朱岩 . 同江市街津口特色旅游小镇规划研究 . 哈尔滨：哈尔滨工程大学硕士学位论文，2018.

三、外文类

[1] Richards, G. Creativity: A New Strategic Resourcefor Tourism. International Journal of Cultural Policy, 2005(9).

[2] Mueller, Milton. Telecom Policy and Digital Convergence. Hong Kong: City University of Hong Kong Press, 1997.

[3] Pine B.J. and Gilmore J.H. The Experience Economy. Harvard University Press, 1999.

[4] Crewe L., Beaverstock J. Fashioning the City: Cultures of Consumption in Contemporary Urban Spaces. Geoforum, 1998, 29(3).

[5] Greg Richards. Cultural Tourism: Global and Local Perspectives. New York: The Haworth Hospitality Press, 2011.

[6] Ahmad Yahaya. The Scope and Definitions of Heritage: Fromtangible to Intangible. International Journal of Heritage Studies, 2006, 12(3).

[7] Grey Richards and Crisp Raymond. Creative Tourism. ATLAS News, 2000(23).

[8] Howkins J. The Creative Economy: How People Make Money from Ideas. London: Allen Lane, 2001.

[9] Scott A.J. The Cultural Economy of Cities. London: Sage Press, 2000.

四、其他类

[1] 习近平 . 决胜全面建成小康社会　夺取新时代中国特色社会主义伟大胜利——在中国共产党第十九次全国代表大会上的报告 . 人民日报，2017-10-28（01）.

[2] 评论员 . 牢牢把握文化发展主动权——五论深入推进文化体制改革 .

人民日报，2010–10–01（12）.

［3］韩永进 . 中国特色社会主义文化理论的新发展新概括 . 中国文化报，2010–09–10.

［4］徐殿龙 . 产业融合：区域经济的战略选择 . 经济参考报，2007–05–18.

［5］东南亚国际旅游美食节总体方案 . https://max.book118.com/html/2017/1218/144754011.shtm.

［6］苏振锋 . 民族地区文化旅游产业发展的关键 . 中国民族报，2011–12–23.

［7］王松柏，衣玮 . 文化旅游产业园区构建“七要”（上）. 中国旅游报，2010–11–12.

［8］山东省人民政府关于印发曲阜优秀传统文化传承发展示范区建设规划的通知 . 山东省人民政府公报，2018–01–20.

［9］王松柏，衣玮 . 文化旅游产业园区构建“七要”（下）. 中国旅游报，2010–11–19.

［10］中共中央关于坚持和完善中国特色社会主义制度推进国家治理体系和治理能力现代化若干重大问题的决定 . 人民日报，2019–11–06.

［11］国务院关于进一步加强文物工作的指导意见 . 国务院，2016–03–04.

［12］国务院关于推进文化创意和设计服务与相关产业融合发展的若干意见 . 中国文化报，2014–03–17.

［13］中共中央关于制定国民经济和社会发展第十三个五年规划的建议 . 人民日报，2015–11–04.

［14］王小莉，衣玮，王志联 . 情境再现：文化体验模式创新的“六幕”. 中国旅游报，2009–01–16.

［15］中共铜仁市委关于制定铜仁市国民经济和社会发展第十三个五年规划的建议 . 铜仁日报，2015–12–17.

［16］葛玉清 . 贵州石阡“非遗三件宝”. 中国文化报，2014–07–25.

[17] 张勇 . 铜仁茶，天下香 . 铜仁日报，2018-06-25.
[18] 龙丽芳 . 铜仁生态茶产业块头越来越大 . 铜仁日报，2018-05-20.
[20] 国家旅游局 . 中国旅游业发展“十三五”规划纲要，2016.

后　记

本研究从2011年开始，历时九年的积累，伴随着我主持的项目“同江市乡村文化创意旅游开发”“内蒙古巴林右旗查干沐沦苏木‘牧家乐’创意策划”和“延边朝鲜族自治州旅游可持续开发研究”、中央高校自主预研项目“民族地区文化旅游产业创新模式与机制研究”、与铜仁科学院合作项目“铜仁市文化产业与旅游产业融合发展”、与岫岩满族自治县合作项目“岫岩县龙潭镇农业创意旅游开发”等相关民族地区实际研究课题的结项，书稿也终于完成。

回顾从项目开始到书稿写就的过程，有探寻挖掘民族地区旅游与创意产业融合模式的理性思考，也有面对民族地区经济社会发展难点与人文环境不利的困惑和不解。在对书稿案例点黑龙江省同江市赫哲族八岔村、内蒙古巴林右旗、贵州省铜仁市、吉林延边朝鲜族自治州图们市、辽宁省岫岩满族自治县一次次深入调研中，赫哲族同胞注重民族一家亲和谐团结氛围、蒙古族同胞粗犷豪放和乐于助人的性格、朝鲜族同胞快乐与善良的性格、侗族同胞热爱土地与能歌善舞的天性、满族同胞善良大气和勤劳努力的样子，时时震撼我的心灵。除了本书所关注的民族地区调查，我还对其他民族地区进行了参照调查。长期深入民族地区，不断推进旅游经济问题研究和实践探索，即成就了我科学研究的乐趣，也加深了和基层干部、群众的感情，对民族团结、筑牢中华民族共同体有了切身的体会。本书凝聚了个人多年心血、思考和对民族地区智力帮扶的见证。

对于专著资金项目“民族地区文化创意旅游系列发展研究”课题来说，本书只是其中一个阶段性成果。如今书稿付梓，并没有期待中的激动，由于自己的研究水平、能力以及时间和精力有限，其中的太多不足，只有留给同行和读者批评斧正。对于一个研究者来说，本书提供了继续研究的基础，因为，民族地区文化创意旅游业融合发展，其产业链延伸、优化等问题仍需深入探讨和研究。

本书的完成，凝聚了很多人的关爱、支持和鼓励。当然，首先要感谢的是我的主要课题研究合作老师铜仁科学院姚茂权所长，本书中有两个课题是在他的帮助下完成的。姚老师积极促成调研方案实施，陪同前往调研村落，落实研究数据和资料，为项目完成起到了至关重要的作用。著作得以出版，姚老师功不可没。

同江市赫哲族八岔村尤明国书记，内蒙古巴林右旗查干沐沦苏木彭红艳书记、岫岩满族自治县龙潭镇杜文成书记和胡英全村长等近几年来对我的田野调查提供了帮助。在此谨向他们致以深深的谢意！

在此，还要感谢我的家人多年来付出大量的时间承担家务劳动，使我能够安心写作书稿，本书的完成对他们也是一个交代。

感谢大连民族大学科技处同仁多年来的支持和帮助，学校良好的科研氛围成就了我的研究，感谢学校人文处为本书出版给予的帮助。感谢民族出版社责任编辑老师，感谢其他工作人员为本书出版所付出的辛勤劳动。

本书写作过程中，引用和借鉴了很多专家学者的思想和观点，若未一一指明，敬请批评和原谅，借此表示真诚的谢意。

孙丽坤

2019 年 5 月于大连